Depressionen überwinden

S T I F T U N G W A R E N T E S T

In Zusammenarbeit mit dem

Verein für Konsumenteninformation, Österreich

Günter Niklewski

Rose Riecke-Niklewski

Die Zitate sind entnommen aus:

Kuiper, Piet. C. (1996): Seelenfinsternis. Die Depression eines Psychiaters. Fischer Taschenbuch Verlag, Frankfurt am Main. (Seiten: 85, 87, 98, 90, 136, 137, 156, 168, 169, 177)

Kulitza, Karl (1997): Ich hatte Depressionen. Aus der Einsamkeit zu neuer Lebensfreude. Ein Betroffener berichtet und gibt Rat. Ullstein Verlag, Berlin. (Seiten: 25, 64, 103)

Plath, Sylvia (1997): Die Tagebücher. Frankfurter Verlagsanstalt, Frankfurt am Main. (Seiten: 244, 345)

Styron, William (1991): Sturz in die Nacht. Kiepenheuer & Witsch, Köln. (Seiten: 18, 44, 45, 46, 48, 50,
52, 56, 57, 59, 62, 63)

ISBN 3-931908-15-1 (Deutsche Ausgabe) 29,80 DM

ISBN 3-901359-36-2 (Österreich-Ausgabe)

Zu diesem Buch

Vielleicht haben Sie Glück! Und alles, was Sie in diesem Buch lesen, bleibt für Sie reine Theorie, da weder Sie noch irgend jemand aus Ihrem Verwandten-, Freundes- und Bekanntenkreis unter Symptomen einer Depression leidet.

Die Wahrscheinlichkeit ist allerdings nicht sehr hoch. Denn Untersuchungen haben ergeben, daß Depressionen zu den häufigsten psychischen Störungen im Erwachsenenalter gehören. 17 bis 20 Prozent der Gesamtbevölkerung erkranken während ihres Lebens mindestens einmal an einer Depression. Das heißt: Fast jede/r Fünfte ist davon betroffen. Diese Zahl markiert aber nur die Spitze des Eisbergs. Denn hier handelt es sich um tatsächlich behandlungsbedürftige und behandelte Depressionen. Leichtere und nicht als Depression erkannte Erkrankungen sind noch wesentlich häufiger. Viele Menschen suchen wegen Symptomen und Beschwerden ihren Haus- und Allgemeinarzt auf, ohne daß sie, und leider oftmals auch ihre Ärztin/ihr Arzt, eine Depression als Grunderkrankung in Betracht ziehen. Das bedeutet, daß wir von einer großen Dunkelziffer ausgehen müssen.

Sie werden vielleicht sagen, daß dies nur Statistiken sind. Das ist richtig; trotzdem können sie von Bedeutung sein. Denn die Wahrscheinlichkeit ist hoch, daß auch Sie entweder mit dem Problem Depression im Familien-, Freundes- oder Kollegenkreis konfrontiert sein oder selbst einmal depressiv werden.

An alle direkt oder indirekt Betroffenen richtet sich dieser Ratgeber: an jetzt Erkrankte und an deren Angehörige. Aber auch an Freunde, Kollegen, Nachbarn, Arbeitgeber und Arbeitnehmer, Schüler und Lehrer von Betroffenen. Und an alle, die vielleicht nicht jetzt, aber möglicherweise irgendwann einmal mit dem Leiden konfrontiert sein werden.

Viele Menschen sind angesprochen. Nicht jeder hat dasselbe Interesse, dieselben Möglichkeiten, nicht jedem ist jede Information wichtig. Deshalb blättern Sie – suchen Sie heraus, was für Sie von Bedeutung ist.

● Das Kapitel „Eine Depression hat viele Gesichter" stellt die Depression vor. Es wurde geschrieben, um Ihnen zu helfen, die Erkrankung rechtzeitig zu erkennen. Denn je früher eine Depression erkannt wird, desto eher ist Hilfe möglich, desto kürzer ist die Leidenszeit für die Betroffenen

● Das Kapitel „Einige Seiten Theorie – verschiedene Versuche, Depressionen zu verstehen" erläutert die Theorien über die Erkrankung. Wie erklärt man sich heute die Entstehung von Depressionen? Lesen Sie dieses Kapitel dann, wenn Sie Interesse daran haben. Es muß nicht jetzt sein.

● Das Kapitel „Diagnose Depression" beschreibt den ersten Schritt: Bin ich depressiv? Es zeigt, wer eine solche Diagnose zu stellen in der Lage ist und wie sie zustande kommt. Das Kapitel erklärt Ihnen zudem, welche Begriffe und Einteilungsmöglichkeiten heute verwendet werden, um Ihnen die Diagnosen und ihre Begründung verständlich zu machen.

● Das Kapitel „Depressiv – und dann?" stellt die Behandlungsmöglichkeiten vor. Zusammenfassungen und Kästen sollen einen ersten Überblick ermöglichen. Vertiefen Sie sich dann, wenn Sie können und mögen.

● Die drei folgenden Kapitel befassen sich mit speziellen Gruppen. Warum sind Frauen häufiger depressiv als Männer? Werden Kinder depressiv? Älter werden – gehört die Depression dazu?

● Das Kapitel „Wieder gesund" hat die Zeit „danach" zum Thema: Was tun, um Rückfälle zu vermeiden und Wiedererkrankungen vorzubeugen?

● Unser letztes Kapitel faßt zusammen. Denn ein Problem ist uns bewußt: Wenn Sie im Augenblick unter einer Depression leiden, wird Ihnen möglicherweise jede Seite zu viel sein. Das ist kein Grund zu Selbstvorwürfen! Sich zu nichts aufraffen zu können, keine Energie zu haben, Schwierigkeiten zu haben, sich zu konzentrieren, alles wieder zu vergessen, keinen Sinn darin zu sehen, etwas zu lesen, zu tun, zu unternehmen – all das sind Symptome Ihrer Krankheit, die mit Ihrer Gesundung verschwinden. Dann können Sie sich leichter mit Einzelheiten beschäftigen. Jetzt genügt erst einmal, wenn Sie das letzte Kapitel lesen. Wir haben dort zusammengefaßt, was im Augenblick für Sie wichtig ist. Vielleicht haben Sie jemanden, der mit Ihnen liest und dann die Unterstützung bietet, die Sie jetzt brauchen.

Ich

bin

immer müde

kann   mich

zu nichts aufraffen

Ich

bin   traurig

weiß nicht warum   fange ohne Grund an zu weinen

Am liebsten würde ich

morgens im Bett liegen bleiben

und mir die Decke

über den Kopf

ziehen

Das Aufstehen am Morgen ist das Schlimmste

Es hat doch sowieso alles

keinen

Sinn

Wozu soll ich duschen

Zähne putzen

mich anziehen

Eine Depression hat viele Gesichter

Depressionen gehören zu den häufigsten Krankheiten. Im Lauf ihres Lebens erkranken bis zu 15 Prozent der Männer und 24 Prozent der Frauen. Fast jeder Fünfte – Frauen sogar noch häufiger – muß also damit rechnen, einmal im Leben davon betroffen zu sein. Und jede unbehandelte Depression bedeutet ein hohes Risiko. Man weiß heute, daß etwa 15 Prozent der Patientinnen und Patienten, die an einer schweren Depression leiden und nicht behandelt werden, ihrem Leben selbst ein Ende setzen. Doch auch weniger schwere Krankheitsverläufe bedeuten Leid für Betroffene und Angehörige. Wie viele dies weltweit und bei uns sind, hat uns die Epidemiologie gezeigt.

Den Zahlen auf der Spur

Die Epidemiologie, die Wissenschaft, die sich mit der Ausbreitung und Verteilung von Krankheiten befaßt, arbeitet wie die Marktforschung. Statistische Erhebungen in Krankenhäusern und Arztpraxen, aber auch Befragungen von Einzelpersonen, die nach rein statistischen Prinzipien ausgewählt werden, sind ihre Methoden.

Es ist einleuchtend, daß je nach ausgewählter Methode unterschiedliche Zahlen zustande kommen. Bei einer Befragung beispielsweise werden nur diejenigen Patientinnen und Patienten erfaßt, die sich schon in Behandlung begeben haben. Mit einer Feldstudie hingegen soll herausgefunden werden, wieviele Personen einer Bevölkerungsgruppe an einer Störung oder Erkrankung leiden, und zwar unabhängig davon, ob sie sich in ärztlicher Behandlung befinden oder nicht.

Eine bekannte derartige Feldstudie in Deutschland ist die sogenannte oberbayerische Feldstudie, die eine repräsentative Stichprobe der Wohnbevölkerung dreier Ortschaften in Oberbayern untersuchte. Sie kam zu dem Ergebnis, daß knapp 10 Prozent der zufällig ausgesuchten Bevölkerung zum Untersuchungszeitpunkt an einer behandlungsbedürftigen Depression litten beziehungsweise angaben, unter „depressiven Verstimmungen" zu leiden.

Daneben ergaben andere Befragungen, daß viele Menschen unter Beschwerden leiden, die auch bei depressiven Störungen auftreten können, ohne daß sich die Befragten als depressiv bezeichnen. Feldstudien lassen also den Schluß zu, daß leichtere und nicht als Depression erkannte Erkrankungsverläufe noch sehr viel verbreiteter sind.

Depressionen:
eine moderne Krankheit?

Die öffentliche Diskussion legt den Verdacht nahe: Depressionen in dieser Häufigkeit sind eine Erscheinung des 20. Jahrhunderts, eine Folge unseres modernen hektischen, industrialisierten und städtischen Lebensstils.

Einiges spricht dafür: Viele Belastungsfaktoren (die Wissenschaft spricht von „Stressoren") wie Massenarbeitslosigkeit, beruflicher Druck, ein verändertes Bindungsverhalten – sichtbar an steigenden Trennungs- und Scheidungsraten –, aber auch die Anforderungen der modernen Freizeitgesellschaft lassen die Befürchtung zu, daß die Menschen diesen Belastungen nicht mehr gewachsen sind.

Für eine Zunahme sorgt auch der steigende Konsum und Mißbrauch bestimmter Medikamente und Genußgifte. Nikotin, Alkohol, viele Drogen, aber auch manche oft lebensrettenden modernen Medikamente sind längst für ihre depressionsauslösende (Neben-)Wirkung bekannt.

Eine Belastung, die zu Depressionen führen kann, ist auch die zunehmende Mißachtung unserer inneren biologischen Rhythmen, welche die moderne Technik – zum Beispiel durch die Verbreitung des elektrischen Lichts – erst möglich gemacht hat. Schichtdienst und unsere Freizeit- und Urlaubsgestaltung fordern eine weitgehende Unabhängigkeit von Tag und Nacht, Sommer und Winter, die oft nicht unserer inneren Uhr entspricht.

Fachleute sprechen hier von einer Urbanisierung („Verstädterung"), die als Risikofaktor für das Entstehen von Depressionen gilt.

Dennoch: Depressionen sind keine moderne Erscheinung. Sie sind eine Erkrankung, die es in allen Kulturen und Gesellschaftsformen zu allen Zeiten gab und gibt. Die erste schriftliche Nennung eines Krankheitsbildes, das unserem heutigen Verständnis der Depression entspricht, findet sich schon im 5. Jahrhundert vor Christus. Die „Melancholie", wie sie dort genannt wird, wird dann im 1. Jahrhundert schon mit allen wesentlichen auch heute als spezifisch für die Erkrankung erkannten Symptomen beschrieben. Und nicht nur Ärzte, auch Philosophen und Dichter thematisieren seit der Antike über Mittelalter und Renaissance bis in die Neuzeit solche Phasen niedergedrückter Stimmung als Melancholie, die sich auf das gesamte seelische und körperliche Erleben eines Menschen auswirkt.

Heute weiß man: Depressionen sind Krankheiten, die so häufig und deren Symptome so gravierend sind, daß sie nach Schätzungen der Weltgesundheitsorganisation zu den vier Krankheiten gezählt werden müssen, die als größte Gefährdung für das Leben und die Gesundheit betrachtet werden.

Man weiß aber auch: Es gibt für nur wenige ernste seelische Störungen so gute und sichere Behandlungsmöglichkeiten wie für die Depression, und es gibt wenige seelische Krankheiten, die so selten richtig behandelt werden!

Einen Teufelskreis …

Die Einsicht, an einer seelischen Störung zu leiden, ängstigt. Sie widerspricht unserer Vorstellung eines freien Willens, den wir für uns in Anspruch nehmen wollen. Keiner möchte als „verrückt" gelten. Dies hindert viele Menschen, sich bei einer psychischen Störung so zu verhalten wie beispielsweise bei starken Bauchschmerzen oder hohem Fieber, nämlich fachgerechte Hilfe in Anspruch zu nehmen.

Auch viele depressive Menschen können ihre Depression nicht als Krankheit erkennen, sei es aus Unkenntnis oder aus Scham und eben dieser Angst, als psychisch krank (= „verrückt") etikettiert zu werden. Sie haben Schwierigkeiten, ihr Leiden als eine Krankheit zu akzeptieren, die Hilfe nötig, aber auch möglich macht.

Dazu kommt: Es ist nicht zuletzt die Depression selbst, die den Betroffenen hindert, Hilfe in Anspruch zu nehmen. Zum einen machen depressive Teilnahmslosigkeit und Müdigkeit den Gang zu „Helfern" zu einer nahezu unlösbaren Aufgabe. Hoffnungslosigkeit läßt ihn zudem sinnlos erscheinen. Zum anderen empfinden gerade depressive Menschen ihre Krankheit als eigenes Versagen: Krankheitsbedingte, also depressive Schuldgefühle „verbieten" dem Kranken, sich selbst als krank, also „unschuldig" zu erkennen.

Auch die Haltung vieler Angehöriger, Freunde, Kollegen und Nachbarn zu dieser seelischen Erkrankung ist immer noch von massiven Vorurteilen geprägt. „Häng nicht herum" oder „reiß dich zusammen", aber auch „mach einfach Urlaub" oder „morgen sieht alles schon ganz anders aus" und die Aufforderung, einfach „positiv zu denken", sind immer noch häufige Reaktionen. Auch gutgemeinte Versuche, einen depressiven Menschen aufzuheitern, gehen am Problem vorbei und zeigen ein grundlegendes Mißverständnis: Eine Depression ist kein momentaner „Durchhänger", keine Willensschwäche und keine „schlechte Laune". Sie ist eine Krankheit, die behandelt werden muß. Dieses Mißverständnis verhindert in vielen Fällen die rechtzeitige fachgerechte Hilfe eines Psychiaters oder Psychotherapeuten.

Ein Teufelskreis beginnt: Denn die Symptome werden immer stärker, auch jene, die den Kranken hindern, Hilfe in Anspruch zu nehmen. Eine Behandlung kann oft erst dann beginnen, wenn die Symptome sich vor der Umwelt nicht mehr verbergen lassen, also die Organisation des privaten und beruflichen Lebens nicht mehr möglich ist. Viel zu häufig führen erst Komplikationen der Depression die Betroffene oder den Betroffenen in die entsprechende Behandlung, etwa nicht mehr zu verdrängende Gedanken, sich selbst, das eigene Leben wertlos zu finden und „Schluß machen" zu wollen, oder gar ein Selbsttötungsversuch. Oft haben dann die privaten und beruflichen Folgen der Krankheit soziale Rahmenbedingungen geschaffen, welche die Hoffnungslosigkeit, die ja zum Krankheitsbild der Depression gehört, verstärken und eine Gesundung erschweren. Manche depressive Störungen neigen auch dazu, chronisch zu werden, was ihre Behandlungsmöglichkeit beeinträchtigt – dies um so mehr, je später eine Behandlung eingeleitet wird.

... durchbrechen!

Dabei sind depressive Erkrankungen heute gut zu behandeln, vor allem, wenn die Behandlung frühzeitig beginnt. Leider herrscht immer noch, oft auch bei Hausärztinnen und -ärzten der Betroffenen, Unkenntnis oder Ratlosigkeit. Selbst unter professionellen Helfern haben sich die verschiedenen und sehr erfolgreichen therapeutischen Möglichkeiten in der Behandlung depressiver Störungen noch viel zu wenig herumgesprochen.

Depression ist kein unausweichliches Schicksal. Die modernen Behandlungsverfahren stellen die Depression in eine Reihe mit „ganz normalen" Erkrankungen, die wie andere Krankheiten auch überwunden oder ins Leben integriert werden können.

Der erste und wichtigste Schritt aus der Depression ist dabei immer, sie zu erkennen und Hilfe zu akzeptieren. Daß dieser erste Schritt der schwierigste ist, wissen wir. Deshalb brauchen die Betroffenen andere Menschen: Familie, Freunde, Kollegen, die ihre Symptome erkennen und ihnen genau diesen ersten Schritt erleichtern. Sie brauchen Hilfe, um Hilfe in Anspruch nehmen zu können.

Ich bin so depressiv

Das Wort „depressiv" ist in Mode gekommen. Jeder kennt und verwendet es, und dennoch wissen die wenigsten genau, wovon sie oder die anderen sprechen. Die Ursache für diese Verwirrung liegt im Wort selbst.

Auf der einen Seite wird es für ganz normale Gefühle und Stimmungen der Traurigkeit, Enttäuschung, Niedergeschlagenheit verwendet. Man sagt: „Ich bin heute wieder so depressiv" und meint damit eher: „Mir geht es heute mies, ich bin schlechter Laune, niedergeschlagen, habe zu nichts Lust. Laßt mich einfach in Ruhe!" In diesem Sinne hin und wieder „depressiv" zu sein, ist fast schon chic. Man hat seinen depressiven Tag und darf sich hängen lassen. Auf der anderen Seite: Wenn Mediziner und Psychologen, Psychiater und Psychotherapeuten, aber auch die oben zitierten Epidemiologen von Depression sprechen, meinen sie im allgemeinen etwas anderes. Sie sprechen dann von einem Leiden, das Behandlung nötig macht. Eine solche Depression ist eine

Krankheit und zwar eine mit ganz verschiedenen Gesichtern, Ausprägungen und Verläufen.

Das „depressive Spektrum" (diesen Begriff benutzen die Fachleute, um die Bandbreite von einem einfachen „Durchhänger" bis hin zu einer wirklich schweren Depression zu verdeutlichen) umfaßt sie alle in den verschiedensten Intensitäten – vom Stimmungstief über die Phantasie, sich umzubringen, bis hin zur tatsächlichen Selbsttötung (Suizid).

Aber engen wir ein:

Eine typische Depression ist nicht ...

Stimmungstief

„Depressiv" im Sinne von traurig, niedergeschlagen, hoffnungslos, verzagt, pessimistisch ist jede/r einmal. Jede/r kennt auch solche Tage, an denen wir uns über nichts freuen können, an denen wir verstimmt sind, ohne Energie, uns schlecht, schuldig, unfähig, unruhig oder ängstlich fühlen.

Diese Gefühle sind wie andere Gefühle Teil unserer emotionalen Grundausstattung. Sie gehören zu unserem Gemütsleben wie Freude, Zufriedenheit, Heiterkeit, Zuversicht, Beschwingtheit, Stolz, Triumph oder Zorn, Wut, Ärger und Haß. Wir haben eine ganze Bandbreite von Gefühlen zur Verfügung. Jeder kennt die Niedergeschlagenheit nach einem Streit, die Freude und Heiterkeit nach der Versöhnung, den Stolz nach einer erfolgreich abgeschlossenen Arbeit, die Wut, den Ärger und die Enttäuschung, wenn wir hintergangen wurden. Wir kennen unsere Gereiztheit, wenn das Mittagessen ausfallen mußte und der Magen knurrt, und das „Gesicht wie drei Tage Regenwetter" als Ausdruck schlechter Laune, wenn wieder einmal nichts klappen will.

Unsere Stimmung ist abhängig von äußeren Einflüssen. Dazu gehören Erfahrungen im zwischenmenschlichen Bereich, also mit der Partnerin/dem Partner, der Familie, den Arbeitskollegen, Freunden, Nachbarn, ebenso wie beruflicher und privater Streß, dem wir unterworfen sind oder den wir uns selbst antun. Sie ist auch abhängig vom Geräuschpegel um uns herum, von der Raumtemperatur, in der wir uns bewegen, aber auch vom Klima und der Jahreszeit.

Unsere Stimmung hängt aber auch von inneren Faktoren ab, zum Beispiel davon, ob wir hungrig oder satt, ausgeschlafen oder übermüdet, ob wir gesund und fit sind oder uns körperlich angeschlagen und unwohl fühlen.

Dies gilt für gute und schlechte Stimmung, und auch negative Gefühle haben erst einmal nichts mit der Erkrankung „Depression" zu tun, auch wenn sie manchmal damit verwechselt werden. Denn meistens sind wir in der Lage, auch mit negativen Gefühlen angemessen umzugehen, sie anzunehmen oder zu bewältigen. Wir wissen in aller Regel, „welche Laus uns über die Leber gelaufen" ist, welche äußeren und inneren Ereignisse unsere Stimmung beeinträchtigen.

Haben wir wirklich schlechte Laune, einen Durchhänger oder einfach „unseren depressiven Tag", vertrauen wir, ohne darüber nachzudenken, auf die Selbstreinigungskräfte unserer Psyche und wissen, daß morgen oder übermorgen schon wieder alles ganz anders aussieht. Das Stimmungstief braucht keine Behandlung. Denn Stimmungsschwankungen sind notwendig und normal. Erst die Möglichkeit, zwischen positiven und negativen Stimmungen und Gefühlszuständen zu „schwingen" – unsere Schwingungsfähigkeit, wie Fachleute dies nennen –, macht unsere emotionale Gesundheit aus.

Zum Umgang mit dem Stimmungstief

Die meisten guten Ratschläge, die depressive Menschen häufig zu hören bekommen, die sie aber in ihrer Depression überfordern, sind bei einem Stimmungstief durchaus sinnvoll. Dazu gehört zum Beispiel die Aufforderung, „positiv zu denken", nicht alles so schwer zu nehmen, sich etwas Gutes zu gönnen oder auszuspannen. Hilfreich sind Entspannungstechniken wie zum Beispiel das Autogene Training oder Yoga, die beide jedoch schon im Vorfeld unter professioneller Anleitung erlernt werden müssen. Wichtig ist körperliche Aktivität, zum Beispiel Gartenarbeit oder Sport, und zwar regelmäßig, ja möglichst täglich (→ Seite 130). Gut tun auch kräftigende Maßnahmen: zum Beispiel morgens kalt duschen, so daß Sie Ihre Haut, Ihren Kreislauf wieder einmal spüren oder auch Kneipp'sche Anwendungen, bei denen Wasser, Bewegung und gesunde Ernährung gezielt eingesetzt werden. Häufige schlechte Laune und Abgespanntheit lassen sich auch „behandeln" durch genügend Schlaf, vernünftigen, also eingeschränkten Umgang mit Alkohol und Koffein und den Verzicht auf Nikotin.

Ebenfalls erprobt ist eine Ernährung, die besonders kohlenhy-

Tips gegen das Stimmungstief

● Denken Sie daran: Vielen Einflüssen, die uns ins Stimmungstief stürzen können, sind wir nicht einfach ausgeliefert. Und nicht alle sind unabänderlich. Versuchen Sie herauszufinden, auf welche Sie in Ihrem Sinne Einfluß nehmen können. Und tun Sie es !
Bleiben Sie fit durch

● regelmäßige körperliche Aktivität, zum Beispiel Sport oder lange Spaziergänge
● körperliche Abhärtung (zum Beispiel Kneipp'sche Anwendungen)
● Entspannungsverfahren (zum Beispiel Autogenes Training, Yoga und andere)
● gesunde (vor allem kohlenhydratreiche) Ernährung)
● vernünftige Lebensführung (ausreichend Schlaf, keine Genußgifte, Rücksicht auf die Biouhr).

dratreich ist, also bevorzugt Kartoffeln, Nudeln, Brot, Cornflakes und Müsli. Eiweißdiäten dagegen – so weiß man inzwischen – können regelrechte depressive Stimmungen auslösen.

Außerdem sollten Sie immer auf die Signale Ihrer inneren Uhr achten, dem eigenen Biorhythmus entsprechend leben, also zum Beispiel nicht die Nacht zum Tag machen, wenn Sie eigentlich ein Morgenmensch sind, oder akzeptieren, daß Sie im Winter vielleicht mehr Schlaf brauchen.

Zu diesen auf den Körper konzentrierten Mitteln gegen schlechte Stimmungen kommen psychische Hilfen hinzu. Fachleute sprechen von der Hygiene der Seele. Es gibt eine Vielzahl von Techniken und Verfahren, die sich dieser Psychohygiene verschreiben. Ohne ein spezielles Verfahren zu bemühen, nur ein Rat in dieser Richtung: Versuchen Sie immer, sich Klarheit darüber zu verschaffen, was Ihnen die Stimmung verdorben hat – sprechen Sie darüber! Belassen Sie es nicht beim Grübeln. Lernen Sie – vielleicht auch mit professioneller Hilfe –, mit anderen über sich und Ihre Probleme zu sprechen. Das ist oft nicht einfach. Aber Übung macht auch hier den Meister!

Manchmal brauchen wir aber auch solche Durchhänger, und wer dann seinen depressiven Tag „nimmt", erlaubt sich durch diese Selbstbeschreibung, einmal aus der im Berufs- und Privatleben verordneten Stimmung auszubrechen, die von guter Laune, Aktivität, Energie und Optimismus gekennzeichnet ist. Ist dies nicht durchaus legitim?

Trauer

Wir trauern nach dem Verlust eines geliebten Menschen, nach einem Trennungserlebnis oder nach einem schweren Schicksalsschlag. Diese Trauer ist eine natürliche Gefühlsreaktion, in ihrer Ausprägung individuell unterschiedlich, in den Grundzügen jedoch bei allen Menschen ähnlich.

Trauernde sind niedergeschlagen, können kaum Interesse an ihrer Umwelt zeigen, sind verletzlich, energie- und kraftlos. Trauer beeinträchtigt die Konzentrationsfähigkeit und kann zu Gedächtnisstörungen führen. Trauernde Menschen leiden auch körperlich. Typische Beschwerden sind zum Beispiel Magen- und Darmstörungen, meist Durchfall, aber auch leichte Erschöpfbarkeit, Schlafstörungen und Appetitlosigkeit.

Trauer und Depression können also einander sehr ähnlich sein. Der entscheidende Unterschied jedoch sind der Trauerprozeß und die Trauerarbeit. Durch die Trauerarbeit gelingt es dem Trauernden, sich vom Alten zu lösen und Neuem zuzuwenden. Sie zeigt sich in einem ganz typischen zeitlichen Ablauf, dem Trauerprozeß. Beides ist der/dem Depressiven in ihrer/seiner depressiven Niedergeschlagenheit und Trauer verwehrt.

Der Trauerprozeß

● **Erste Phase: Verleugnung und Protest**
Die oder der Trauernde will den Verlust nicht wahrhaben; sie oder er verhält sich so, als sei der Verlust nicht geschehen, als sei die oder der Verstorbene weiter am Leben.

● **Zweite Phase: Verzweiflung**
Die oder der Trauernde reagiert mit ausgeprägter Trennungsangst und Niedergeschlagenheit auf den Verlust. Sie oder er fällt in ein „emotionales Chaos" aus Schmerz, Schuldgefühlen, Angst, Wut und Sehnsucht.

● **Dritte Phase: Abschiednehmen – Trennung**
Der Verlust wird langsam akzeptiert. Die oder der Trauernde entwickelt eine neue innere Beziehung zum verlorenen Menschen: Eine große innere Nähe zum Verstorbenen erlaubt ihr oder ihm, ihre/seine Phantasie und Aktivitäten wieder vermehrt der Außenwelt zuzuwenden.

● **Vierte Phase: Wieder-Hinwenden zur Umwelt**
Der oder dem Trauernden werden neue Beziehungen möglich.

Die Trauerreaktion ist ein universelles menschliches Reaktionsmuster, mit dem es uns gelingt, Verlust und Trennung zu bewältigen und nicht vom Schmerz überwältigt zu werden. Zwar zeigen einzelne Kulturen recht unterschiedliche Ausdrucksweisen für Trauer – denken Sie nur an die „Klageweiber" mediterraner Kulturen – und viele verschiedene Praktiken und Rituale, um mit der Trauer fertig zu werden. Aber alle diese Rituale haben eine wesentliche Funktion: die Hinterbliebenen in ihrem Trauern zu unterstützen, ihnen die notwendige „Trauerarbeit" zu ermöglichen. Der Schmerz muß verarbeitet werden, ein lebendiges Bild der oder des Verlorenen muß erst in eine Erinnerung überführt, verinnerlicht – erinnert – werden, bevor Neues am seelischen Horizont erscheinen kann. Und nicht zu Unrecht betrachten wir es mit Argwohn, wenn ein Mensch unmittelbar nach einem elementaren

Das Trauerjahr

Für unsere Eltern und Großeltern war es selbstverständlich, und auch heute noch wird diese Sitte in vielen ländlichen Gebieten eingehalten und geachtet: Nach einem Todesfall im engsten Familienkreis sichert die Einrichtung des „Trauerjahres" durch das Gebot der schwarzen Kleidung und das Verbot bestimmter Vergnügungen den Trauernden nach innen und außen einen Raum für ihre Trauer und bildet äußerlich ihren natürlichen Verlauf ab: Nach dem Verlust eines geliebten Menschen dauert es eben ein halbes bis ein ganzes Jahr, bis die Hinterbliebenen (oder Übriggebliebenen, etwa nach einer Scheidung) in der Lage sind, sich mit Herz und Verstand, Sinn und Willen wieder anderen Menschen und Zusammenhängen zuzuwenden.

Verlusterlebnis wieder neue Beziehungen eingeht. Haben wir dann nicht den Verdacht, daß entweder etwas offen geblieben ist, als Hypothek in die neue Beziehung mitgenommen wird oder daß es der vorangegangenen Beziehung an seelischer Tiefe fehlte?

Dieser für das menschliche Leben unverzichtbare seelische Prozeß paßt für viele nicht in unser hektisches Alltagsleben. Sie verstehen nicht, weshalb ein Trauernder nicht rasch wieder zur Tagesordnung zurückkehren kann (und will). Nicht selten wird normale/gesunde Trauer mit Krankheit, der Depression, verwechselt. Trauer stört. Auch die Betroffenen selbst sind manchmal nicht bereit, ihre Trauer zuzulassen. Der Arzt oder Psychotherapeut soll sie möglichst schnell – sei es durch Medikamente oder Psychotherapie – „therapieren", damit sie wieder zu ihrer Alltagsgeschäftigkeit zurückkehren können. Aber: Trauer gehört ins menschliche Erleben, ist keine Krankheit, keine seelische Störung, sondern ein notwendiger, schmerzvoller und manchmal langwieriger Vorgang des Erinnerns, des Abschiednehmens und der Neuorientierung. Sie ist ein unverzichtbares Durchgangsstadium, an dessen Ende das Erleben eines Menschen um wesentliche Qualitäten bereichert sein kann.

> **Zum Umgang mit Trauernden**
>
> ● Sparen Sie sich gute Ratschläge oder Aufmunterungen!
> ● Spielen Sie auf keinen Fall den Verlust, den der Trauernde erlitten hat, herunter.
> ● Gestehen Sie den Trauernden ihre Trauer zu.
> ● Zeigen Sie Verständnis und leiden Sie mit. Denn geteiltes Leid ist halbes Leid.
> ● Haben Sie Geduld! Ein Trauerprozeß braucht seine Zeit.

Die Angst, „verrückt" zu sein

Die Depression ist auch keine Geisteskrankheit. Sicher: Eine Depression kann die geistige Leistungsfähigkeit beeinträchtigen. Dazu gehören zum Beispiel mangelnde Konzentrationsfähigkeit und Gedächtnisstörungen. Depressionen können das Denken verlangsamen. Immer wieder kommen die gleichen Gedanken. Ein ständiges Grübeln setzt ein, ein Grübeln über sich, die anderen, die Welt, dessen Inhalt oft gar nichts oder nur sehr wenig mit der Realität zu tun hat. Depressive sprechen oft langsamer, und viele haben Schwierigkeiten, sich auszudrücken, wie sie es gewohnt waren. Und manchmal wird auch die falsche Eigenwahrnehmung, nichts zu wissen, sich nicht zu erinnern und geistig unfähig zu sein, tatsächlich während der depressiven Phase allein aufgrund dieser falschen Selbsteinschätzung „wahr". Dennoch: Der Verstand ist nicht betroffen, auch wenn seine Leistung während der Depression reduziert erscheinen mag.

Depressionen verändern die Stimmung. Sie sind also „Gemütskrankheiten" oder – wie sie heute genannt werden – affektive Störungen, Störungen der Stimmungslage.

Was aber ist eine Depression?

Das depressive Syndrom

Die Verwirrung um den Begriff Depression liegt nicht allein in einer möglicherweise falschen Ausweitung des Begriffs, und nicht nur medizinische und psychologische Laien verwenden ihn für die unterschiedlichsten psychischen Beeinträchtigungen, Störungen und Erkrankungen. Die Schwierigkeit liegt in dem Begriff selbst: Denn auch die medizinische Diagnose „Depression" ist keine Erklärung. Wer von einer Depression spricht, beschreibt nur, und was er beschreibt und unter diesem Oberbegriff zusammenfaßt, sind bestimmte Symptome, die auf eine Krankheit hinweisen, und nicht die Krankheit selbst.

Symptom und Syndrom

Ein Symptom ist ein Krankheitszeichen. Bei körperlichen Erkrankungen etwa ist Fieber ein Symptom einer Infektionskrankheit. Kommen andere Symptome hinzu, läßt sich eine exakte Diagnose stellen.
Auch seelische Erkrankungen haben ihre Krankheitszeichen. Eine Angsterkrankung, eine Alzheimersche Erkrankung und auch eine Depression haben ganz bestimmte Symptome.
Die meisten Krankheiten zeigen nicht nur ein Symptom. Meistens machen erst mehrere Symptome zusammen ein Krankheitsbild aus. Aber nicht immer treten alle auf. Manchmal läßt, um das Beispiel einer Infektionskrankheit zu nehmen, erst der Nachweis bestimmter Viren die gesicherte Diagnose zu. Ärzte sprechen dann von der gesicherten Ätiologie (Ursache) der Krankheit.

Im Gegensatz zur Diagnose einer typischen Kinderkrankheit beispielsweise umfaßt die Diagnose Depression weder eine einzige, genau umschriebene Krankheit, noch ist damit eine eindeutige und in jeder Hinsicht geklärte Ätiologie – also Ursache der Krankheit – benannt. Wenn Ärzte heute von Depression sprechen, so meinen sie ein Krankheitsbild, das sich aus einer Gruppe von Symptomen – dem depressiven Syndrom – zusammensetzt.

Woran depressive Menschen leiden – Symptome der Depression

Schlaflos
Aus Träumen in Ängsten bin ich erwacht;
was singt doch die Lerche so tief in der Nacht!
Der Tag ist gegangen, der Morgen ist fern,
aufs Kissen hernieder scheinen die Stern'.
Und immer hör ich den Lerchengesang;
o Stimme des Tages, mein Herz ist bang.
(Theodor Storm)

Depressives Erleben

Stimmung – ich sehe alles schwarz

Die depressive – niedergedrückte – Stimmung ist das wesentliche Symptom der depressiven Störung. Der Begriff Depression bezieht sich auf dieses Niedergedrücktsein (lateinisch: deprimere = niederdrücken). Spricht der Arzt von einer niedergedrückten Stimmung, bezeichnet er einen längerdauernden, alles umfassenden Zustand. Dieser ist zu unterscheiden von kurzdauernden Gemütsbewegungen (Affekten) wie Zorn und Ärger, die durch äußere Ereignisse ausgelöst werden. Diese affektive Reaktionsbereitschaft wird durch die depressive Stimmung verändert. Depressive Menschen sehen, erleben, fühlen und empfinden alles wie durch eine dunkle Brille. Durch sie erscheint alles grau in grau. Kontraste zwischen einzelnen Gefühls- und Erlebensqualitäten werden nicht mehr wahrgenommen. Alles verschwimmt zu einem einzigen Einerlei.

Manchmal tritt diese niedergedrückte Stimmung wie aus heiterem Himmel auf. Menschen, die solches mitmachen, schildern Gefühle, als sei „in ihrem Kopf ein Schalter umgelegt" worden. Bei anderen wiederum verschlechtert sich eine leichte traurige Verstimmtheit, die durch ein äußeres Ereignis ausgelöst wurde, trotz Abklingens der Belastung immer mehr, nimmt einen unerklärlich schleichenden Verlauf. Manche Menschen beschreiben eine niedergedrückt-depressive Stimmungslage als Grundbefindlichkeit ihres Lebens. Sie können sich nicht erinnern, daß es jemals anders war.

Ich bin immer müde, kann mich zu nichts aufraffen. Ich bin traurig, weiß
nicht warum, fange ohne Grund an zu weinen.

Am liebsten würde ich morgens im Bett liegen bleiben und mir die Decke über den Kopf ziehen. Das Aufstehen am Morgen ist das Schlimmste. Es hat doch sowieso alles keinen Sinn. Wozu soll ich duschen, Zähne putzen, mich anziehen? Manchmal ertappe ich mich, wie ich einfach nur da sitze. Jede Bewegung wird mir zuviel. Wenn Freunde mich ins Kino abholen wollen, täusche ich Kopfweh oder Arbeit vor. Was soll ich denn da?

—

Was Spazierengehen für gesunde Menschen zum Vergnügen macht, verkehrte sich für mich ins Gegenteil. Die motorische Befriedigung fehlte völlig. Ich schlurfte mit müden Muskeln vor mich hin. Alles, was früher aufheiternde Phantasien und kleine Geschichten mit vergnüglichen Aspekten ausgelöst hatte, wurde nun zum Anlaß trübsinniger Überlegungen. Elend fiel mir auf.   (Piet C. Kuiper)

Störung und Minderung von Selbstwert, Selbstvertrauen – ich kann nichts, ich bin nichts

In der Depression ist nicht nur die Welt grau. Depressive Menschen können auch sich selbst nur durch eine dunkle Brille betrachten. Selbstvertrauen und ein realistisches Abschätzen der eigenen Möglichkeiten und Fähigkeiten sind verlorengegangen. Psychiater nennen dies die depressive Veränderung des Selbsterlebens: Ich bin mir sicher, daß mir nichts mehr gelingen wird, daß ich meine Anforderungen nicht erfülle, daß ich versage und deswegen nicht geliebt werde, wertlos bin.

Dieses Empfinden der Wertlosigkeit betrifft nicht nur die vermeintliche Einschätzung durch andere Menschen. Es gilt auch für den Umgang depressiver Menschen mit sich selbst. Sie sind sich selbst nichts mehr wert.

Ein Mensch in der Depression hat keine Vorstellung davon, daß er sich jemals wieder anders sehen kann. Selbst vergangene Leistungen und Fähigkeiten werden umgedeutet und entwertet. Dieses nihilistische (lateinisch: nihil = nichts) Grundgefühl führt dann oft in einen allgemeinen Lebensüberdruß. Ich bin nichts wert, warum sollte ich leben?

Mit mir zusammenzuleben muß schrecklich sein. Unfähigkeit widert mich an, ekelt mich bis zur Verachtung, und ich bin eine Pfuscherin, die kein Glück mehr hat ...   (Sylvia Plath)

—

Ich konnte nicht schlafen, obwohl ich müde war, ich lag da und spürte, wie meine Nerven schmerzhaft attackiert wurden & die innere Stimme stöhnte:

Ach, du kannst nicht unterrichten, du kannst gar nichts. Nicht schreiben,
nicht denken. Unter dieser negativen, eisigen Flut der Selbstverachtung
lag ich, dachte, diese Stimme sei ganz und gar meine eigene, sei ein
Teil von mir und würde mich besiegen ... Ich hatte die Chance gehabt,
gegen sie zu kämpfen & zu gewinnen, Tag für Tag, und hatte versagt.

(Sylvia Plath)

Angst –
ich kriege keine Luft mehr

Viele depressive Menschen haben Angst. Da ist die Angst zu versagen, schon immer versagt zu haben und auch in Zukunft zu versagen. Dies betrifft meist ganz konkrete Lebenssituationen. Aufgaben, die bis zum Einsetzen der Depression mühelos bewältigt wurden, türmen sich zu unüberwindlichen Bergen. Die Mutter und Hausfrau sieht sich plötzlich ihrer Hausarbeit nicht mehr gewachsen, ängstigt sich vor jedem Tag, an dem die bislang vertraute Routine wieder ansteht. Oder: Sie befürchtet, ihren Kindern keine gute Mutter zu sein, in den alltäglichen Entscheidungen alles falsch zu machen, ihren Kindern eine unbeschwerte Kindheit vorzuenthalten und dadurch auch deren Zukunft zu verderben. Diese Angst „überstrahlt" jede Erinnerung an die Zeit vor der Depression. Das Wissen um frühere Fähigkeiten und Kompetenzen ist ausgelöscht.

Viele quält auch die Angst, schwerwiegende und unkorrigierbare Fehler gemacht oder schlimmer: eine Schuld auf sich geladen zu haben. Die Betroffenen schildern dies dann als Angst vor den Folgen oder vor der ihnen – nur in ihrer gestörten Selbstwahrnehmung – zustehenden Bestrafung.

Die meisten depressiven Menschen leiden unter Trennungs- und Verlustängsten. Sie befürchten, verlassen zu werden, Angehörige, Partner/in und Freunde – sei es durch Tod oder Trennung – zu verlieren. Sie haben Angst vor der Einsamkeit und entwickeln eine allgemeine diffuse Zukunftsangst.

Manchmal erleben depressive Menschen auch Angstanfälle. Diese Angstgefühle werden oft von körperlichen Beschwerden begleitet: Häufig sind Engegefühle im Brustkorb, als „sei der Brustkorb durch einen eisernen Ring eingeschnürt", bis hin zu Schmerzen in der Herzgegend. Auch Engegefühle im Hals, das Gefühl, nicht schlucken, nicht atmen zu können, sind häufig.

Immer früh morgens, meist zwischen vier und fünf Uhr, kommt sie –
die Angst. Ich liege im Bett und spüre, wie sie mir den Atem abschnürt.
Wovor ich Angst habe? Ich weiß es nicht. In meinem Kopf ist nur der eine Satz:
Ich habe Angst, ich habe Angst. Meine Versuche, an etwas anderes zu denken,
scheitern. Nichts fällt mir ein, was mir nicht Angst einflößt. Ich kann kaum

*atmen, bin so angespannt, daß ich schreien könnte. Wenn ich nie mehr
diesen Satz: Ich habe Angst aus meinem Kopf, aus meinem Körper loswerde,
kann und will ich nicht mehr leben. Ich kann nicht mehr, ich habe Angst!*

—

Die bizarrste und unbehaglichste Vorstellung, die mir aus dieser Zeit
(Zeit der Depression – Anmerkung der Autoren) *noch vor Augen steht, ist
die von mir als Viereinhalbjährigem, wie ich im Schlepptau meiner leidge-
prüften Frau über den Markt trotte; nicht einen Augenblick wollte ich die
unendlich geduldige Seele aus den Augen verlieren, die mein Kindermäd-
chen, meine Mammi, Trösterin, Priesterin und vor allem meine Vertraute
geworden war ...*   (William Styron)

—

*Jedesmal gegen drei Uhr begann ich zu spüren, wie sich die Angst, einer gif-
tigen Nebelbank gleich, über meinen Kopf wälzte und mich ins Bett trieb.*
(William Styron)

Die Unfähigkeit, Freude zu empfinden –
wenn ich mich doch noch einmal freuen könnte

Es gibt Tage, da kann uns nichts aufmuntern, nichts freuen. Wir haben einfach
schlechte Laune. Wahrscheinlich – und so verhalten sich auch die meisten – ist
es am besten, früh ins Bett zu gehen und darauf zu hoffen, daß am Morgen wieder alles ganz anders aussieht. Die depressive Anhedonie jedoch – wie Psychiater die depressive Freudlosigkeit nennen – hält an. Sie dauert Wochen und Monate und nimmt von allem Besitz: vom Essen, Trinken, von der Sexualität,
vertrauten Alltagsvergnügen, dem Umgang mit Kindern oder Enkeln, Hobbys,
erprobten Abwechslungen: Über nichts und niemanden können die Betroffenen sich freuen, nichts können sie genießen, nichts kann sie aufheitern.

Menschen, die unter dieser Freudlosigkeit leiden, versuchen oft – zumindest zu Beginn –, das Gefühl der Freude zu erzwingen. Besondere Aufgedreht-
heit, Umtriebigkeit, verschiedenste Aktivitäten, manchmal auch Alkohol oder
bestimmte Medikamente und Drogen sollen Spaß bringen. Ein solcher „Selbstheilungsversuch" kann vielleicht über eine begrenzte Zeit gelingen, um dann
einen noch ausgeprägteren Lebensüberdruß zu erzeugen.

Mehr und mehr entsteht ein negatives Selbstgefühl und vor allem Lebensüberdruß.

*Nicht einmal mehr freuen kann ich mich. Nicht einmal der Besuch meiner
Kinder interessiert mich mehr. Nie wieder werde ich beim Anblick meiner
Enkeltochter etwas empfinden können. Was soll so ein Leben eigentlich?*

Das Gefühl der Gefühllosigkeit –
nicht einmal mehr weinen kann ich

Ein bekannter Psychiater hat einmal sehr treffend die Depression als Krankheit der „-losigkeit" beschrieben. Menschen mit einer schweren Depression sind freudlos, lustlos, hoffnungslos, energielos, mutlos und – dies erleben die meisten als das Schlimmste – überhaupt gefühllos. In der psychiatrischen Fachsprache hat sich dafür der Begriff vom „Gefühl der Gefühllosigkeit" eingebürgert.

Das Gefühl der Gefühllosigkeit bedeutet: Ich bin wie abgestorben und erstarrt. Alle Gefühle, nicht nur Freude, Heiterkeit, Zuversicht und Hoffnung sind mir abhanden gekommen – zu keiner Gefühlsregung fühle ich mich mehr in der Lage. Besonders schlimm ist: Mir ist auch die Hoffnung, jemals wieder fühlen zu können, genommen. Ich bin auch nicht mehr in der Lage, mich an früher erlebte Gefühle im wahrsten Sinn des Wortes zu „erinnern": Ich weiß zwar, daß ich mich früher freuen und auch richtig traurig sein konnte. Dieses Wissen ist aber rein intellektuell, bleibt äußerlich. Mein Gedächtnis der Gefühle ist wie ausgelöscht. Erinnerungen sind für mich auseinandergefallen wie ein Puzzle, das kein richtiges Bild ergibt. Letztlich fehlt mir zu jedem erinnerten Erlebnis die Begleitmusik der Gefühle.

> *Das Schlimmste war: Selbst meine Kinder zu Hause interessierten mich nicht mehr. Mein fünfjähriger Sohn hat es damals auf den Begriff gebracht: „Papa sieht aus wie aus Stein." Und genau so fühlte ich mich! Wie tot!*
>
> —
>
> *Nicht imstande sein, etwas zu wollen, zu wünschen oder zu ersehnen ist ein Symptom der Depression. Die Angst, die Panik, die in meiner Krankheit so im Vordergrund gestanden hatten, hatten mich die Interesselosigkeit, die Tatsache, daß ich keine Freude an irgend etwas hatte, kaum als zusätzliche Quelle des Elends wahrnehmen lassen. Als mein Interesse und Wünsche wiederkehrten, merkte ich erst, wie schrecklich es ohne sie gewesen war.*
>
> (Piet C. Kuiper)

Antriebsminderung und Hemmung –
jede Bewegung ist mir zuviel

Mit „Antrieb" bezeichnen Psychiater die dem zielgerichteten Verhalten eines Menschen zugrundeliegende Kraft, unsere „Lebensenergie". Ein wesentliches Symptom fast jeder Depression ist eine Verminderung dieses Antriebs, der Verlust der Lebensenergie. In der Depression fällt jede Bewegung schwer. Die Kraft auch zu den einfachsten Alltagsaktivitäten bis hin zur Körperpflege ist abhanden gekommen. Die Antriebsminderung wirkt wie eine Handbremse, die nicht zu lösen ist, oder wie ein bleiernes Gewicht, das jede Bewegung hemmt.

Psychiater sprechen von Hemmungsphänomenen, die sowohl die körperliche als auch die geistige Aktivität beeinträchtigen.

Noch vor wenigen Wochen war ich immer auf Achse. Meine Freunde wußten, wenn ich dabei bin, wird es nicht langweilig. Auch bei meiner Arbeit konnten sich meine Kollegen auf mich verlassen. Alles klappte wie am Schnürchen. Ich war nur zufrieden, wenn etwas passierte. Nun ist in mir diese völlige Untätigkeit, der ich nichts entgegensetzen kann. Ich fühle mich bleiern, zu schwer, um in Gang zu kommen.

—

Ich erkenne meine Frau nicht wieder. Früher sprang sie fast die Treppe hinunter. Von weitem konnten Nachbarn hören, daß sie im Treppenhaus war ... Auch jetzt ist ihr Schritt eigentlich unverkennbar. Die Tritte sind langsam, fast ein Schlurfen. Ich weiß, sie ist krank. Aber manchmal halte ich ihre Art, sich zu bewegen, fast nicht mehr aus. Ich könnte sie schütteln ...

Antriebssteigerung und innere Unruhe – ich fühle mich wie unter Strom

Aber Depressionen hemmen nicht nur. Manchmal erleben depressive Menschen auch das Gegenteil. Psychiater sprechen dann von einer „agitierten Depression". Eine quälende Unruhe macht gerichtete Aktivität unmöglich. Ihre Anspannung läßt die Betroffenen schreckhaft und übererregt werden. Die Getriebenheit zeigt sich auch in einer ausdrucksstarken, übertriebenen Mimik und Gestik. Angehörige und leider auch Ärzte verkennen diese oft als absichtlich und bewußt. Sie werfen den Kranken vor, zu jammern ohne Grund, zu übertreiben, um Mitleid zu erregen. Daß sie den Betroffenen unrecht tun, liegt auf der Hand. Die quälende Anspannung ist ein Symptom ihrer Depression.

Manche depressive Menschen erleben dieses Gefühl der inneren Unruhe jedoch nur in ihrem Inneren als unerträglichen Spannungszustand, so als würden sie jeden Moment „platzen".

Am schlimmsten war die innere Anspannung. Ich fühlte mich wie eine Violinsaite kurz vor dem Reißen oder wie ein Dampfkochtopf, aus dem der Dampf nicht entweichen darf. Durch zielloses Auf- und Abgehen versuchte ich, diese Unruhe loszuwerden. Keiner hat das je verstanden. Ich konnte einfach nicht anders, sonst wäre ich geplatzt!

Beeinträchtigung des Zeiterlebens –
die Zeit will nicht vergehen

In der Depression dehnt sich die Zeit ins Endlose. Auch die Dauer der Depression ist endlos. Was hilft die Versicherung, in drei Wochen – bei regelmäßiger Einnahme des Medikaments – sei das Schlimmste überstanden. In der Depression ist das innere Bild einer Zeitspanne von drei Wochen verlorengegangen.

> *Noch viereinhalb Stunden, bis wir zu Bett gehen durften. Ich saß in einer Ecke und schaute auf die Uhr, nach einiger Zeit noch einmal. Zweieinhalb Minuten waren vergangen, während es nach meiner Schätzung eine Stunde hätte sein müssen ... Den Stillstand der Zeit habe ich als eines der quälendsten Symptome meiner Krankheit erfahren. Man hat öfter zu mir gesagt: „Du hast dich sicher gelangweilt." Nein, ich habe mich absolut nicht gelangweilt. Wenn die Angst nur groß genug ist, dann langweilt man sich nicht.*
> *(Piet C. Kuiper)*

Depressives Denken

Denkhemmung – ich verdumme immer mehr

Angehörigen, Freunden und Freundinnen, Kollegen und vor allem den Betroffenen selbst fällt auf: In einer depressiven Phase funktioniert das Denken nicht mehr wie früher. Die depressive Hemmung macht es langsamer, zäher, einfallslos. Aufmerksamkeit, Konzentrationsfähigkeit und Gedächtnis lassen nach. Die Gedanken beginnen, sich um immer dieselben Probleme zu drehen. Viele depressive Menschen klagen auch über eine „zunehmende Leere im Kopf". Störungen im Denken machen Angst. Betroffene erleben ihre Depression als zunehmende Verdummung. Sie befürchten eine Hirnkrankheit, einen Hirntumor, eine Alzheimersche Erkrankung. Oder sie glauben, verrückt zu werden.

> *Ich lese eine Seite, und wenn ich versuche, den roten Faden zu finden, fällt mir auf, daß ich eigentlich nur Wörter und Buchstaben gelesen und vom Inhalt nichts mitgekriegt habe. Ich kann mir im Fernsehen die blödeste Serie ansehen, nicht einmal diese einfachen Geschichten vermag ich zu erfassen, ich könnte Ihnen die Handlung nicht nacherzählen.*
> —
> *Ich werde dement, dachte ich, wenn Noortje nur bei mir bleibt. Aber was hat man davon, wenn man seine Frau doch nicht mehr erkennt? ...*

Wie heißen noch die Straßen: Willemsparkweg, Obrechtstraat, und
dann? Welches ist die K.V.-Nummer des „Krönungskonzertes" von Mozart
... Je mehr Fragen ich mir stellte, desto mehr steigerte sich meine Angst,
bis an die Grenze zur Panik, und dann rannte ich mit den Hunden nach
Hause, zu Noortje.   *(Piet C. Kuiper)*

Entschlußunfähigkeit –
ich kann mich nicht entscheiden

In der Depression werden Entscheidungen oft zu einer Anforderung, die nicht zu erfüllen ist. Selbst Kleinigkeiten, zum Beispiel die Entscheidung, ob der Gang zum Supermarkt vor oder nach dem Abholtermin im Kindergarten sinnvoller ist, können langes Grübeln, Abwägen und Hin- und Hergerissensein auslösen. Das Ausdiskutieren von Wenn und Aber, das Mitbedenken aller Folgen und Folgeschäden einer möglicherweise falschen Entscheidung können sich endlos ausweiten. Einfach ja oder nein zu sagen, auch mit dem Risiko, vielleicht nicht optimal entschieden zu haben, ist depressiven Menschen nicht möglich. Die Angst vor dem Fehler, vor einem Versagen, vor Schuld, aber auch ihr eigener Perfektionismus hindern sie daran.

Mit einem erheblichen Kraftakt und Selbstüberwindung zog ich mich an
und verließ die Wohnung. Fünf Minuten später lag ich wieder ausgezogen
unter meiner Decke. Ich war nämlich nicht mehr sicher, ob meine Ent-
scheidung, die Wohnung zu verlassen, richtig war. Etwas Zeit verging, und
ich war wieder auf der Straße. Aber auch hier lief ich zunächst einige Schritte
vor und dann wieder mehrere Schritte zurück. Was sollte ich tun? Ich wußte
nicht, was richtig war. Ich fühlte mich unfähig, eine klare Entscheidung zu
treffen, etwas zu unternehmen oder nicht.   *(Karl Kulitza)*

Depressive Denkinhalte –
ich bin schuld, ich tauge nichts, ich verliere alles, was ich habe

Depressionen zeigen sich oft an ganz bestimmten Denkinhalten. Psychiater sprechen von einer Einengung des Denkens und zwar auf für die Depression typische Themen: Schuld, Sünde, Schmutz und Armut.

Die Angst beziehungsweise die vermeintliche Gewißheit, schuldig geworden zu sein, belastet viele depressive Menschen. Sie neigen dazu, sich selbst Fehler und Versäumnisse vorzuwerfen und sich immer als den Schuldigen zu sehen – und dies auch in Situationen, in denen sich die Frage einer Schuld nicht stellt. Selten wird ein depressiver Mensch andere Menschen im Verdacht haben, Fehler oder Unterlassungen begangen zu haben. Der berühmte Depressionsforscher Pöldinger formulierte dies bildhaft: In der Depression zeigt der „Zeiger der Schuld" immer auf den Betroffenen selbst. Besonders religiös gebundene Menschen erleben ihre (vermeintliche) Schuld als Sünde.

Ein anderer quälender Denkinhalt ist die Angst, arm zu werden. Depressive Menschen befürchten, daß ihre finanziellen Mittel nicht ausreichen. Sie drehen jeden Pfennig zweimal um und scheinen – dies wird in vielen alten Beschreibungen der Melancholie thematisiert – unendlich geizig zu werden. Diese Angst, mittellos zu werden, geht manchmal so weit, daß notwendige Behandlungen abgelehnt werden, da diese die Familie finanziell ruinierten. Kaufverträge oder sonstige finanziellen Transaktionen werden rückgängig gemacht, auch wenn die Folgen denkbar ungünstig sind.

Ein weiterer häufiger Inhalt des depressiven Denkens ist die Angst, schmutzig zu sein oder unsauber zu riechen. Waschzwänge können die Folge sein.

Schuld, Sünde, Armut, Unsauberkeit: Diese Themen des depressiven Denkens fügen sich nahtlos in das negative Selbstbild der oder des Depressiven ein. Wie wenig realitätsgerecht – wie symptomatisch für die Depression – sie sind, wird daran deutlich, wie sehr sich die Selbstvorwürfe und Ängste bei unterschiedlichen Menschen gleichen und wie wenig sie oft mit dem Alltag der Betroffenen zu tun haben.

> *Die Jugend war lange vorbei, „die Zeit, sie ist vergangen", und was hatte ich mit dieser Zeit getan? Wie viele Möglichkeiten hatte ich verstreichen lassen, und wenn ich Chancen ergriffen hatte, war dann das Ergebnis nicht oft Leid für andere und Schuldgefühl für mich selbst gewesen?*
>
> (Piet C. Kuiper)

> —

> *Ich sah meine Mitmenschen nicht. Onkel Dirk ist hier gestorben, und ich habe ihn nicht besucht, darum bin ich nun hier. Ich habe mit Farben geschmiert, als ich hätte studieren sollen. Ich habe das Bußkleid angezogen, aber was nützt das schon! Mein Schuldgefühl ändert die Vergangenheit nicht. Ich kann nicht wieder gutmachen, was die Menschen gefühlt haben, die ich habe durchfallen lassen, weil sie sich gegen meine Autorität aufgelehnt haben. Nun fühle ich, daß wahr ist, was in einem Psalm geschrieben steht: „Denn der Herr ist hoch und sieht auf das Niedrige und kennt den Stolzen von fern."*
>
> (Piet C. Kuiper)

Wahnhafte Ausprägung
des depressiven Denkens

Bei schweren Depressionen können sich diese typischen depressiven Denk-inhalte ins Wahnhafte steigern, zum „Wahn" werden. Unter Wahn im Sinne psychiatrischer Terminologie wird eine objektiv falsche Überzeugung verstan-den, die von anderen Menschen nicht geteilt wird und deren Ursache eine Er-krankung ist. Auf dem Höhepunkt dieser Erkrankung sind die Betroffenen un-beirrbar vom Inhalt des Wahnes überzeugt und durch Argumente nicht zu erreichen. Auch eine Korrektur durch die Realität gelingt nicht.

Ein depressiver Wahn hat – so formulierte es der bekannte Psychiater K. Schneider – immer die Urängste des Menschen zum Inhalt: die Angst um das Seelenheil, die Gesundheit und den Besitz. Depressive Wahnideen treten also als Wahn auf, gesündigt und unermeßliche, unverzeihliche Schuld auf sich ge-laden zu haben, gänzlich wertlos und nichtig zu sein, arm zu werden oder an ei-ner unheilbaren Krankheit zu leiden.

Jemand, der meiner Frau glich, ging neben mir, und meine Freunde besuch-ten mich ... Die Gestalt, die meine Frau darstellte, erinnerte mich ständig daran, wie ich ihr gegenüber versagt, sie lächerlich gemacht hatte, ihr die Musik genommen, ihren Glauben verspottet und ihr vergällt hatte, was ihr Freude machte. Was wie das normale Leben aussieht, das ist es nicht. Ich befand mich auf der anderen Seite ... Das Grauen dieser Existenz, die mir auf-erlegt war, weil ich gesündigt hatte, wurde noch dadurch vertieft, daß ich mir noch Sorgen über Freunde machte, die meiner festen Überzeugung nach auch in die Hölle kommen würden ... Ich sah dies oft in einem Bild vor mir: In einer Gruppe von Menschen wurde ich, der ich das Gottesurteil verdiente, vom himmlischen Feuer getroffen, aber auch die Menschen verbrannten, die neben mir standen. (Piet C. Kuiper)

Die Gefahr der Selbsttötung –
alles ist sinnlos

Wenn ein Mensch von Gedanken des Lebensüberdrusses, der Leere und der Sinnlosigkeit gequält wird, wenn er erlebt, daß diese Gedanken einen immer größeren Raum in seinem Leben einnehmen, und er sich davon nicht mehr lö-sen kann – Psychiater bezeichnen dieses Stadium als suizidale Einengung –, er-scheint das Schlußmachen (meist nicht der Tod!) oft als letzter Ausweg. Irgend-wann tauchen dann Gedanken und Phantasien an die konkrete Durchführung einer Selbsttötung auf, sind nicht zu verdrängen und führen zu ersten entsprechenden Aktivitäten, wie etwa das Sammeln von Schlaftabletten oder das „Prüfen" von Treppenhäusern oder Hochhäusern. Nach und nach entsteht ein inneres Bild, eine innere Abfolge des Suizidversuchs.

All das kann unterschiedlich lange dauern. Das heißt: Von den ersten Suizidgedanken bis zum Versuch können im Einzelfall nur wenige Stunden vergehen. Häufig quälen sich die Patientinnen und Patienten jedoch wochen-, ja monatelang mit diesen Gedanken, kämpfen immer wieder dagegen an. Der Suizidversuch selbst geschieht oftmals aus einem Gefühl innerer Ruhe. Die Umgebung solcher Menschen hat häufig kurz vor dem Versuch den Eindruck eines Umschwungs der Depression, einer plötzlichen Besserung.

Das Suizidrisiko bei depressiven Erkrankungen darf nicht verharmlost werden. 10 bis 15 Prozent aller nicht behandelten typischen Depressionen enden durch Suizid.

> *Der Tod war jetzt, wie schon gesagt, eine alltägliche Gegenwart; er wehte in kalten Böen über mich hin. Noch hatte ich nicht genau begriffen, wie mein Ende kommen würde. Soll heißen: Noch konnte ich die Vorstellung des Selbstmords in Schach halten. Doch offenbar bestand die Möglichkeit, und ich würde mich ihr bald stellen müssen ...*
>
> *Er fragte mich, ob ich suizidgefährdet sei, und zögernd sagte ich ja. Ich ging nicht weiter ins Detail – dafür schien es keinen Anlaß zu geben –, sagte ihm nichts davon, daß in meinem Haus viele Dinge bereits potentielle Hilfsmittel zu meiner Selbstzerstörung geworden waren: die Dachsparren auf dem Boden (und draußen ein oder zwei Ahornbäume), um mich aufzuhängen; die Garage ein Ort, um dort Kohlenmonoxyd einzuatmen ... Die Küchenmesser in den verschiedenen Schubladen hatten für mich nur noch eine einzige Funktion ...*
>
> *Ich hatte mich noch nicht für die Form meines Abgangs entschieden, wußte jedoch, daß dieser Schritt der nächste und bald so unausweichlich sein würde wie der Einfall der Dämmerung. Ich beobachtete mich mit einer Mischung aus Schrecken und Faszination dabei, wie ich die notwendigen Vorbereitungen traf ...* (William Styron)

Körperliche Symptome

Appetitminderung und Gewichtsverlust – ich bekomme keinen Bissen mehr hinunter

Depressive Menschen haben keinen Appetit. Nicht nur die Unfähigkeit, Freude zu empfinden, und nicht nur das seelische Erleben der Sinn- und Wertlosigkeit der eigenen Existenz stehen dahinter. Auch die Regulationskreise des Körpers, die unabhängig von unserem Willen und unserer Stimmung funktionieren, sind gestört. Manche Depressionsforscher haben die Depression mit dem Winterschlaf verglichen. Hier wie dort sind die vegetativen, das heißt, die vom Willen unabhängigen Funktionen, die das innere Gleichgewicht regeln, heruntergeschaltet.

Bei schweren depressiven Zuständen sind Gewichtsverluste bis zu zehn Kilogramm keine Seltenheit und täuschen gelegentlich eine schwerwiegende körperliche Erkrankung vor. Die reduzierte Ernährung läßt die Betroffenen krank aussehen: Sie wirken apathisch, die Gesichtszüge sind schlaff, das Haar ist glanzlos, die Haut stumpf.

Das Symptom „Gewichtsverlust" führt viele zuerst in die Praxis eines Internisten, und nicht selten konzentrieren sich beide – Ärztin/Arzt und Patient/in – auf das Symptom. Aufwendige apparative Diagnostik wird eingesetzt, um beispielsweise eine Tumorerkrankung, die hinter einem solchen Gewichtsverlust stehen könnte, auszuschließen. Dabei geht oft wertvolle Zeit verloren. Erst spät – wenn überhaupt, denn Experten gehen davon aus, daß immer noch bis zu 50 Prozent der depressiven Erkrankungen unerkannt bleiben – wird endlich die Depression selbst behandelt.

Schlafstörungen – wenn ich wenigstens schlafen könnte!

Die Schlaflosigkeit des Melancholikers ist in Literatur und bildender Kunst vielfach als typisches Wesensmerkmal der Depression überliefert. So komponierte beispielsweise Johann Sebastian Bach die berühmten Goldberg-Variationen zur nächtlichen Ablenkung seines melancholischen Auftraggebers.

Nicht ein- oder durchschlafen zu können gehört tatsächlich zu den ersten und häufigsten depressiven Symptomen. In der Depression funktionieren die biologischen Rhythmen, denen wir unterliegen, nicht mehr. Die innere Uhr ist verstellt. Dazu gehört auch die Regulation des Schlaf-Wach-Rhythmus. Schlafstörungen können den gesamten Verlauf der depressiven Phase begleiten.

*Jeden Morgen so zwischen vier und fünf wache ich auf. Ob diese Angst
wieder kommt? In meinem Kopf herrscht Chaos. Was muß ich heute alles
erledigen? Ich schaffe das nicht! Gestern habe ich vergessen ...
Und was wird erst morgen sein? Ich wälze mich im Bett. Habe ich nicht seit
zwei Uhr immer wieder auf die Uhr gesehen? Wie mein Mann nur so ruhig
schlafen kann! Vielleicht sollte ich aufstehen und fernsehen ...
Aber ich muß doch schlafen!*

Tagesschwankungen –
morgens ist es am schlimmsten

Nicht nur der gestörte Schlaf ist ein Hinweis auf eine Störung der inneren
Rhythmen. Viele depressive Menschen schildern, daß ihre Stimmung, ihr Antrieb, aber auch ihre Gedanken deutlichen Schwankungen unterworfen sind,
die typischerweise an die Tageszeit gebunden sind. Viele berichten, daß sie in
den späten Nachmittagsstunden eine Erleichterung verspüren und sich oft
am Abend richtig wohl fühlen. Die Depression scheint wie verflogen, die Betroffenen haben den Eindruck einer Besserung und sind optimistisch. Leider
ist dies nicht von Dauer. Am nächsten Morgen erwachen sie in derselben ver-
zweifelten Stimmung des Vortags, und die Besserung des vorangegangenen
Abends ist nicht einmal mehr in der Erinnerung lebendig. Wieder ist alles ohne
Zukunft und grau.

Manche Betroffene – ein kleinerer Teil – leiden unter genau umgekehr-
ten Tagesschwankungen: Bei ihnen ist der Morgen hell und optimistisch,
während sich gegen Abend alles wieder zu verdüstern beginnt.

*Die meisten Menschen, die an der Krankheit zu leiden beginnen, fühlen
sich am Morgen so schlecht, daß sie nicht aufstehen können. Erst im
Lauf des Tages geht es ihnen allmählich besser. Bei mir war es genau umgekehrt. Zwar konnte ich morgens aufstehen und in den ersten Stunden
des Tages fast normal arbeiten, merkte dann allerdings, wie die Symptome
am Nachmittag oder gegen Abend auftraten – Schwermut umgab mich,
ein Gefühl von Furcht und Entfremdung und vor allem von erstickender
Angst. Vermutlich ist es einerlei, ob man am Vormittag oder am Abend
am meisten leidet: wenn die Zustände fürchterlicher Beinah-Lähmung,
wie anzunehmen, annähernd gleich sind, wird die Frage des Zeitpunkts
akademisch.* (William Styron)

Magen- und Darmstörungen –
mir schlägt alles auf den Magen

Viele depressive Menschen leiden unter Beschwerden des Magen- und Darm-
trakts. Neben ganz typischen Schmerzen in der Magengrube und häufigem
Aufstoßen klagen die Betroffenen oft über wechselnde Schmerzen im Ober-
bauch oder über Druck- und Ringgefühle, die sich über den gesamten Bauch er-
strecken. Oftmals kommt es zu Übelkeit, Brechreiz und Verstopfung und – allerdings selten – zu Durchfall. Häufig werden diese Symptome in der Zeit der
medikamentösen Behandlung der Depression auch von Ärzten ausschließlich
als Nebenwirkung der antidepressiven Medikamente angesehen. Doch schon
in den alten Beschreibungen der Melancholie gehören Verdauungsstörungen
zum Bild der Depression.

Trockenheit der Schleimhäute –
mein Mund brennt wie Feuer

Depressive Menschen klagen häufig über Mundtrockenheit, Trockenheit und
Brennen der Zunge und der Nasenschleimhaut. Die Tränensekretion kann
ebenfalls vermindert sein. Dies erklärt den oft glanzlosen und verschleierten
Blick, wie er auf vielen Abbildungen des Depressiven oder Melancholikers wie-
dergegeben ist.

Manche leiden auch unter Hitzewallungen und starkem Schwitzen, aber
auch das Gegenteil, eine Minderung der Schweißsekretion, ist möglich.
All diese Beschwerden werden häufig als unerwünschte Wirkung mancher
Antidepressiva bewertet (→ Seite 109). Doch auch sie gehören zum Beschwerdebild der Depression selbst.

Beeinträchtigung der Sexualität –
Sex? Das ist lange vorbei!

Bei fast allen depressiv Erkrankten führt die Depression zu einem Nachlassen
des Interesses an Sexualität (der Libido) und zu einer Beeinträchtigung sexuel-
ler Funktionen. Dazu gehören Trockenheit der Schleimhäute, Schmerzen beim
Geschlechtsverkehr, Erektionsschwierigkeiten, aber auch der Mangel, überhaupt noch Lust zu empfinden oder einen Orgasmus zu erleben. Sexuelle Phantasien sind ebenfalls nicht mehr möglich. Die Unfähigkeit, Sexualität genießen
zu können, bedeutet für viele depressive Menschen einen weiteren „Beweis",
nie mehr Freude und Lust empfinden zu können, der Partnerin/dem Partner

nicht mehr zu genügen. Sie verstärken also das insgesamt beeinträchtigte Selbstwertgefühl.

Das Gegenteil, nämlich eine gesteigerte sexuelle Lust, ist auch, aber selten zu beobachten. Gelegentlich tritt dies zu Beginn einer depressiven Störung auf. Die gesteigerte sexuelle Aktivität ist dann als Versuch einer Selbstbestätigung zu verstehen, um dem Gefühl der Gefühllosigkeit gegenzusteuern.

> *M*it unbewegtem Gesicht teilte mir Dr. Gold außerdem mit, daß das
> *Medikament bei optimaler Dosierung als Nebenwirkung zu Impotenz*
> *führen könne ... Ich versetzte mich in Dr. Golds Position und fragte mich,*
> *ob er sich allen Ernstes vorstellen konnte, daß dieser saftlose, von seiner*
> *Krankheit schwer gezeichnete Halbinvalide, dieser Schlurfer mit der*
> *Greisenstimme tatsächlich jeden Morgen aus seinem Halcion-Schlaf*
> (ein Schlafmittel, Anmerkung der Autoren) *erwachte und auf fleischliche*
> *Vergnügungen aus war.*   (William Styron)

Erschöpfung –
ich kann nicht mehr

Das Gefühl, ausgebrannt, unendlich müde und erschöpft zu sein, ist vielen depressiv Erkrankten bekannt. Oft sind reale Überforderungen sogar mitverantwortlich für den Ausbruch einer depressiven Episode. Der Begriff Erschöpfungsdepression meint solche Zustände. Die Gründe hierfür sind vielfältig: Streß und ständige tatsächliche oder vermeintliche Überforderung am Arbeitsplatz können zu einer solchen Erschöpfung führen, nicht zuletzt deswegen, weil Depressive sich häufig schlecht wehren können und von Kollegen und Vorgesetzten gern mit Arbeit eingedeckt werden. Viele meinen auch, alles perfekt machen zu müssen, um ihrem gestörten Selbstwertgefühl entgegensteuern zu können. Auch die Doppelbelastung von Frauen in Haushalt und Beruf ist Grund genug, erschöpft und ausgelaugt zu sein. Zudem können langandauernde familiäre Konflikte, die unlösbar erscheinen, so erschöpfen, daß sich aus dem Gefühl, keine Kraft mehr zu haben, eine depressive Störung entwickelt.

Erschöpfung ist aber zugleich auch ein Symptom der Depression. Viele Depressive leiden darunter. Die Spannkraft ist verloren, jede Tätigkeit strengt übermäßig an und führt zu vorschneller Ermüdung. Auch der Versuch, gegen die „Handbremse" der Antriebshemmung aktiv zu werden, erschöpft. Dieses Gefühl kann so weit gehen, daß depressive Menschen das Bett nicht mehr verlassen oder sich in abgedunkelte Räume zurückziehen, ohne aber – aufgrund der depressiven Schlafstörung – Erholung durch einen gesunden Schlaf zu finden.

Mit schleichendem Schritt erreichte ich mein Krankenzimmer. Mir fehlte jeder Schwung. „Wenn mich jemand aus meinem Bekanntenkreis sehen würde, wie ich mit meinem Bademantel über den Flur…" Erschöpft ließ ich mich in mein Bett fallen … Ein paar Meter über den Krankenhausflur dürfen mich einfach nicht so belasten. Ich bin fertig. Ich sehe keinen Weg, der in das alte, gewohnte Leben zurückführt. (Karl Kulitza)

—

Erschöpfung in Verbindung mit Schlaflosigkeit ist eine selten grausame Folter. (William Styron)

Somatisierung –
wenn der Körper im Vordergrund steht

Depressive Menschen konzentrieren sich häufig sehr stark auf die Signale und Funktionen ihres Körpers. Sie spüren zum Beispiel ihr Herz immer „deutlicher", haben das Gefühl, es schlage nicht mehr gleichmäßig oder „schlage ihnen bis zum Hals". Sie leiden unter einem Engegefühl in der Brust. Auch Stiche, Brennen und ziehende Schmerzen in der Herzgegend werden genannt. Ärzte und Betroffene befürchten einen drohenden Herzinfarkt, so daß nicht selten eine kardiologische Abklärung durchgeführt wird.

Das Engegefühl im Brustbereich kann so stark sein, daß die Betroffenen sich beim Atmen behindert fühlen. Sie meinen, nicht mehr tief einatmen zu können, nicht mehr genügend Sauerstoff zur Verfügung zu haben, klagen über „Lufthunger". Die Atmung beschleunigt sich, wird flach. Körperliche Aktivität wird anstrengend.

Häufig sind Spannungs- und Druckgefühle im Kopf. Auch hier gleicht der Schmerz einem Engegefühl, als sei ein Ring um den Kopf gelegt, dessen Druck immer spürbar ist. Daneben kommt es zu schmerzhaften Verspannungen der Muskulatur der Halswirbelsäule und der Schultern.

Nicht selten ist ein „Globusgefühl": Die Betroffenen haben das Gefühl, etwas im Hals mache das Schlucken unmöglich.

Viele depressive Menschen klagen über nicht genau zu lokalisierende oder auch wandernde Schmerzen und Störungen des Befindens.

Ich hatte erkannt, daß auf geheimnisvolle Weise, weit entfernt von der Alltagserfahrung, das graue Nieseln des Schreckens, das die Depression hervorruft, die Form körperlicher Schmerzen annehmen kann. Doch handelt es sich nicht um einen unmittelbar identifizierbaren Schmerz wie etwa bei einem Knochenbruch. (William Styron)

Hypochondrische Befürchtungen –
der eingebildete Kranke?

Es ist verständlich, daß bei einer Erkrankung, die den gesamten Organismus betrifft, von Betroffenen und Angehörigen erst einmal diese körperlichen Symptome erlebt werden und im Vordergrund stehen. Viele Menschen werden ja von einer depressiven Störung „überrascht" und waren es bislang gewohnt, Krankheit ausschließlich als Störung von Körperfunktionen zu erleben. Sie haben also kein inneres Modell für die aufgetretene seelische Störung und konzentrieren sich demzufolge auf die körperlichen Begleitsymptome. Dies kann soweit gehen, daß sie die Beschäftigung damit ins Zentrum ihres Denkens stellen. Sie verknüpfen das nihilistische, hoffnungslose Gefühl mit den wahrgenommenen Störungen ihres Befindens und kommen dann zu der Überzeugung, an einer schweren unheilbaren Krankheit zu leiden.

Die Ärzte haben für diese Veränderung des Erlebens des eigenen Körpers den Begriff „Hypochondrie" geprägt. Er besagt, daß eine sachlich nicht begründete, aber beharrlich existierende Sorge um den eigenen Körper besteht. (Eine solche Hypochondrie darf nicht mit Simulation, also dem bewußten Vortäuschen körperlicher Erkrankungen, verwechselt werden. Sie ist nicht wie diese eine gespielte Krankheit, sondern ein ernstzunehmendes Symptom. Die Betroffenen leiden wirklich und müssen in ihrem Leiden von den Menschen ihrer Umgebung akzeptiert werden.)

Die hypochondrischen Befürchtungen des depressiven Menschen können sich bis zum depressiven Wahn steigern: Die Befürchtung wird dabei zur festen und nicht korrigierbaren Überzeugung, an einer unheilbaren Krankheit, etwa Krebs, zu leiden und keinerlei Aussicht auf Heilung mehr zu haben.

*Ich fühlte mich benommen, überstrapaziert, vor allem merkwürdig
gebrechlich ... Und bald war ich in den Kampf mit einer alles durch-
dringenden Hypochondrie verstrickt. Nichts schien bei meinem körperlichen Ich in Ordnung zu sein; ich litt unter Zuckungen und Schmerzen, die
manchmal nachließen, oft aber auch anzuhalten und damit alle möglichen schlimmen Beschwerden anzukündigen schienen ..., daß ich schon
am nächsten Tag zu einem Internisten in Manhattan eilte, der eine
umfangreiche Testreihe begann. Normalerweise hätte es mich zufrieden-
gestellt, sogar erleichtert, als mich der Arzt nach drei Wochen sündhaft
teurer High-Tech-Untersuchungen für vollkommen gesund erklärte;
und ich war glücklich, ein oder zwei Tage lang, bis wieder die rhythmische,
tagtägliche Erosion meines Gemüts begann – Angst, Erregung,
grundlose Furcht.* (William Styron)

Die Depression –
eine affektive Störung, die nicht nur die Affekte stört

Nicht jeder depressive Mensch leidet an allen Symptomen des depressiven Spektrums. Vielmehr sind sehr unterschiedliche Konstellationen der einzelnen Symptome möglich. Auch ihre Intensität ist unterschiedlich. Die Symptome sind auch nicht ständig vorhanden. Sie treten episodisch, also in bestimmten Zeitabschnitten auf.

Doch die Vielzahl der möglichen Symptome des depressiven Syndroms zeigt: Depressionen sind zwar Gemütskrankheiten, affektive Störungen; doch sie betreffen nicht nur die Stimmung und „stören" nicht nur die Affekte. Eine Depression ist eine Erkrankung, die den ganzen Menschen in Mitleidenschaft zieht. Depressive Menschen leiden an Seele und Körper.

Tabellarische Übersicht der depressiven Einzelsymptome in Begriffen der Medizin (nach ICD 10 → Seite 68)

Hauptsymptome
- gedrückte Stimmung
- Interessen- /Freudlosigkeit
- Antriebsstörung

Andere häufige Symptome
- Konzentrationsstörung
- Abnahme des Selbstwertgefühls
- Schuldgefühl
- Hemmung/Unruhe
- Selbstschädigung
- Schlafstörung, Appetitverminderung

Somatisches Syndrom
- Interessenverlust
- mangelnde Gefühlsbeteiligung
- frühmorgendliches Erwachen
- Morgentief
- Psychomotorische Hemmung oder Agitation (objektiv)
- Appetitverlust
- Gewichtsverlust (5 Prozent des Körpergewichts des vergangenen Monats)
- Libidoverlust

nur Wörter und Buchstaben nur Wörter und Buchstaben nur Wörter und Buchstaben nur Wörter und Buchstaben nur Wörter und Buchstaben nur Wörter und Buchstaben nur Wörter und Buchstaben nur Wörter und Buchstaben nur Wörter und Buchstaben nur Wörter und Buchstaben nur Wörter und Buchstaben nur Wörter und Buchstaben nur Wörter und Buchstaben nur Wörter und Buchstaben

Ich lese eine Seite, und wenn ich versuche, den roten Faden zu finden, fällt mir auf, daß ich eigentlich nur Wörter und Buchstaben gelesen und vom Inhalt nichts mitgekriegt habe

Einige Seiten Theorie – verschiedene Versuche, Depressionen zu verstehen

Die ärztliche Diagnose beruht üblicherweise zum einen auf den Symptomen, zum anderen auf der Ursache der Erkrankung. Bei Kinderkrankheiten zum Beispiel sind es ganz bestimmte Viren oder Bakterien, die als „Verursacher" identifiziert werden können. Im Fall des „depressiven Syndroms" ist dies jedoch nicht so einfach. Bis heute gibt es keine umschriebene „Ätiologie" – also Lehre von den Ursachen – der Erkrankung, obwohl einzelne depressive Symptome seit der Antike mit erstaunlicher Genauigkeit beschrieben wurden.

> **Warum sind alle hervorragenden Männer, ob Philosophen, Staatsmänner, Dichter oder Künstler, offenbar Melancholiker gewesen? Und zwar einige in solchem Maße, daß sie sogar unter den von der schwarzen Galle verursachten krankhaften Anfällen litten ...? Wenn nämlich ihre melancholische Mischung sehr gesättigt ist, sind sie zu melancholisch, wenn sie aber einigermaßen gemischt ist, sind sie hervorragende Menschen. Wenn sie sich aber nicht in acht nehmen, neigen sie jedoch zu den melancholischen Krankheiten, ... deshalb sind alle Melancholiker hervorragende Menschen, nicht durch Krankheit, sondern durch ihre Naturanlage.**
>
> *(Pseudo-) Aristoteles 3./4. Jahrhundert v. Chr.*

Theorien über die Entstehung depressiver Erkrankungen sind so alt wie die Beschreibungen der Krankheit. Viele dieser Theorien galten über Jahrhunderte. Der Name „Melancholie" zum Beispiel transportierte bis Ende des 18. Jahrhunderts die Annahmen über ihre Entstehung: Hippokrates oder besser die Hippokratiker hatten im vierten vorchristlichen Jahrhundert die schwarze (melas = schwarz) Galle (chole = Galle) als Verursacher vieler körperlicher, aber vor allem seelischer Erkrankungen in die damalige Lehre über die Natur des Menschen eingeführt. Lange galt die Depression = Melancholie auch als Daseinsform, die eher theologisch und philosophisch als medizinisch zu betrachten und zu untersuchen sei. Im Mittelalter zum Beispiel galt der Melancholiker als Kind des Saturns, also des Planeten, in dessen Zeichen die Melancholie steht. Er war Außenseiter und wurde zum Abschaum der Menschheit gezählt. Mit der Renaissance – besonders bekannt sind hier vor allem Marsilio Ficino und seine Schrift „De vita libri tres" und Albrecht Dürer mit seinem berühmten Bild „Melencholia" – verlor die Melancholie diesen theologischen Makel und wurde wieder zu einer Eigenschaft, die Genies, Künstler und Gelehrte auszeichnete.

Erst seit etwa 200 Jahren gibt es eine spezifische Erforschung der Depression, die sie als psychische Krankheit begreift und als solche zu erklären versucht. Was für die wissenschaftliche Forschung und Erkenntnis des 19. und 20. Jahrhunderts im allgemeinen gilt, traf auch für die Erforschung seelischer Störungen zu: Der rasche Erkenntnisfortschritt verwarf – und verwirft! – vieles von dem, was eben noch galt, als überholt und eröffnete ständig neue Perspektiven.

> **Wie überall gab und gibt es auch in der Wissenschaft und Forschung „Moden" und Interessen, denen sicher die Fragestellungen, manchmal aber auch ihre Ergebnisse unterlagen und auch heute unterliegen.**
>
> **So entspricht denn auch das Bild, das sich Psychiater und Psychotherapeuten jeweils von der Depression machten und machen, nicht nur dem jeweiligen wissenschaftlichen Erkenntnisstand, sondern oft auch dem „Zeitgeist" und verändert sich dementsprechend.**
>
> **Was dabei reine Modeerscheinung bleibt und was sich zu einem wesentlichen Baustein für den Erkenntnisfortschritt entwickeln wird, wird sich in vielen Fällen erst im nachhinein herausstellen.**

Depressionsforschung heute

Der enorme Zuwachs an Wissen und Erkenntnis über die Depression, den wir vor allem in den letzten Jahrzehnten beobachten können, kommt aus den verschiedensten Wissensgebieten: aus der Biologie, der Pharmakologie, der Verhaltenswissenschaft, der Psychologie, der Psychoanalyse, der neurologischen und psychiatrischen Grundlagenforschung. Jede dieser Forschungsrichtungen verfolgt einen anderen Ansatz, stellt andere Fragen und erhält andere Antworten, die sich oft auch innerhalb einzelner Teilgebiete nicht nur ergänzen, sondern erst einmal zu widersprechen scheinen. Tatsächlich verfolgt die Depressionsforschung vor allem zwei große Ziele, die auf den ersten Blick unvereinbar erscheinen: biologische Erklärung und psychologisches Verständnis der Depression

Wir werden im folgenden die Hauptergebnisse der zwei wesentlichen Richtungen der Forschung der letzten Jahrzehnte darstellen. Es sind dies die neurobiologischen und die psychologischen Erklärungsmodelle der Depression. Sie bilden die Grundlage der vielen unterschiedlichen Theorie- und Therapieansätze, mit und an denen heute gearbeitet wird.

Depression und Nervensystem –
die Neurobiologie der Depression

Die wichtigsten Disziplinen, die sich mit dem Zusammenhang und der Abhängigkeit von Seele und Körper beschäftigen, sind Biochemie, Neurophysiologie, Humangenetik, Psychologie, Neurologie und Psychiatrie. Ihre Ergebnisse bilden auch die Grundlage des neurobiologischen Erklärungsansatzes für depressive Störungen. Hier besteht unter den Experten eine ganz allgemeine Übereinstimmung, was den Zusammenhang zwischen Depressionen und bestimmten Funktionen und Stoffwechselprozessen des Gehirns betrifft. Eine „Biologie der Depression", die alle depressiven Erscheinungsformen erklären könnte, gibt es jedoch bis heute nicht.

Gerade auf diesem Gebiet haben sich jedoch in den letzten Jahrzehnten die Kenntnisse erheblich vermehrt. Zum gegenwärtigen Zeitpunkt besteht zunehmend Einsicht in einige Störungen des Hirnstoffwechsels, die als biologische – neurochemische und neuroendokrinologische – Faktoren für die grundsätzliche Erkrankungsbereitschaft und ein eventuelles Rückfallrisiko erkannt wurden. Immer deutlicher wird dabei der Zusammenhang depressiver Symptome mit ganz bestimmten Stoffwechselvorgängen und Veränderungen im zentralen Nervensystem.

Wesentliche Fortschritte bei der Erforschung des Gehirns sind dabei den modernen bildgebenden Untersuchungsmethoden wie Computertomographie und Kernspintomographie zu verdanken, die mehr Wissen über die Bedeutung einzelner Hirnareale bei bestimmten Erkrankungen vermittelt haben. Andere Methoden wie die Positronenemissionstomographie (PET) gestatten es sogar, sich das Funktionieren einzelner neuronaler Systeme „anzusehen". Man sieht zum Beispiel, welche Hirnareale aktiviert werden, wenn ein Mensch eine Rechenaufgabe löst, wenn er Sätze nachspricht oder versucht, sich an einen Namen zu erinnern. Darüber hinaus vermitteln moderne biochemische Untersuchungstechniken Einsichten in die Stoffwechselvorgänge des Gehirns.

Zur Funktionsweise des Gehirns

In unserem Gehirn sind zirka 25 Milliarden Nervenzellen miteinander verbunden. Jede dieser Nervenzellen besteht aus einem Zellkörper und einem sogenannten Axon, einer Art Leitung, die zu anderen Zellen führt und sich in aller Regel mehrfach verzweigt. Diese Verzweigungen kommen nun in Kontakt mit vielen anderen Zellen. Auf diese Weise entsteht ein undurchsichtig gesponnenes Netz.

Das komplexe Gewebe unserer Nervenzellen

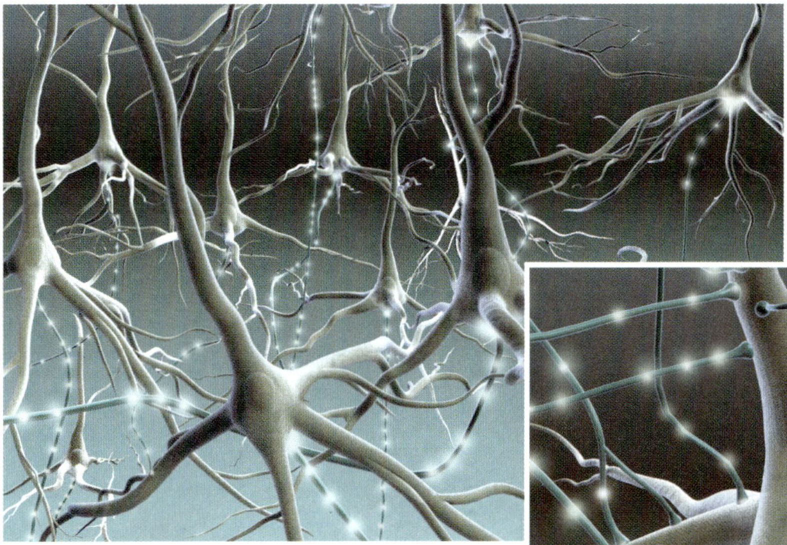

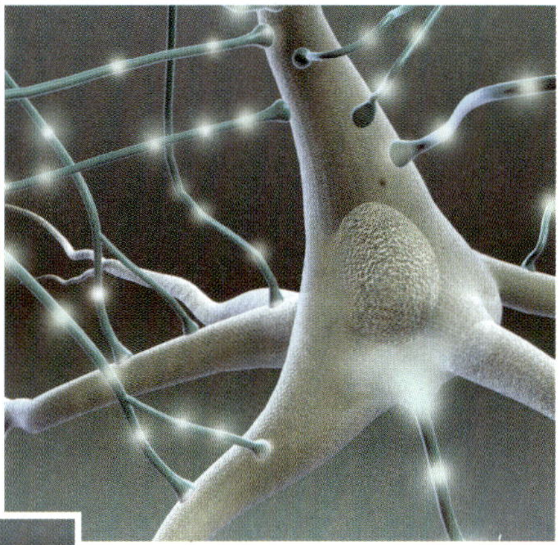

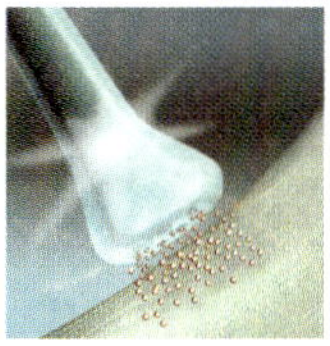

*Die Nervenzellen bilden eine komplexe
Verknüpfung und kommunizieren über Synapsen,
an denen Botenstoffe (Neurotransmitter) ausgeschüttet werden.*

Dieser Verbund der Neuronen bildet in sich Funktionskreise aus, die verschiedene Aufgaben haben: Wahrnehmen, Denken, Handeln, Empfinden, Fühlen, Urteilen und so weiter. Bei den meisten Hirnfunktionen stehen mehrere Untersysteme miteinander in Verbindung, damit eine bestimmte Leistung des Gehirns erbracht werden kann.

Die Boten des Gehirns

Innerhalb dieser Funktionskreise kommt eine ganz bestimmte Eigenschaft der Nervenzellen zum Tragen, die auch bei der Depression eine entscheidende Rolle spielt: Jede Nervenzelle tritt mit ihrer Nachbarzelle über Botenstoffe, die Neurotransmitter, in Kontakt. Das sind ganz bestimmte Eiweißverbindungen, die auch als biogene Amine bezeichnet werden. Das heißt: In einer Zelle entsteht ein elektrischer Impuls (die bioelektrische Aktivität, wie wir sie zum Beispiel im EEG und EKG untersuchen können), der von den Neurotransmittern auf die nächste Zelle übertragen wird. Was in der einen Zelle als elektrischer Impuls begann, wird über einen chemischen Vorgang in die Nachbarzelle geleitet und dort wieder in einen elektrischen Impuls verwandelt. Dieser fließt vom Axon zum Zellkörper. Das Ganze geschieht milliardenfach gleichzeitig – eine Leistung, die der eines Computers haushoch überlegen ist.

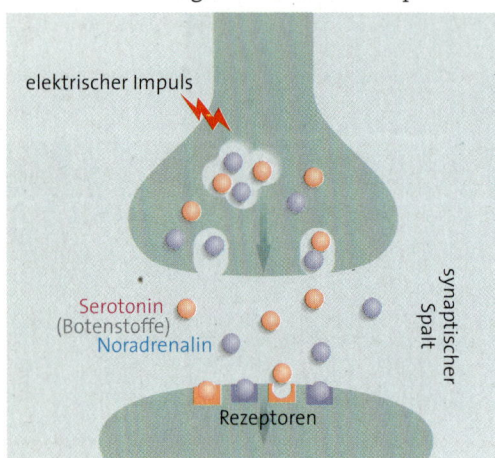

elektrischer Impuls

Serotonin
(Botenstoffe)
Noradrenalin

synaptischer Spalt

Rezeptoren

Diese Umwandlung der elektrischen Impulse in einen chemischen Vorgang geschieht an der Kontaktstelle, der Synapse. Die Zusammenarbeit der verschiedenen Nervenzellen ist nur über diese Kontaktstellen möglich.

Funktion einer Synapse
Die Übertragung eines elektrischen Impulses von einer Nervenzelle zur nächsten erfolgt über die Synapse durch chemische Botenstoffe.

Wichtig ist, daß an einer Stelle eines Axons ein Neurotransmitter abgegeben und an einer anderen Stelle der benachbarten Nervenzelle gebunden wird. Damit dies geschehen kann, muß eine Bindungsstelle vorhanden sein: ein „Rezeptor". Diese Rezeptoren treten jeweils nur für einen Botenstoff in Aktion. Jeder Neurotransmitter benötigt also seine ganz besondere, nur auf ihn passende Bindungsstelle. Das Ganze funktioniert gewissermaßen nach dem Schlüssel-Schloß-Prinzip. Die Bindung des Rezeptors setzt in der Zelle komplizierte Vorgänge frei.

Die Chemie unserer Gefühle

Auch Emotionen haben auf diese Weise ihre Chemie oder besser ihre „Neurochemie". Es gibt wesentliche Hinweise darauf, daß die Depression mit einer Störung des Neurotransmitterstoffwechsels zu tun hat. Es sind vor allem die beiden Botenstoffe (Nor)Adrenalin und Serotonin, denen bei der Entstehung depressiver Zustände eine wichtige Rolle zugeschrieben wird. Serotonin und Noradrenalin stehen bei einer Depression nicht in ausreichendem Maße zur

Verfügung. Es kann entweder einer dieser Botenstoffe fehlen oder beide. Die Störung besteht in einer Veränderung des Gleichgewichts biologischer Funktionen. Mit gezielt wirkenden Medikamenten wird ein Ausgleich geschaffen, bis sich die natürliche Balance wieder herstellt (→ Seite 106). Ein bleibender Schaden ist – anders als beispielsweise bei einem Schlaganfall oder einem Gehirntumor – nicht zu erwarten.

Psychologische Theorien über das Entstehen einer Depression

Psychologische Ansätze, die Depression zu erklären und zu verstehen, befassen sich mit ihren seelischen Vorgängen, genauer mit den depressiven Gefühlen, Gedanken, und daraus folgend dem depressiven Verhalten und den möglichen körperlichen Symptomen. Auch sie beschäftigen sich sowohl mit der grundsätzlichen Disposition, der Erkrankungsbereitschaft, als auch mit den Auslösern der jeweils aktuellen Erkrankung.

Es gibt heute vor allem zwei Richtungen, die sich mit der psychologischen Grundlagenforschung zur Depression befassen und ausgearbeitete Theorien als Grundlage ihres therapeutischen Vorgehens entwickelt haben.

Tiefenpsychologie

Der Begriff „Tiefen"psychologie weist auf ein grundlegendes Anliegen tiefenpsychologischer Theorie und Therapie hin: Theorie und Therapie bleiben nicht an der „Oberfläche" der Psyche. Ihr Ziel ist es, die Motive eines Menschen in der Tiefe unterhalb des bewußten Erlebens, Denkens, Fühlens und Verhaltens zu erkennen und zu verstehen. Zu diesen Motiven gehören Wünsche, Phantasien und schwelende Konflikte, die schon früh aus den verschiedensten Gründen aus dem bewußten Erleben verschwinden mußten oder heute nicht ins Bewußtsein gelangen dürfen.

Zu ihnen gehören auch Erinnerungsspuren von Erfahrungen, die sich tief in die Seele eines Menschen eingeprägt haben. Diese Prägung bestimmt auch heute noch unser Bild von uns selbst und von der Welt um uns herum. Sie ist die Grundlage unseres Selbstwertgefühls und formt bis in die Gegenwart unsere Beziehung zu anderen. Nicht selten erleben wir gegenwärtige Situationen und Ereignisse als Wiederauflagen alter Geschichten und mit ihr auch die alten dazugehörigen Gefühle, Phantasien, Wünsche und Ängste. Unsere Vergangenheit bestimmt also unsere Gegenwart.

Ursache und Auslöser

Diese Erkenntnis hilft uns, Depressionen zu verstehen. Aktuelle Belastungen, die vielleicht zum Ausbruch einer Depression geführt haben, sind nämlich selten die Ursache der Erkrankung. Die oder der jetzt Erkrankte erlebt sie als Wiederholung, und nur in dieser Bedeutung werden sie zum Auslöser der Depression.

Freud und andere

Vor allem der frühe Verlust einer wichtigen Bezugsperson, meist der Mutter, ist als eine solche Störung erkannt worden. Verlust kann dabei den tatsächlichen Verlust zum Beispiel durch Tod oder Scheidung der Eltern ebenso wie den „Verlust" durch die Geburt eines Geschwisterchens bedeuten. Häufig findet sich in der Lebensgeschichte Depressiver aber auch ein innerlicher Rückzug der Mutter, sei es, weil diese vielleicht mit ihrer Rolle als Mutter nicht mehr zurecht kam, von Streitigkeiten in der Ehe oder Sorgen um die finanzielle Existenz zermürbt war, sei es, weil sie selbst an einer Depression erkrankte. Diesen Rückzug aus der Beziehung mußte das kleine Kind damals wie einen realen Verlust erleben.

Solche krankmachenden Erfahrungen und ihre psychische Verarbeitung haben innerhalb der tiefenpsychologischen Theoriebildung und Forschung die unterschiedlichsten Interpretationen gefunden. Auf die früheste Zeit der Psychoanalyse Freuds geht die Annahme zurück, das kleine Kind habe auf den Verlust der Mutter beziehungsweise auf dieses „Fortgehen" zum Beispiel mit Wut und Haß reagiert. Mit dieser Wut geriet es natürlich in Widerspruch zu seiner Liebe zur Mutter. Als Lösungsmöglichkeit des Konflikts bot sich ihm offenbar nur – so ergibt die Rückschau in der Therapie des heute Erkrankten –, eben diese Wut gegen sich selbst zu richten, sich selbst zu hassen. Der Konflikt selbst lähmt in seiner Unlösbarkeit jede Aktivität. Der Haß ist Grund der depressiven Schuldgefühle. Auch das mangelnde Selbstbewußtsein, wie es für viele depressiv Erkrankte typisch ist, ist Folge des Verlusts. „Mutter ist weggegangen, weil sie mich nicht liebt. Ich bin nicht liebenswert."

Diese frühe Verarbeitung ist vielleicht lange erfolgreich aus dem bewußten Erleben, Fühlen und Denken verbannt worden. Aktuelle Verlusterfahrungen oder auch der befürchtete oder phantasierte Verlust einer geliebten Person erscheinen dann dem Betroffenen als Wiederholung der alten Geschichte und „lösen" die Depression „aus", da er alle Gefühle, die das damalige Ereignis in ihm hervorgerufen hat, heute noch einmal erlebt. Daß diese Gefühle nicht zu ihm, dem jetzt Erwachsenen, und auch nicht zu dem gegenwärtigen Ereignis „passen", machen sie so bedrohlich.

Herr M. erkrankte im Alter von etwa 40 Jahren kurz nach der Tren-
nung von der langjährigen Lebenspartnerin an einer Depression, die
vor allem durch große Angst bis hin zu Panik gekennzeichnet war.
Schon im Erstgespräch beim Psychotherapeuten kam er auf seine trau-
rige Kindheit zurück: Seine Mutter war wenige Monate nach seiner
Geburt an einer Lungentuberkulose erkrankt und verbrachte mehrere
Jahre in verschiedenen Lungenheilanstalten. Er selbst wurde bis zum
fünften Lebensjahr recht liebevoll von der Großfamilie seiner Mutter
versorgt. Allerdings war es so, daß er etwa alle sechs Monate die jewei-
lige Pflegefamilie verlassen mußte, um bei einer anderen Schwester
oder Cousine der Mutter untergebracht zu werden. Die Familie wollte
die Belastung gleichmäßig verteilen und übersah bei aller Fürsorglich-
keit, daß das Kind – der spätere Patient – niemals über längere Zeit
eine vertrauensvolle Beziehung zu konstanten Bezugspersonen auf-
bauen konnte. Nach einer langen Zeit der Stabilität und des berufli-
chen Erfolgs war es dann die Trennung von der Freundin, die bei dem
Patienten unerträgliche Angst auslöste. Er phantasierte in diesen
Ängsten, auf Dauer allein zu sein, nie wieder eine Partnerin oder
Freunde zu finden, zu vereinsamen, was das kleine Kind in ihm als
absolut lebensbedrohlich erleben mußte ...

Wurzeln in der Kindheit

Fast alle tiefenpsychologischen Schulen betonen diesen entwicklungsge-
schichtlichen Hintergrund. Unter einem solchen Blickwinkel, der die Lebensgeschichte der oder des jetzt Erkrankten für die Entstehung der Depression ins
Auge faßt, zeigt sich eine depressive Erkrankung als Folge einer Störung der
kindlichen Entwicklung.

Wir wissen heute sehr viel mehr als Freud über die Entwicklung und
möglichen Fehlentwicklungen eines Kindes. Diese Erkenntnisse haben auch
das Verständnis psychischer Störungen – in der Sprache der Psychoanalyse der
Neurosen – erheblich erweitert. Einige Beispiele: Ob Menschen depressiv werden, hängt auch davon ab, welche Rolle sie als Kind im Leben und in den Gefühlen ihrer Eltern gespielt haben oder spielen mußten. Ein kleines Kind, das
nur als Belastung erlebt wird, kann wohl – so die Beobachtung – wenig Selbstachtung oder gar Selbstliebe entwickeln. Es wird dann vielleicht als Erwachsene oder Erwachsener durch eine Kritik, die andere wegstecken, so verletzt sein,
daß sein schon immer schwaches Selbstwertgefühl zusammenbricht.

Ein anderes Kind, dem nie erlaubt wurde, ein eigenes Selbst zu entwickeln, weil seine Eltern es zur Festigung ihres eigenen brüchigen seelischen
Gleichgewichts mißbrauchen mußten, wird als erwachsene Frau, als erwachse-

ner Mann vielleicht ebenfalls immer einen anderen zur eigenen Stabilisierung benötigen, und allein die Befürchtung, verlassen zu werden, wird sie oder ihn dann in den Grundfesten ihrer/seiner Person erschüttern.

Ein letztes Beispiel: Ein Kind, das nur deshalb „liebenswert" war, weil es schöner, klüger, besser, schneller, stärker war als die anderen, das seine Eltern nur durch immer neue Leistung und Besonderheit beeindrucken konnte, wird auch im Erwachsenenalter immer die Bewunderung, die Bestätigung brauchen, schöner, besser, klüger, schneller ... zu sein, um sich selbst annehmen zu können. Aber was, wenn diese Bestätigung dann irgendwann einmal ausbleibt?

Tiefenpsychologen verstehen also die Depression immer als Folge einer frühen negativen Erfahrung, die unser Erleben, unsere Gefühls- und Gedankenwelt geprägt hat. Eine aktuelle Krise, ein Verlust, eine Kränkung oder vielleicht auch nur die Angst davor „paßt" in diese Prägung in der Tiefe und löst deshalb die Depression aus.

Wozu dient die Depression?

Psychoanalytiker betonen zudem eine wichtige Funktion der Depression: Sie wird als Notbremse verstanden. Die oder der Betroffene zieht sie unbewußt in der „auslösenden Situation", die sie/er als Bedrohung erlebt. Diese Notbremse entspricht einer aus der Kindheit stammenden Überlebensstrategie: Einem Säugling dient der Zustand der Lähmung, das „Herunterfahren" aller Lebensfunktionen als Schutz vor lebensbedrohender Gefahr. Als „depressive Abwehr" verwendet dann der Erwachsene diese innere Lähmung als Schutz vor vielleicht überwältigenden Gefühlen der Wut, des Hasses, der Verzweiflung, der Verlassenheit, aber auch der Abhängigkeit, der Ohnmacht und der eigenen Wertlosigkeit.

Durch die tiefenpsychologische Betrachtungsweise erhält die Depression also einen Sinn. Sie ist ein „biosozialer Schutzmechanismus", der gegenüber einer übergroßen Gefahr eingesetzt wird, wenn alle anderen Lösungsversuche versagt haben.

Noch einen Schritt weiter in diese Richtung gehen die Tiefenpsychologen, die sich auf C.G. Jung berufen. Sie betonen nicht nur das Krankhafte der Depression, sondern schreiben dem Unbewußten, aus dem die Depression kommt, eine eigene Weisheit zu, die die Betroffenen vor der Fortführung eines krankmachenden Lebens bewahrt. Der Rückzug in die Depression wird dann als innere Suche nach einer Neuorientierung gesehen, die ihnen das Nachdenken über einen neuen Lebensentwurf erlaubt.

Verhaltenspsychologie

Auch innerhalb der Verhaltenspsychologie haben sich im Lauf der Jahre verschiedene Ansätze mit unterschiedlichen Schwerpunkten herausgebildet. Die wichtigsten „Modelle", das Entstehen und Aufrechterhalten einer Depression zu erklären, sind

- das Verstärkerverlustmodell (Lewinsohn)
- das Modell der erlernten Hilflosigkeit (Seligman)
- das kognitive Modell (Beck).

In allen drei Ansätzen wird – wie in den unterschiedlichen tiefenpsychologischen Betrachtungsweisen – der individuellen lebensgeschichtlichen Vergangenheit eine wichtige Rolle bei der Entstehung der Depression zugeschrieben. Die Verhaltenspsychologie sieht dabei in den depressiven Störungen den Ausdruck fehlgeleiteter Lernprozesse. Durch diese werden Menschen verletzlich – vulnerabel – für das depressive Syndrom. Im ersten Modell wird dabei eher die Ebene des Verhaltens betrachtet, die beiden anderen konzentrieren sich in ihrer Beschreibung auf Abläufe des Denkens, also auf kognitive Prozesse.

Zum Verstärkerverlustmodell

Lernen geschieht vornehmlich über „Verstärkungen": Jeder Mensch organisiert sein Verhalten so, daß es für ihn erfolgreich abläuft und von daher ein Anreiz entsteht, die schon einmal praktizierten Verhaltensmuster zu wiederholen.

> **Studenten einer amerikanischen Universität machten mit einem ihrer Professoren, der bekannt war für seine durch witzige Anekdoten angereicherten Vorlesungen, ein Experiment: Sie vereinbarten, diese Anekdoten nur dann durch Lachen zu „verstärken", wenn sich ihr Professor, der seine Vorlesungen vor dem Auditorium auf- und abgehend hielt, in der rechten Ecke des Vorlesungssaales aufhielt. Nach wenigen Tagen geschah folgendes: Das Aufundabgehen reduzierte sich immer mehr. Schließlich hielt der Professor seine Vorlesung aus der rechten Ecke des Vorlesungssaales, was ihm wieder durchgängigen Erfolg (Lachen) garantierte.**
> **Das Lachen war also für den Professor ein Verstärker, der ihn dazu brachte, sein Verhalten (in diesem Fall sein übliches Aufundabgehen) zu ändern. Wenn seine Studenten lachten, wußte er, daß er auf dem richtigen Weg war.**

In der Depression wird ein Mensch unfähig, sein Verhalten so zu steuern, daß positive Verstärkungen entstehen können. Oftmals ausgelöst durch äußere

Ereignisse wie Verlusterlebnisse, Umzug, Pensionierung, Wechsel des beruflichen Umfeldes und anderes ändern sich die Lebenskonstellationen, in denen
solche Verstärkungen im bisherigen Maß erfahrbar waren. Bisher erfolgreiche
Verhaltensweisen werden nicht mehr verstärkt. Neue stehen (noch) nicht zur
Verfügung.

Der Mangel an positiven Verstärkern macht depressiv. Wie geht es dann
weiter? Depressive Menschen verhalten sich so, daß die Umwelt zwar zunächst
verständnisvoll, jedoch langfristig immer ablehnender und gereizter reagiert.
Die krankheitsbedingte Selbstisolierung zum Beispiel, der innerliche Rückzug,
das Jammern, aber auch die Energie- und Antriebslosigkeit läßt den depressiven Menschen immer weniger positive Reaktionen beim Gegenüber auslösen.
Dies verstärkt natürlich seine Depression. In den Begriffen dieses Modells heißt
das: Aufgrund seiner Depression verfügt der Depressive über immer weniger
erfolgversprechende Verhaltensweisen, die ihm positive Verstärkungen ermöglichen, und er beginnt, immer mehr negativ getönte Erfahrungen zu machen.
Das heißt: Positive Erfahrungen werden weniger, jede negative Erfahrung läßt
ihn immer öfter negative Erfahrungen machen. Ein Teufelskreis!

Zum Modell der erlernten Hilflosigkeit

Auch in diesem Modell geht es um Lernen: Der heute depressive Mensch hat in
seiner Lebensgeschichte gelernt – sei es durch eine schlimme Erfahrung oder
mehr noch durch viele Ereignisse, die für ihn unkontrollierbar und undurch-
schaubar blieben –, Situationen, Menschen und Ereignissen hilflos ausgeliefert
zu sein. Weil er die Erfahrung gemacht hat, daß gleichgültig, was er auch unternimmt, die Konsequenzen seines Tuns außerhalb seiner Kontrolle liegen, verliert er jegliche Initiative und Motivation überhaupt. Er ist nicht mehr in der
Lage, andersgeartete Situationen zu erkennen, in denen es sehr wohl auf seine
Initiative ankäme.

**Die Theorie der erlernten Hilflosigkeit wurde am Tiermodell entwickelt:
Ratten und Hunde lernten, wenn man sie unangenehmen Reizen aus-
setzte, sehr schnell, diesen Reizen durch ein bestimmtes Verhalten zu
entgehen. Begann man nun, diese Lernprozesse in der Weise zu stören,
daß es für die Tiere nicht mehr durchsichtig war, welches Verhalten zum
Ziel führte, dann wurden diese Tiere hilflos – sie stellten ihr Lernen ein,
setzten sich den negativen Reizen aus, ohne zu versuchen, ihnen zu entgehen. Sie wurden apathisch und stumpf. Seligman interpretierte dieses
Verhalten als Folge des Kontrollverlusts – also als Folge der Erfahrung,
keinerlei Einfluß mehr auf das Geschehen zu haben.**

In Abwandlung des Tiermodells schlußfolgerte er: Die Symptome der
Depression, die der Hilflosigkeit, Apathie und Resignation der Tiere
im Tierversuch entsprechen, gehen auf ähnliche Erfahrungen – fehlge-
leitete Lernprozesse – des Betroffenen zurück. Er hat gelernt, Situationen
ausgeliefert zu sein, und hat die Erfahrung gemacht, daß es auf seine
Initiative nicht ankommt. Vor allem negative Ereignisse interpretiert er
als allgemein, „ewig", unveränderlich und vor allem unbeeinflußbar.
Es sind also die Erfahrung und die Verallgemeinerung der eigenen
Hilflosigkeit, die die Betroffenen depressiv – antriebslos, apathisch,
freudlos, ohne Hoffnung auf Änderung – machen. Aus dieser Haltung
entstehen dann die spezifisch depressiven seelischen und körperlichen Begleiterscheinungen.

Das kognitive Modell

Wie die Bezeichnung kognitiv (lateinisch: cognoscere = denken) schon andeu-
tet, geht die kognitive Verhaltenstherapie davon aus, daß negative Gedanken
die Ursache negativer Gefühle sind. Also: Ich denke, ich bin unfähig und minderwertig, also fühle ich mich wertlos, unfähig, minderwertig. (Im Gegensatz
dazu gehen zum Beispiel Psychoanalytiker davon aus, daß – sehr verkürzt ausgedrückt – negative Gefühle, Stimmungen, Affekte die Ursache negativer Gedanken sind.)

Die typischen negativen Gedanken in einer Depression betreffen drei
Bereiche und zeigen sich vor allem
- in einer Fehleinschätzung, vor allem Unterschätzung der eigenen Person
- in einer falschen, stets negativen Einschätzung der gegenwärtigen Situation
- und in einer pessimistischen Sicht der Zukunft.

Das heißt: In meiner Depression denke ich: Ich bin ein Versager, alles mache ich
falsch, alles ist mir zu viel, ich schaffe meine Arbeit nicht mehr, mache nur noch
Fehler, deswegen verachten mich alle anderen, nie wird sich das ändern, alles
ist für immer hoffnungslos. Was liegt näher als sich wertlos zu fühlen, niedergeschlagen und hoffnungslos zu sein?

Diese Art zu denken, haben die Betroffenen „gelernt". Wir alle haben als
Kind gelernt, uns selbst, die anderen und die Welt mit bestimmten Augen zu
sehen. Dieses Bild bestimmt auch unsere heutige Sichtweise. Die Erfahrungen
depressiver Menschen waren offenbar nicht geeignet, sie selbstbewußt und
optimistisch zu machen. Auch die kognitive Theorie geht davon aus, daß
hauptsächlich Kränkungs- und Verlusterfahrungen verantwortlich sind für die
negative Sichtweise depressiver Menschen. Gegenwärtige belastende Situationen lassen sie dann auf dieser Grundlage die für Depressive typischen Denkfehler machen.

Typische Denkfehler sind:

● Falsche Verallgemeinerungen: Depressive sind schnell bereit, einzelne (negative) Ereignisse und Erfahrungen zu verallgemeinern. Also: Ich mache immer Fehler, kein Mensch liebt mich, ich bin durch und durch wertlos. Anstatt: Eben ist mir ein Fehler unterlaufen. Die Nachbarin aus dem dritten Stock mag mich nicht. Aber beides hat überhaupt nichts mit mir als Person oder gar mit meinem Wert zu tun!

● Falsche Schlußfolgerungen: Depressive neigen dazu, Schlüsse zu ziehen, ohne sie an der Realität zu messen. Also: Mein Freund hat nicht angerufen, wahrscheinlich wird er Schluß machen. Anstatt zum Beispiel: Ich muß meinen Freund anrufen und fragen, warum er sich nicht gemeldet hat.

● Selektive Wahrnehmung: Die einzigen Ereignisse, die zählen, sind Mißerfolge. Also: Daß ich gut kochen kann, „speichere" ich nicht. Jeder nicht so geglückte Kuchen jedoch macht mich für immer zur schlechten Hausfrau.

● Personalisierung: Alles (vor allem natürlich alles Negative), was passiert, hat mit mir zu tun, habe ich verursacht. Also (ein sehr verbreitetes Denkmuster unter Müttern): Mein Kind ist schüchtern, weil ich eine schlechte Mutter bin.

● Maximierung/Minimierung: Depressive neigen dazu, aus einer Mücke einen Elefanten zu machen oder – umgekehrt – für sie erfreuliche Ereignisse herunterzuspielen. Also: Jetzt habe ich vergessen, den Brief einzuwerfen. Ich vergesse einfach alles. Langsam verblöde ich.

● Denken in schwarz-weiß: Ereignisse, Personen, Gefühle sind entweder positiv oder negativ. Graduelle Unterschiede gibt es nicht. Also: Ich bin ein jämmerlicher Feigling. Anstatt: Ich bin vielleicht ängstlicher als andere in ähnlichen Situationen.

Grundlagen und Begriffe der kognitiven Theorie:

● **Die Depression ist wesentlich eine Folge falschen Denkens (falscher Kognition). Die kognitiven Fehler halten den Glauben des Depressiven an die Gültigkeit seiner negativen Konzepte aufrecht, obwohl Gegenbeweise vorliegen.**

● **Kognitive Fehler sind logische Fehler, eine falsche Auswahl des Wahrgenommenen, falsche Schlußfolgerungen, falsche Verallgemeinerungen.**

● **„Automatische Gedanken": Diese Gedanken laufen gleichsam automatisch ab, sind durch Gegenbeweise kaum oder nicht zu beeinflussen.**

● **„Schemata": Alles wird durch eine negativistische, schwarze Brille gesehen. Deshalb sind andersgeartete Erfahrungen kaum möglich.**

● **Die „kognitive Triade": Aufgrund der kognitiven Fehler und der unabweisbaren und unkontrollierbaren automatischen Gedanken neigt der Depressive dazu, sich selbst, seine aktuellen Erfahrungen und seine Zukunft negativ zu sehen und zu interpretieren.**

Und jetzt?
Die Psychobiologie der Depression

Die meisten Experten stimmen heute überein, daß es wohl selten nur *eine* Ursache gibt, die zum Ausbruch einer Depression führt. Immer sind verschiedene Faktoren zusammengekommen, ehe ein Mensch erkrankt. Die Diskussion verschiedener Theorien und Modelle ist also notwendig und sinnvoll, um allen Aspekten depressiver Erkrankungen überhaupt gerecht zu werden.

Die heutige Forschung kommt denn auch immer mehr zu folgendem Ergebnis: Psychologische und neurobiologische Theorien sind kein Gegensatz, sondern bilden eher verschiedene Facetten desselben Phänomens.

Das heißt: Jeder, der heute über die psychischen Ursachen einer Depression spricht, muß vermeiden, sie isoliert von den sie begleitenden biologischen und neurobiologischen Prozessen im Gehirn zu betrachten. Und umgekehrt: Auch die biologische Psychiatrie kann psychische Auslöser in ihren Modellen nicht vernachlässigen.

Das psychobiologische Paket

Bisher sprachen wir von den Wirkungen spezifischer Belastungen, die als Auslöser einer Depression erkannt werden können. Aber nicht alle, die denselben Belastungen ausgesetzt sind, erkranken an einer Depression. Das heißt: Ob bestimmte aktuelle Lebensereignisse – seien sie nun körperlich oder seelisch belastend – eine Depression auslösen können, hängt ab von dem ganz spezifischen Paket aus

● biologischer, vor allem neurobiologischer, Grundausstattung
● durch Vererbung oder Erfahrung erworbener familiärer Anfälligkeit
● vergangenen körperlichen oder seelischen Belastungen, die jeder Mensch mit sich trägt.

Experten nennen dieses Paket die individuelle „psychobiologische Disposition" und meinen damit eine psychische und biologische Erkrankungsbereit-

schaft. Diese entscheidet, ob verschiedene Menschen in vergleichbaren Situationen erkranken oder nicht.

Weißt du, ich glaube, ...

Stavros Mentzos, ein bekannter Psychoanalytiker, zitiert in seinem Buch
„Depression und Manie – Psychodynamik und Therapie affektiver Störungen"
einen Patienten, der vier Jahre wegen einer schweren Depression, die auch
mehrmals zu Krankenhausaufenthalten führte, bei ihm in ambulanter Therapie war. Stefan, wie er bei Mentzos genannt wird, sagt gegen Ende seiner Therapie zu einem Freund: „Weißt du, ich glaube, Depressionen sind keine Hard-
ware, sondern Software; die Frage ist nur, wie hart inzwischen die Software
geworden ist."

In diesem Buch führt Mentzos den Begriff einer somato-psychosomatischen Krankheit des Gehirns ein. Auch dieser Begriff betont die psychischen
und die biologischen Aspekte der Depression, wie sie inzwischen überall beschrieben werden. Der Psychoanalytiker geht aber weiter, als nur beide Aspekte
derselben Krankheit nebeneinander zu benennen. Er betont darüber hinaus,
daß beide – Körper und Psyche – sich gegenseitig beeinflussen. Wer von einer
somato-psychosomatischen Krankheit des Gehirns spricht, sagt auch, daß die
Psyche in der Lage ist, das Gehirn zu verändern, oder – anders ausgedrückt – daß
Lebenserfahrungen, die sich in die Seele eines Menschen eingeprägt haben,
auch auf das Organ Gehirn Auswirkungen haben und Eindrücke hinterlassen.

Eine Untersuchung aus einer ganz anderen Ecke der Depressionsforschung ist dieser Frage experimentell nachgegangen. Wieder geht es um „hilf-
lose" Ratten: Eine Arbeitsgruppe am Zentralinstitut für Seelische Gesundheit
in Mannheim unter der Leitung von Fritz Henn hat das Modell Seligmans
(→ Seite 50) nachgestellt: Zwei Rattengruppen wurden negativen Reizen ausgesetzt. Für die eine Gruppe gestaltete man diese Reize vorhersehbar, so daß sie
bald in der Lage waren, die Situation zu kontrollieren. Den anderen Ratten ließ
man diese Möglichkeit nicht, sie waren beliebigen, undurchschaubaren Reizen
hilflos ausgeliefert. Diese Ratten nun entwickelten die typischen Anzeichen der
„erlernten Hilflosigkeit" und zeigten unter diesen Streßbedingungen die schon
beschriebenen Symptome: Antriebslosigkeit, Schlafstörungen, Konzentrationsschwäche und mangelnden Appetit. Das heißt: Sie wurden „depressiv". Die
Mannheimer Arbeitsgruppe ging in ihren Untersuchungen jedoch weiter als
Seligman. Ihr in unserem Zusammenhang interessantes Ergebnis: Gleichzeitig
konnte bei diesen Ratten eine vermehrte Rezeptorbildung für Noradrenalin

etwa um 25 Prozent und eine Abnahme des Noradrenalingehalts um etwa 10 Prozent nachgewiesen werden (→ Seite 44). „Psychologische Ursachen" ihrer Depression zeigten also ganz eindeutig Folgen, die der neurobiologischen Theorie der Depression entsprechen.

Und was heißt dies für unsere Diskussion? Der Gegensatz von biologischen und psychologischen Theorien über ihre Entstehung zeigt sich heute nicht nur angesichts eines Tiermodells als ziemlich konstruiert. Tatsächlich können wir inzwischen annehmen, daß sowohl frühe Erfahrungen und Lernprozesse als auch aktuelle psychische Auslöser, also reale und befürchtete und phantasierte Verlusterfahrungen, Selbstwertkrisen und Beziehungsprobleme, auch neurochemische und neurobiologische Veränderungen im Gehirn verursachen.

Noch ein Versuch:
ohne Ratten – mit Computern ...

Einen ganz anderen Zugang, der Depression auf die Spur zu kommen, haben andere Neurobiologen durch die Einführung einer neuen Betrachtungsebene gefunden. Während Tierexperimente Aussagen über direkte Verhaltensbeobachtung im Zusammenhang mit organischen Veränderungen erlauben, soll hier durch die Entwicklung theoretischer Modelle Einblick in das Funktionieren und in die Struktur des Gehirns im Verhältnis zu äußeren Einwirkungen ermöglicht werden. Es geht um die Forschungen über das neuronale Netzwerk des Gehirns. Die Grundannahme dieser Forschungsrichtung, die in Deutschland vor allem Manfred Spitzer in seinem Buch „Geist im Netz" ausformuliert, ist dabei: Nervenzellen = Neuronen funktionieren wie Schaltelemente, die viele Eingangssignale in ein Ausgangssignal umwandeln. Und zwar geschieht dies über die Axone, an deren Ende sich chemische Verbindungsstellen befinden, die Synapsen (→ Seite 44). So verstanden, ist das neuronale Netz des Gehirns ein informationsverarbeitendes System, das aus einer großen Zahl einfacher Schalteinheiten zusammengesetzt ist. Informationen ergeben sich aus dem Muster der über die Neuronen verteilten Aktivierung, vergleichbar zum Beispiel mit der Informationsverarbeitung eines Computers. Der Schluß aus dieser Überlegung: Computersimulation kann vorführen, wie Informationsverarbeitung im Gehirn funktioniert. Sie kann auch zeigen, wie ein bestimmter Input (das Erinnern oder Hören eines Wortes oder eine motorische Aktion wie etwa das Drücken einer Klaviertaste) sich in der neuronalen „Software" einprägt.

Neurone, also die Nervenzellen, erweisen sich als außerordentlich lernfähig und plastisch. Erfahrungen sind die Summe von Einprägungen derselben Aktion, und gleichzeitig wird durch jede neue Erfahrung das lernfähige Nervensystem immer besser auf neue Eindrücke und Erfahrungen vorbereitet.

Die Depressionsspirale

Leider betrifft dies aber auch unangenehme, negativ getönte Erfahrungen. Auch bei ihnen erweist sich unser gigantischer Zellverbund „Gehirn" als sehr lernfähig. Habe ich erst einmal eine Reihe negativer Erfahrungen gesammelt, dann weitet sich der Zusammenhang dieser „Erinnerungsspuren" auf der Ebene des neuronalen Netzwerks rasch aus, und schließlich erweisen sich viele Erfahrungen als negativ. Man kann sich auf diese Weise vorstellen, daß es auch unter den Bedingungen eines sich der Realität immer neu anpassenden Nervensystems Festlegungen gibt, die in die Depression einmünden. Negative Erfahrungen prägen sich ein und wirken formend auf neue Erfahrungen, lassen auch alte negative Erfahrung leichter erinnern als positive.

Ein Beispiel: Ein Kind, das mehrfach enttäuscht wurde, wird auch dann mißtrauisch sein, wenn objektiv kein Grund dafür besteht. Es wird weitere Enttäuschungen erwarten und diese Erfahrungen, die seiner negativen Vorerwartung entsprechen, auf der Grundlage seiner „Software" leichter und dauerhafter speichern. Positive Erfahrungen hingegen werden ausgeblendet.

Ein anderes Beispiel: Wenn ein depressiver Patient formuliert:„Ich stelle mich im Supermarkt sowieso immer an der längsten Schlange an", dann kann man auf der Basis seiner depressiven „Software" mutmaßen, daß er neue Wahrnehmungen und Erfahrungen ausblendet und sich sogar aktiv an der längsten Schlange anstellt, weil er schnellere Möglichkeiten, um durch die Kasse zu kommen, nicht mehr wahrnimmt. In der Computersimulation sieht das so aus: Negative Ladungen verstärken negative Ladungen.

Menschen, Ratten und Computer

Was also hat sich in den letzten Jahren geändert? Während lange die einzelnen Vertreter der unterschiedlichen Theorien ihre jeweiligen Modelle für unvereinbar hielten, bestehen inzwischen von allen Seiten Anstrengungen, dem Phänomen „Depression" als einer psychobiologischen Krankheit gerecht zu werden. Dies ist nur durch eine Zusammenschau und Integration der einzelnen Denk- und Forschungsansätze möglich. Einen wesentlichen Beitrag leistet dabei die Gehirnforschung. Ihre Frage ist nicht mehr, *ob*, sondern *wie* nachwirkende – im

Fall der Depression traumatische und belastende – Erfahrungen·in das neuronale Netz und die Neurotransmittertätigkeit eingreifen.

Dazu dienen die unterschiedlichsten Modelle und Analogien. Ihre Hoffnung und ihr Anspruch: Neue Einblicke in die Struktur und in die Funktionsweise unseres Gehirns als der Schnittstelle von Biologie und Psychologie können einen grundlegenden Beitrag für eine umfassende Theorie der Depression leisten und beiden – psychologischen und biologischen – Betrachtungsweisen Rechnung tragen.

sitze

zwischen

meinen

Freunden

Freunden

Ich   Freunden

mitten drin –

Freunden

und doch

Freunden

sind

Freunden

sie

Freunden

weit

Freunden

weg

Freunden

wie hinter einer Glaswand

Diagnose Depression

Sie kennen – wie jeder Mensch – Gefühle der Trauer, des Niedergedrücktseins. Sicher sind Sie auch manchmal müde, ohne Energie. Es gibt Tage, da würden Sie am liebsten morgens die Decke über den Kopf ziehen. Sie können sich kaum aufraffen, aufzustehen, obwohl – oder weil? – Sie eigentlich so viel zu erledigen haben. Vielleicht haben Sie auch öfter einen „Durchhänger" oder leiden hin und wieder unter Verstimmungen, die Ihnen alles trostlos erscheinen lassen.

Sie haben möglicherweise selbst schon manchmal darüber nachgedacht, ob diese „schlechte Laune", diese Müdigkeit und Energielosigkeit, die Schlaflosigkeit und das „keine Lust" noch mit rechten Dingen zugehen. Aber: Leiden Sie unter einer behandlungsbedürftigen Depression?

Diese Frage ist nicht leicht zu beantworten. Die meisten Fachleute sind sich zwar darüber einig, daß eine Depression spätestens dann behandlungsbedürftig ist, wenn sie die Betroffenen in ihren beruflichen und sozialen Alltagsaktivitäten beeinträchtigt. Aber dieses Kriterium ist sehr eng, eigentlich zu eng gefaßt. Deshalb halten viele Ärzte und Psychotherapeuten auch dann eine Behandlung für angebracht, wenn die oder der Betroffene ihren/seinen Alltag zwar noch meistert, aber unter den Symptomen aus dem depressiven Spektrum tatsächlich leidet, der eigene Leidensdruck also eine Behandlung sinnvoll erscheinen läßt.

Den Leidensdruck messen

Eine „Messung" des Leidensdrucks ist nicht einfach. Die verschiedenen Selbstbeurteilungsbögen, die inzwischen entwickelt wurden – der international bekannteste ist das BDI (Beck'sche Depressions Inventar) –, können jedoch erste Hinweise geben. Die Betroffenen kreuzen die für sie *im Augenblick* passenden Antworten im Fragebogen an, aus denen Psychologen und Psychiater einen recht genauen Eindruck von ihrer Verfassung und damit dem Schweregrad der Depression gewinnen..

Solche psychiatrisch-psychologischen Fragebögen bedürfen natürlich der Auswertung durch die Fachfrau, den Fachmann. Unser Kurzfragebogen kann Ihnen jedoch auch ohne Expertenwissen erste Anhaltspunkte liefern.

Versuchen Sie es einmal selbst!

Bin ich depressiv?   Kurzfragebogen

☐ Fühle ich mich seit einiger Zeit durchgängig traurig, niederge-schlagen oder hoffnungslos?

☐ Empfinde ich keine Freude, kein Vergnügen mehr, habe ich an vielem oder gar allem, was mich früher interessiert hat, das Interesse verloren?

☐ Bin ich ständig müde, erschöpft oder fühle ich mich wie ausge-brannt?

☐ Habe ich keinen Appetit mehr? Habe ich abgenommen?

☐ Kann ich seit längerer Zeit schlecht schlafen. Leide ich unter Ein- und Durchschlafstörungen oder wache ich jeden Morgen sehr früh auf?

☐ Fühle, bewege ich mich und denke ich wie mit angezogener Handbremse oder umgekehrt wie unter Strom?

☐ Habe ich mein sexuelles Verlangen verloren?

☐ Fühle ich mich wertlos, unfähig, als Versager und an allem schuld?

☐ Habe ich in letzter Zeit auffällige Konzentrationsschwierigkeiten, kann ich mir nichts mehr merken?

☐ Erscheint mir das Leben so sinnlos, bin ich so verzweifelt, daß ich manchmal daran denke, „Schluß zu machen"?

(Fragebogen nach: Wittchen, H. U. et al.)

Wenn Sie mehr als vier Fragen mit einem Ja beantworten mußten, ist die Wahr-scheinlichkeit sehr hoch, daß Sie an einer typischen Depression erkrankt sind (→ Seite 71).

Depressiv – und dann?

Vielleicht haben Sie – auch mit Hilfe der Fragen – den Verdacht, an einer De-pression zu leiden. Oder Angehörige, Ihre Partnerin, Ihr Partner, Ihre Kinder, vielleicht auch Freunde machen sich Sorgen, ob Ihr augenblickliches Unwohl-sein nicht doch eine Störung ist, die Behandlung nötig, aber auch möglich macht? Warum lassen Sie jetzt kostbare (Lebens)Zeit verstreichen? Warum ver-halten Sie sich anders als beispielsweise bei unklaren Bauchschmerzen?

Der erste Schritt –
vor jeder Behandlung steht die Diagnose

Beim Hausarzt

Viele depressive Menschen führt ihr Weg erst einmal zu ihrer Hausärztin, ihrem Hausarzt. Und der größte Teil der depressiven Störungen wird tatsächlich auch vom Hausarzt diagnostiziert, oft auch wenn die Betroffenen selbst an die Möglichkeit einer depressiven Erkrankung gar nicht denken. Dieser erste Schritt kann auch für Sie durchaus sinnvoll sein. Ihre Hausärztin, Ihr Hausarzt sind diejenigen, die Sie kennen, zu denen Sie Vertrauen haben und die Sie, Ihre körperliche und Ihre seelische Verfassung seit langem beobachten. Sie oder er ist – hoffentlich – auch der Arzt, dem Sie sich im Gespräch anvertrauen können. Auch für die gründliche körperliche Untersuchung, die er durchführen muß, um mögliche körperliche Krankheiten als Ursache einer depressiven Störung auszuschließen, ist er in den meisten Fällen zuständig.

Ein ausführliches Gespräch, in dem Sie offen und vertrauensvoll über Ihre Beschwerden und Probleme sprechen können und müssen, ist dabei immer die Voraussetzung für die richtige Diagnose. Ist dies bei Ihrer Hausärztin/ Ihrem Hausarzt zum Beispiel aus Zeitgründen nicht möglich, bestehen Sie auf eine Überweisung zum Psychiater oder Psychotherapeuten (ab 1999 entfällt die Notwendigkeit einer Überweisung, → Seite 64).

Was nicht passieren sollte

Ihr Hausarzt konzentriert sich auf eines der vielen Symptome, auf eine der vielen Beschwerden, die Sie ihm vortragen – sagen wir Schlaflosigkeit – und verordnet Ihnen ein Beruhigungs- beziehungsweise Schlafmittel ohne weitere diagnostische Abklärung. Meist ist dies ein Medikament aus der Gruppe der Benzodiazepine, der Beruhigungsmittel vom „Valium"-Typ. Was ist damit aber erreicht? Ein Symptom (Schlafstörung) wird für die Diagnose gehalten, und ein Medikament wird verordnet, das nach längerer Einnahme depressiv und abhängig macht. Ganz zu schweigen davon, daß die Depression davon nicht besser wird!

Bei leichteren oder diagnostisch eindeutigen Formen der depressiven Störung oder – dies ist leider nicht immer der Fall – wenn der Hausarzt über psychiatrische Grundkenntnisse verfügt, ist diese hausärztliche Diagnosestellung meist ausreichend. Die Behandlungsmöglichkeiten des Hausarztes sind aber auch bei leichteren depressiven Störungen eingeschränkt. Eine Ausnahme bilden die Ärztinnen und Ärzte, die eine Zusatzausbildung in Psychotherapie (dies steht auf dem Praxisschild) nachweisen können.

Wer kann was?

In vielen Fällen ist eine Überweisung zum Psychiater oder Nervenarzt (dies sind neurologisch und psychiatrisch ausgebildete Fachärzte) oder zum Psychologen beziehungsweise Psychotherapeuten zur genauen Abklärung oder zur weiterführenden Behandlung unerläßlich. Ihre Hausärztin, Ihr Hausarzt kann Sie in diesem Fall gut beraten und Ihnen entsprechende Fachleute empfehlen.

Psychiater, Psychologen und Psychotherapeuten

Psychiater

Der Psychiater ist von seiner Grundausbildung her Arzt. Er hat ein Medizinstudium absolviert, an das sich eine Facharztausbildung in einer Einrichtung für psychisch kranke Patienten anschließt. Daneben muß er mindestens ein Jahr in einer neurologischen Abteilung oder Klinik gearbeitet haben. Dort werden Patienten mit organischen Erkrankungen des Nervensystems wie zum Beispiel Schlaganfällen, Hirntumoren, Epilepsie behandelt. Aufgrund seiner medizinischen Ausbildung ist der Psychiater in der Lage, auch organische Ursachen seelischer Störungen zu erkennen beziehungsweise auszuschließen. Er darf Medikamente verordnen und eventuell nötige organische Zusatzuntersuchungen veranlassen beziehungsweise selbst durchführen.

Viele Psychiater verfügen über eine psychotherapeutische Zusatzqualifikation, die meist parallel zur Facharztausbildung erworben wird. Sie erkennen dies an der Zusatzbezeichnung „Psychotherapie" auf dem Praxisschild oder dem Briefkopf. Seit kurzem ist die psychotherapeutische Ausbildung in die Facharztweiterbildung der Psychiater integriert. Fachärzte mit dieser Ausbildung dürfen sich als „Facharzt für Psychiatrie und Psychotherapie" ausweisen.

Psychologe

Der Psychologe hat ein Studium der Psychologie absolviert: Dieses Studium vermittelt Kenntnisse über das Funktionieren psychischer Funktionen wie etwa der Wahrnehmung, des Denkens, des Willens (Motivation) und der Gefühle. Viele Psychologen erwerben schon während ihres Studiums Grundkenntnisse in einzelnen Psychotherapieverfahren, die nach Abschluß des Studiums praxisnah vertieft und ausgebaut werden können. Bei der diagnostischen Eingrenzung und Abklärung einzelner seelischer Störungen ist der Psychologe oftmals auf die Mitarbeit eines Nervenarztes oder Psychiaters angewiesen. Umgekehrt braucht ihn der Psychiater für die Durchführung psychodiagnostischer und testpsychologischer Untersuchungen, die bei manchen Störungen im Prozeß der Diagnosestellung notwendig sind, oder für die Durchführung spezieller psychotherapeutischer Behandlungsverfahren.

Psychotherapeut – Psychotherapie

„Psychotherapeut" ist in Deutschland keine geschützte Bezeichnung. Sie wird derzeit aufgrund unterschiedlichster therapeutischer Schulen und Ausbildungsrichtungen erworben. Dagegen ist die Zusatzbezeichnung „Psychotherapie", die manche Ärzte und Psychotherapeuten auf ihrem Praxisschild führen, schon heute gesetzlich geschützt. Sie wird von den Ärztekammern nach dem Nachweis einer strikt reglementierten Weiterbildung verliehen.

Es lohnt sich also immer, genau nachzufragen. Grundsätzlich gilt: In Deutschland sind mehrere psychotherapeutische Richtungen unter dem Dach der „Richtlinienpsychotherapie" zusammengefaßt: Vor allem die tiefenpsychologischen Behandlungsverfahren und die Verhaltenstherapie sind hier zu nennen. Um die Kassenzulassung für diese Richtlinienpsychotherapie zu bekommen, müssen Ärzte und Nicht-Ärzte (das sind Psychologen, im Falle der Kinder- und Jugendlichenpsychotherapie Sozialpädagogen und Pädagogen, also Lehrer) streng vorgegebene persönliche und berufliche Eingangsvoraussetzungen und Ausbildungsrichtlinien, die der Qualitätssicherung der angebotenen Therapieformen dienen sollen, erfüllen. Nicht-ärztliche Psychotherapeuten arbeiten derzeit noch im Delegationsverfahren. Das heißt, ein Arzt delegiert die Behandlung an den betreffenden Psychotherapeuten oder Kinder- und Jugendlichen-Psychotherapeuten. Dieses Delegationsverfahren wird ab 1999 mit Inkrafttreten des Psychotherapeutengesetzes entfallen.

Die Kassenzulassung eines Psychotherapeuten setzt eine relativ hohe Qualifikation voraus, die von den Krankenkassenverbänden auch laufend kontrolliert wird. Auf die einzelnen Formen wird im Kapitel zu den Behandlungsmöglichkeiten der Depression detaillierter eingegangen (→ Seite 85).

In Österreich gilt das österreichische Psychotherapiegesetz. Es regelt unter anderem, wer berechtigt ist, Psychotherapie auszuüben, und welche Ausbildung dafür notwendig ist. Das Bundesministerium für Gesundheit und Konsumentenschutz führt die Psychotherapeutenliste. Darin sind all diejenigen eingetragen, die sich als Psychotherapeut ausweisen dürfen, die Psychotherapie ausüben sowie diejenigen, die sich „in Ausbildung unter Supervision" befinden. Die Ausbildung ist streng reglementiert und nur unter bestimmten Voraussetzungen möglich.

Darüber hinaus hat die Ärzteschaft in Österreich – unabhängig vom Psychotherapiegesetz – eine eigene Fortbildung für psychotherapeutische Medizin entwickelt, das „Diplom für psychotherapeutische, psychosomatische und psychosoziale Medizin".

Nervenarzt und Neurologe

Außerdem gibt es noch Nervenärzte und Neurologen. Sie versorgen in aller Regel auch Patienten mit seelischen Störungen. Neurologen befassen sich in erster Linie mit den organischen Erkrankungen des Nervensystems.

Nervenarzt ist lediglich eine ältere Facharztbezeichnung für Fachärzte der Neurologie und Psychiatrie, die auch heute noch vielfach verwendet wird.

Was erwartet mich beim Psychiater?

Die psychiatrische Untersuchung

Die psychiatrische Untersuchung unterscheidet sich von der internistischen dadurch, daß sie in Form eines Gesprächs geschieht. Der Psychiater führt dieses Gespräch nach einem strukturierten Aufbau, ohne daß dieser erkennbar sein muß.

Dabei werden bestimmte psychische Fähigkeiten erfragt und beobachtet (exploriert). Beispielsweise wird untersucht, wie Ihre zeitliche Orientierung funktioniert, ob Sie unter Wahrnehmungsstörungen leiden, wie das emotionale Erleben aussieht, ob Denkstörungen, Ängste oder Zwänge bestehen. Der Psychiater stellt Ihre Symptome durch dieses Gespräch fest. Er orientiert sich bei bestimmten Störungen an Leitsymptomen. Um beispielsweise eine beginnende Alzheimersche Erkrankung diagnostizieren zu können, müssen ihm besonders Störungen der Merkfähigkeit aufgefallen sein. Bei depressiven Störungen sind es die Störungen des Gemüts, die affektiven Störungen, aber auch die geschilderten, ganz typischen körperlichen Beschwerden und Symptome (→ Seite 31).

Was erwartet mich beim Psychotherapeuten?

Das Erstgespräch

Auch das Erstgespräch beim Psychotherapeuten – so wird hier der erste „Untersuchungs"termin genannt – dient der Diagnosestellung. Denn auch für seine Behandlung muß er sich im einzelnen über die Beschwerden, die Sie zu ihm geführt haben, informieren, selbst wenn er schon auf die Diagnose des überweisenden Arztes zurückgreifen kann. Er muß sich bestimmte Fragen beantworten können, die mit der medizinischen Klassifikation (→ Seite 66) der Depression und ihrer Differentialdiagnose – so nennen Ärzte eine Diagnose, die das bestehende Krankheitsbild von anderen ähnlichen Krankheitsbildern abgrenzt – zu tun haben.

Eine Diagnose, die die Grundlage einer zukünftigen psychotherapeutischen Behandlung sein soll, stellt noch weitere Anforderungen an den Diagnostiker:

Er muß die Störung „verstehen" und dies immer im Zusammenhang mit der auslösenden Situation, der Bedeutung für Sie (oft auch für Ihre Familie) und im Zusammenhang mit Ihrer vergangenen und auch zukünftigen Lebensgeschichte.

Das Erstgespräch beim Psychotherapeuten verläuft deshalb oft ganz anders als das psychiatrische Gespräch. Denn eine Störung zu verstehen, setzt eine andere Gesprächsführung voraus. Konkret heißt das: Ihr Psychotherapeut wird Ihnen über lange Strecken die Führung des Gesprächs überlassen, vielleicht ohne zu fragen oder bestimmte Themen vorzugeben. Mißverstehen Sie diese Offenheit des Gesprächs nicht als Desinteresse des Psychotherapeuten – Sie haben die Chance, aber auch die Aufgabe, von sich aus zu berichten, was Ihnen wichtig erscheint.

Was besagt die Diagnose?

Die Diagnose muß

● eine Abgrenzung gegenüber anderen seelischen Störungen erlauben. Klagt ein Hilfesuchender zum Beispiel vor allem über Angst, muß der Psychiater oder Psychotherapeut durch das Gespräch herausfinden, ob diese Angst Symptom einer Angststörung oder einer Depression ist.

● eine genaue innere Bestimmung der Depression enthalten. Dies ist nicht einfach. Denn *die* Depression gibt es nicht. Zu sehr unterscheiden sich einzelne Krankheitsbilder nach Symptomen, Verlauf, Schweregrad, vermuteter Entstehung und auslösenden Faktoren.

Ein Syndrom und viele Krankheiten – die Klassifikation depressiver Störungen

Wir haben gesehen: Das „depressive Syndrom" umfaßt psychische und körperliche Symptome ebenso wie Folgen, die sich aus einzelnen Symptomen ergeben können. Unter welchen Symptomen in welcher Intensität ein/e Betroffene/r leidet, hängt von verschiedenen Faktoren ab und ergibt im Einzelfall unterschiedliche Krankheitsbilder, die möglicherweise ganz unterschiedliche Behandlungsverfahren notwendig machen.

Die psychiatrische Wissenschaft hat schon immer versucht, in diese Vielfalt von Erscheinungsformen Ordnung zu bringen. Eine schlüssige Systematisierung wäre – wie beispielsweise im Falle der Kinderkrankheiten – eine Einteilung nach den inneren „natürlichen" Gesetzmäßigkeiten der Krankheit, also nach biologischen und/oder psychosozialen Ursachen. Im Gegensatz zu bestimmten Kinderkrankheiten, die man mühelos nach ihren Verursachern – Bakterien oder Viren – einteilen kann, ist dies bei depressiven Störungen eben nicht möglich. Im Gegenteil: Neuere Forschungen haben die alten medizinischen Einteilungen, die sich auf grundsätzliche Unterschiede einzelner Krankheitsbilder verlassen haben, eher fragwürdig erscheinen lassen. Die Fachwelt sah sich deshalb gezwungen, alte und liebgewordene Einteilungen und Gegensatzpaare aufzugeben.

Endogen oder neurotisch?

Zum Beispiel hat man lange die endogene (von innen heraus, nicht nachvollziehbar) Depression strikt von einer neurotischen (durch psychische Konflikte entstanden) unterschieden.
In diesem Gegensatzpaar wird die neurotische Depression als eine Erkrankung verstanden, die durch ein bestimmtes Ereignis, zum Beispiel den Verlust einer geliebten Person, ausgelöst wurde.
Die endogene Depression dagegen wird als „aus heiterem Himmel" und unabhängig von äußeren Ereignissen entstanden beschrieben.
Aber ob „psychisch bedingt" oder „endogen" tatsächlich Unterscheidungskriterien sind, die es zulassen, von grundsätzlich verschiedenen Krankheiten auszugehen, ist nach aktueller Forschungslage nicht mehr eindeutig. Neuere Studien lassen den Schluß zu, daß die meisten Menschen, die an einer Depression erkranken – vielleicht nicht sofort, aber sicher irgendwann einmal –, einen Zusammenhang ihrer Erkrankung mit einem (emotional) belastenden Lebensereignis im letzten Monat vor ihrem Ausbruch erkennen können. Auch viele früher als endogen bezeichneten Depressionen haben also psychosoziale Auslöser.

Seit Jahrzehnten bemühen sich deshalb Experten um Verbesserungen in der Diagnostik und Klassifikation psychischer Störungen allgemein, besonders aber auch depressiver Erkrankungen. Dabei hat die internationale medizinische Diagnostik und Statistik ein ganz neues Einteilungssystem entworfen, durch das sie sich vorerst – weil es ausdrücklich nicht vermeintliche Ursachen als Unterscheidungskriterium wählt – aus dem Dilemma der Theorie und Grundlagenforschung „befreit". Ihr Hauptkriterium für die Unterteilung einzelner Unterformen depressiver Erkrankungen sind allein praktische Erwägungen: Ärzten und Betroffenen, aber auch Forschung und Statistik soll eine einfache Diagnostizierung und Klassifizierung einzelner Störungen ermöglicht werden:

Das ICD 10

Die Weltgesundheitsorganisation (WHO) schlägt heute als verbindliches Einteilungssystem für psychische, also auch für depressive Erkrankungen das ICD 10 vor. ICD 10 meint die zehnte Überarbeitung der ICD (International Classification of Diseases, 1992 = Internationale Klassifikation der Diagnosen aller erfaßten Erkrankungen). In dieser werden besonders die depressiven Störungen (der Begriff Krankheit wird weitgehend vermieden) nach groben Kriterien wie Schweregrad oder Verlauf und ihrem Bezug auf äußere oder innere Auslöser (zum Beispiel eine körperliche Erkrankung) eingeteilt, ohne im einzelnen auf vermutete Ursachen oder Bedingungen einzugehen. Eine solche Einteilung verschiedener depressiver Erkrankungen ist seit Mitte der 90er Jahre offiziell als Kapitel V der ICD 10 weltweit eingeführt. Auch Ihr Arzt ist gehalten, seine Diagnosen nach diesen Vorgaben der Weltgesundheitsorganisation zu formulieren.

Babylonische Sprachverwirrung

Es gibt nur wenige Krankheitsbilder, die auch unter Fachleuten so unterschiedliche Bezeichnungen gefunden haben wie die depressiven Störungen. Zu dieser babylonischen Sprachverwirrung hat auch das neue Klassifikationssystem beigetragen. Denn hier werden für altbekannte Krankheitsbilder plötzlich neue Begriffe verwendet, während viele bisher übliche und verbreitete Einteilungen und Bezeichnungen gar nicht mehr erscheinen. Dies geschah ebenfalls, um dem Dilemma widerstreitender Theorien zu entgehen. Denn vielen Begriffen – zum Beispiel dem Begriff der klimakterischen Depression (Depression der Wechseljahre, → Seite 202) –, aber auch vielen anderen liegen Annahmen über ihre Entstehung zugrunde, die entweder inzwischen widerlegt wurden oder sich empirisch nicht eindeutig erhärten ließen.

Neue Begriffe in einem neuen Einteilungssystem also deswegen, damit Ärzte, Statistiker und Epidemiologen weltweit dieselbe Sprache sprechen. Der gegenwärtige Stand läßt jedoch eher das Gegenteil vermuten. Denn die aktuellen Leitlinien und mit ihnen die veränderten Bezeichnungen haben sich bisher im allgemeinen Sprachgebrauch aus verschiedensten Gründen nicht durchgesetzt.

In der psychiatrischen Fachwelt wird zum Beispiel häufig auch auf das gegenwärtige Klassifikationssystem der amerikanischen psychiatrischen Gesellschaft (das DSM IV = Diagnostisches und Statistisches Manual Psychischer Störungen IV) Bezug genommen. Sie werden also im Gespräch mit dem Arzt vielleicht auf Begriffe stoßen, die dann in der offiziellen Diagnose nicht mehr auftauchen. Und Sie werden sicherlich auch in Zeitschriften und sonstigen Publikationen andere Bezeichnungen für bestimmte Störungen finden. Umgangssprachlich wird der Begriff der Depression wesentlich weiter verwendet, als es die aktuellen – und offiziellen – Leitlinien zur Diagnostik vorsehen. „Depressionen" im landläufigen Sinne erscheinen offiziell nicht unter diesem Begriff, sondern unter Dysthymia oder unter dem Oberbegriff der Anpassungsstörungen als kurze oder längere depressive Reaktion. In der Diskussion und der täglichen ärztlichen Praxis sind also weiterhin alte und neue Bezeichnungen und Begriffe gang und gäbe.

Deshalb werden wir im folgenden zwar die aktuellen Leitlinien des ICD 10 darstellen; daneben werden wir aber die besonderen Formen depressiver Erkrankungen auch nach den Begriffen des DSM IV beschreiben und versuchen, sie zu den „alten" Begriffen, die noch häufig verwendet werden, in Bezug zu setzen.

Einteilung nach dem Schweregrad

Die Einteilung nach dem Schweregrad geschieht rein äußerlich. Er bestimmt sich nach der Anzahl verschiedener depressiver Einzelsymptome, die zum Zeitpunkt der Diagnosestellung vorliegen.

Für die Beurteilung des Schweregrads ist es aber auch von ausschlaggebender Bedeutung, inwieweit ein depressiver Mensch noch in der Lage ist, mit seiner depressiven Störung am Alltagsleben teilzunehmen, also noch arbeits-, erlebnis- und genußfähig ist.

Ebenfalls entscheidend ist, ob das depressive Denken korrigierbar ist, ob der Patient in seinen depressiven Denkinhalten von Argumenten seiner Angehörigen, Freunde oder Kollegen noch erreicht werden kann, oder ob sich seine Denkinhalte in einen depressiven Wahn ausgestaltet haben.

Ein weiterer wichtiger Punkt ist das Vorhandensein oder Nichtvorhandensein von Lebensüberdruß und Suizidalität.

Grundsätzlich läßt sich sagen:

● Bei leichten depressiven Störungen leiden Betroffene bereits unter ihren Symptomen und haben Schwierigkeiten, ihre normale Berufstätigkeit und ihre sozialen Aktivitäten in der gewohnten Weise fortzusetzen. Sie sind jedoch noch in der Lage, ihren üblichen häuslichen, familiären und beruflichen Alltag aufrechtzuerhalten.

● Bei mittelgradigen depressiven Störungen ist dies nur unter erheblichen Schwierigkeiten möglich.

● Bei schweren depressiven Episoden sind die Betroffenen gänzlich außerstande, diese Aktivitäten fortzusetzen. Häufig besteht ein hohes Suizidrisiko. Die Betroffenen leiden stark unter den körperlichen Symptomen der Depression. Eine Minderung des Selbstwertgefühls und Hemmung oder Agitiertheit sind fast immer vorhanden.

Schweregrad der Depression

Bei leichter und mittelschwerer Depression bestehen mindestens zwei, bei schwerer Depression alle drei der folgenden Symptome:
- depressive Verstimmung
- Minderung von Interesse und Lebensfreude
- erhöhte Erschöpfbarkeit.

Bei leichter Depression mindestens zwei,
bei mittelschwerer Depression mindestens drei,
bei schwerer Depression mindestens vier
der folgenden Symptome:
- verminderte Konzentration und Aufmerksamkeit
- vermindertes Selbstwertgefühl und Selbstvertrauen
- Schuldgefühle und Gefühle von Wertlosigkeit
- negative und pessimistische Zukunftsperspektiven
- Suizidgedanken, Suizidhandlungen oder Suizidversuche
- Schlafstörungen
- geminderter Appetit

Bei allen Schweregraden können körperliche Symptome vorhanden sein (→ Seite 31).

Einteilung nach dem Verlauf

Ein zusätzlicher Gesichtspunkt für die Einteilung depressiver Störungen ist der bisherige und (wahrscheinliche) weitere Verlauf der Störung. Grundsätzlich muß dann unterschieden werden zwischen einmalig (das sind auch alle erstmalig diagnostizierten Depressionen) aufgetretenen Episoden depressiver Erkrankungen, wiederkehrenden Depressionen und depressiven Zuständen, die – vielleicht auch in wechselnder Intensität – über längere Strecken einer Lebensgeschichte vorhanden sind und sich gewissermaßen mit der Persönlichkeit des betreffenden Menschen verwoben haben. Bei letzteren ist ein erstmaliges Einsetzen kaum noch rekonstruierbar. Die Betroffenen haben den Eindruck, daß ihre depressive Stimmung in einem schleichenden Prozeß immer schlimmer wurde.

Bei wiederkehrenden Formen der Depression wird noch einmal zwischen unipolaren und bipolaren Formen unterschieden. Patientinnen und Patienten, die an einer bipolaren Depression leiden, kennen nicht nur die Phasen der Depression, also des Niedergedrücktseins. Im Wechsel dazu erleben sie sich besonders froherregt und voller Tatkraft.

Major Depression oder Major Depressive Disorder (MDD) – die typische Depression

Die Bezeichnungen stammen aus der Fachsprache des DSM IV (→ Seite 68) und werden vor allem in der fachwissenschaftlichen Diskussion der Depression verwandt. Die MDD ist der Definition nach der klassische Typ der „schweren" (major = größer) Depression, früher auch als endogen bezeichnet. Spricht man von einer Majoren Depression, wird im allgemeinen ein phasenhafter Verlauf und der Schweregrad betont.

Zum Schweregrad

Von einer Depression im Sinne einer MDD wird erst gesprochen, wenn die typischen depressiven Symptome (→ Seite 72) über längere Zeit (mindestens zwei Wochen) fast immer bestehen und die Betroffenen den vor dieser Episode üblichen Alltag nicht mehr aufrechterhalten können. Der Begriff entspricht also weitgehend der „schweren depressiven Episode" im ICD 10.

Zum Verlauf

Die MDD kann in jedem Alter beginnen (das durchschnittliche Erkrankungsalter liegt bei etwa 25 Jahren). Depressiven Episoden gehen häufig psychosoziale Belastungssituationen voraus, zum Beispiel die oben beschriebenen Verlustsituationen. Chronische Krankheiten, auch Alkohol- und Tablettenmißbrauch können zum Beginn einer MDD beitragen. Ein phasenhafter Verlauf ist möglich. Dies bedeutet, daß einzelne Episoden immer wieder auftreten können, dazwischen aber auch lange Phasen ohne jegliche Symptome liegen, die Symptome einer Episode also vollständig verschwinden („remittieren").

Zum Verlauf gehört leider auch das tödliche Ende dieser Krankheit. Tatsächlich sterben bis zu 15 Prozent der Betroffenen mit einer typischen Depression durch Suizid, wenn sie nicht rechtzeitig behandelt werden. Untersuchungen ergaben sogar, daß sich in der Gruppe der über 55jährigen das Suizidrisiko um ein Vierfaches gegenüber Nichtbetroffenen erhöht.

Warum sich manche dieser typischen Depressionen zu bipolaren Störungen (→ Seite 72) entwickeln, ist bisher unklar.

Die Diagnose einer Major Depression, also einer typischen Depression, wird dann gestellt, wenn die oder der Betroffene länger als zwei Wochen unter mindestens vier aus der folgenden Reihe möglicher Symptome leidet:

● fast den ganzen Tag und beinahe jeden Tag niedergeschlagen, deprimiert ist und/oder

● sich für nichts mehr richtig interessiert, begeistert, an nichts mehr Freude hat, auch nicht an solchen Aktivitäten, die sie/ihn bisher interessiert, gefreut haben – und auch dies fast den ganzen Tag über und beinahe jeden Tag.

Dazu kommen folgende Symptome:

● Gewichtsverlust oder Gewichtszunahme, stark veränderter Appetit (mehr oder weniger) fast jeden Tag

● Einschlaf- oder Durchschlafstörungen oder erhöhtes Schlafbedürfnis

● im Gegensatz zu sonst verstärkte Ruhelosigkeit oder Antriebslosigkeit

● Müdigkeit und Energielosigkeit fast jeden Tag und mehr als sonst

● Minderung oder Verlust des sexuellen Verlangens

● Gefühle und Gedanken, selbst wertlos oder schuldig zu sein, fast jeden Tag

● Konzentrationsstörungen und Verlangsamung des Denkens, Unfähigkeit, Entscheidungen zu treffen und Entschlußlosigkeit

● wiederkehrende Gedanken an den Tod, wiederholte Suizidphantasien und Suizidpläne.

Bipolare Störungen

Die Bezeichnung manisch-depressive Erkrankung wurde durch bipolare Störung ersetzt. Diese Diagnose wird gestellt, wenn die oder der Betroffene – wie oben schon beschrieben – nicht nur unter depressiven, sondern auch unter besonders hochgestimmten Phasen leidet.

In vielen Fällen erleben die Betroffenen eine solche manische Phase nicht als Leiden. Sie sind (oft nur in ihrer eigenen Wahrnehmung) besonders kreativ, energiegeladen, brauchen wenig Schlaf, sprudeln über von Ideen. Unabhängig davon, wie die Betroffenen sich selbst erleben, müssen Angehörige und Freunde der Tatsache Rechnung tragen, daß eine manische Episode besonders gefährlich sein kann. Wenn Menschen manisch sind, verlieren sie die Kontrolle über ihr Handeln und vor allem die Fähigkeit, die Konsequenzen ihres Handelns in Betracht zu ziehen. Durch hochriskante Abenteuer bringen sie sich und vielleicht andere in Gefahr. Ruinöse Fehlentscheidungen und Transaktionen sind häufig. Sie beginnen etwa auf Grund von Größenideen überspannte und undurchführbare Projekte. Finanzielle Unternehmungen wie unüberlegte Firmengründungen, große Geldtransaktionen, aber auch der Kauf mehrerer Autos an einem Tag beispielsweise oder endlose Taxifahrten und ähnliches können die Betroffenen und ihre Familien in wenigen Stunden finanziell ruinieren. Die Diagnose einer bipolaren Störung beinhaltet die Feststellung, daß die oder der Betroffene in hohem Maß in ihrem/seinem Alltag (Beruf, im Umgang mit Ehepartner, Familienan-

> **Die Diagnose einer bipolaren Störung wird dann gestellt, wenn die Betroffenen eine abgegrenzte Phase auffälliger Hochgestimmtheit über mindestens eine Woche erleben. Innerhalb dieser Periode fallen folgende Symptome auf:**
>
> - **ein unrealistisches Gefühl eigener Größe und Grandiosität**
> - **stark verringertes Schlafbedürfnis**
> - **besondere Redseligkeit**
> - **Sprunghaftigkeit im Denken**
> - **Zerstreutheit und hohe Ablenkbarkeit**
> - **gesteigerte zielgerichtete Aktivität, sei es bei der Arbeit, in der Sexualität oder bei finanziellen Entscheidungen**
> - **exzessive Unternehmungen, die ein hohes Risiko (für Leib und Leben, sozial oder finanziell) bergen.**

gehörigen und Freunden) beeinträchtigt ist. In schweren Fällen ist eine Klinikeinweisung zum Schutze der Patientin/des Patienten unumgänglich. Bipolare Störungen treten meist wiederholt auf. Mehr als 90 Prozent der Betroffenen, die einmal eine manische Phase durchgemacht haben, erleben weitere Episoden. Es besteht ein hohes Suizidrisiko (10 bis 15 Prozent der Erkrankten beenden bei Nichtbehandlung ihr Leben durch Selbsttötung). Im Gegensatz zur unipolaren Major Depression treten bipolare Störungen bei Männern und Frauen gleich häufig auf.

Zyklotymia – zyklotyme Störung

Ärzte sprechen von einer zyklotymen Störung, wenn Patienten über Stimmungsschwankungen ohne nachvollziehbaren Bezug zu entsprechenden Lebensereignissen klagen. Diese Stimmungswechsel gleichen tendenziell den Polen einer bipolaren Störung, sind aber weder in der Hochstimmung noch im depressiven Ausschlag so gravierend, daß sie als Manie oder schwere depressive Episode bezeichnet werden könnten. Viele zyklotyme Störungen bleiben undiagnostiziert und unbehandelt, da die Betroffenen nicht so leiden, daß sie sich als behandlungsbedürftig erleben. Die Hochstimmungen können sogar besonders kreativ und angenehm sein. Viele erleben dabei im eigentlichen Sinne die jeweils veränderte Stimmungslage überhaupt nicht. Es sind oft nur die Menschen aus der unmittelbaren Umgebung, die angesichts der häufigen Veränderung im Verhalten, im allgemeinen Interesse, im Selbstvertrauen und in der Kontaktfreude und Geselligkeit mit Verwirrung reagiert.

Dysthymia – neurotische Depression

Dysthymie bedeutet eine „krankhafte (dys- = abnorm, gestört) Neigung zu traurigen Verstimmungen" (-thymie = etwa Gemüt).

Die heute als Dysthymia bezeichnete depressive Störung entspricht weitgehend dem bisher als neurotische Depression oder depressive Neurose bekannten Krankheitsbild. Die gegenwärtige offizielle Definition nennt als wesentliches Merkmal dieser Unterform eine chronische depressive Verstimmung: Eine dysthymische Störung ist nicht so „schwer" wie eine depressive Episode, aber sie dauert länger. Die Diagnose besagt, daß die Betroffenen mindestens zwei Jahre (Kinder mindestens ein Jahr) lang die meiste Zeit depressiv sind. Sie erleben vielleicht hin und wieder Tage oder auch Wochen, in denen sie guter Stimmung sind. Meist jedoch fühlen sie sich müde, depressiv, freudlos.

Die langanhaltenden depressiven Phasen sind durch eine insgesamt depressive Niedergeschlagenheit, Störungen des Selbstwertgefühls, wie zum Beispiel starke Unsicherheit und massive Selbstzweifel, aber auch Angstsymptome, wie etwa die Angst zu versagen, gekennzeichnet. „Depressive" körperliche Symptome können schwach ausgeprägt vorhanden sein, fehlen aber auch häufig. Die Einengung des Denkens auf typische depressive Inhalte wie Schuld, Versündigung, Verarmung, wie sie für die typische Depression beschrieben wird (→ Seite 27), ist nicht oder nur selten zu beobachten.

Daß die Symptome dieser Depression im Sinne der Klassifikation „leichter" sind, bedeutet nicht, daß die betroffenen Menschen weniger leiden. Das Gegenteil kann der Fall sein: Diejenigen, die an einer schweren Depression mit psychotischen Symptomen erkranken, können in einigen Wochen wieder völlig genesen sein, die Depression bleibt für sie eine unangenehme Erinnerung, die sie aber in ihrem Alltagsleben „nach der Depression" nicht beeinträchtigt.

Dagegen können diejenigen, die an einer dysthymischen Störung leiden, aufgrund der Dauer und der Hartnäckigkeit ihrer Symptome verzweifeln und resignieren. Oft halten sie sich für nicht behandelbar. Zwar können sie den Belastungen des Alltags noch recht und schlecht genügen, aber alles strengt übermäßig an, es bleibt kein seelischer Raum für Entspannung und Erholung.

Eine Dysthymia beginnt gewöhnlich im frühen Erwachsenenalter und kann mehrere Jahre in unterschiedlicher Intensität andauern, manchmal lebenslang.

Im höheren Lebensalter kann die Störung auch nach einer schwereren depressiven Episode sozusagen als Restzustand bestehen bleiben.

Anpassungsstörung (kurze oder längere depressive Reaktion) – reaktive Depression

Diese Form der Depression entsteht offensichtlich als direkte Antwort auf ein belastendes Lebensereignis, die „auslösende Situation", die als Verlust, Trennung oder Kränkung erlebt wird. Meist sind dies Verlust einer Partnerin/eines Partners durch Tod oder Trennung, aber auch Enttäuschungen durch Partnerin/Partner und insgesamt schwerwiegende Partnerschaftsprobleme. Häufig reagieren Frauen auch auf den Auszug der erwachsenen Kinder mit einer reaktiven Depression. Viele Menschen erleben den Verlust des Arbeitsplatzes, sei es aufgrund des Alters oder durch Kündigung, als eine solche „auslösende" Verlustsituation. Aber auch auf Kränkungen, die das Selbstwertgefühl verletzen, reagieren manche Menschen depressiv. Dies gilt zum Beispiel auch bei Veränderungen am Arbeitsplatz, die eine Zurücksetzung phantasieren lassen. Was also eine Situation zur auslösenden Situation macht – und warum –, hängt von der individuellen Lebensgeschichte der oder des Betroffenen ab. Deshalb spielt die Persönlichkeitsstruktur des Depressiven, wie sie vor der Erkrankung bestand, eine wichtige Rolle.

Diese Depressionsform kann nach einigen Wochen vorbei sein. Es sind aber auch längere Verläufe möglich. Dies hängt unter anderem auch davon ab, wie stark in der Persönlichkeit des Betroffenen schon depressive Züge aufgetreten sind. „Ich war nie ein fröhlicher Mensch, ich habe schon immer nah ans Wasser gebaut" – solche Äußerungen sind typisch. Die Abgrenzung einer reaktiven Depression von einer neurotischen ist also oft nur schwer möglich .

Die Persönlichkeitsstruktur von Menschen mit einer neurotischen (dysthymen) beziehungsweise reaktiven Depression

- gemindertes Selbstwertgefühl, wenig Selbstvertrauen
- manchmal übersteigerte Gewissenhaftigkeit, Perfektionismus in allen Lebensbereichen
- Wunsch nach Anerkennung und Selbstbestätigung
- Aggressionsgehemmtheit: Schwierigkeiten zu widersprechen, sich durchzusetzen und „nein" zu sagen
- Neigung zu Schuldgefühlen und zur Selbstbestrafung
- Tendenz zur Abhängigkeit und Unselbständigkeit (oft aus dem mangelnden Selbstvertrauen herrührend).Neigung, sich an andere Menschen zu klammern
- Angst vor Verlust und Trennung

Symptomatische Depression

Schwere oder unheilbare körperliche Erkrankungen können depressive Zustandsbilder zur Folge haben. Mit dem Begriff „symptomatische Depression" wird betont, daß die Depression selbst nur das Symptom einer solchen anderen Erkrankung der Betroffenen ist. Sie weist also auf eine andere zugrundeliegende Ursache hin.

Bei älteren Patientinnen und Patienten kann eine depressive Verstimmung zum Beispiel das erste Symptom einer einsetzenden Herzinsuffizienz sein, einer Minderleistung des Herzmuskels, die sich später in einer deutlichen allgemeinen geminderten Belastbarkeit, aber auch durch Herzschmerzen und Luftnot bemerkbar macht.

Bei der Behandlung derartiger Depressionen hat die Behandlung der Grundkrankheit im Vordergrund zu stehen. Bei der Depression durch Herzinsuffizienz verschwindet sie oft mit der verbesserten Leistung des Herzmuskels. Ähnliches gilt für Depressionen bei Störungen des Hormonstoffwechsels und anderen organischen Erkrankungen. Allein die Depression zu behandeln und dabei die verursachende Erkrankung zu übergehen, ist ein schwerwiegender ärztlicher Kunstfehler. Chronische Infektionskrankheiten wie etwa eine durch Zeckenbiß übertragene Borreliose oder chronische Viruserkrankungen wie Hepatitis oder AIDS können ebenfalls depressive Zustände hervorrufen.

> **Übersicht über die wichtigsten körperlichen Ursachen, die eine Depression auslösen können**
> - Schlaganfall
> - Durchblutungsstörungen des Gehirns
> - AIDS
> - chronische Infektionen des zentralen Nervensystems (zum Beispiel Toxoplasmose oder Lues)
> - Hirntumoren
> - akute Infektionskrankheiten (zum Beispiel Tuberkulose, Lungenentzündung)
> - Stoffwechselerkrankungen
> - Störungen des Hormonhaushalts

Depression bei Abhängigkeitserkrankungen

Sucht und Abhängigkeit sind eigenständige psychische Störungen von oft chronischem Verlauf, die jedoch auch häufig gemeinsam mit einer Depression anzutreffen sind. Dabei ist oft unklar, ob zuerst die Abhängigkeit oder zuerst die Depression bestand. Tatsächlich ist beides möglich.

Nicht wenige depressive Patienten meinen, einzelne ihrer depressiven Symptome wie innere Unruhe oder Angst mit Alkohol oder mit unkontrolliert eingenommenen Beruhigungs- und Schlafmitteln „behandeln" zu können. Häufig wirken diese „Selbstbehandlungsversuche" anfänglich auch gut. Die Betrof fenen machen jedoch schnell die Erfahrung, daß sie immer größere Mengen dieser Suchtstoffe benötigen, um den gewünschten Erfolg, nämlich die Reduzierung ihrer Symptome, zu erreichen. Denn die Wirkung auf die depressiven Symptome läßt nach. Eine Dosissteigerung ist die Folge. Hier beginnt der Weg in die Abhängigkeit. In aller Regel stellt sich dann der Kontrollverlust ein, die Betroffenen können ihren Konsum nicht mehr kontrollieren. Sie sind abhängig.

Ein anderer typischer Verlauf ist ebenfalls möglich. Während einer bestehenden Abhängigkeit stellen sich immer mehr emotionale Störungen und auch Symptome einer typischen Depression ein. Ärzte sprechen dann von einer pharmakogenen Depression, einer Depression, die durch die Wirkung des Suchtstoffs ausgelöst ist.

Die Grundlage jeder Behandlung einer depressiven Störung, die mit der Einnahme eines Suchtstoffs verbunden ist, ist die Abstinenz. Erst unter Abstinenzbedingungen läßt sich herausfinden, welche depressiven Symptome noch übriggeblieben sind und behandelt werden müssen.

Depression als unerwünschte Wirkung von Medikamenten

Eine Reihe von Hormonen und Medikamenten kann behandlungsbedürftige depressive Störungen auslösen. Ein Beispiel: Medikamente für Herz- und Kreislauferkrankungen beeinflussen die Ausschüttung von Neurotransmittern, von Botenstoffen im Gehirn, die ja – wie wir gezeigt haben – in engem Zusammenhang mit der Entwicklung depressiver Symptome zu sehen sind.

Die Liste derartiger Auslöser ist lang. So können zum Beispiel blutdrucksenkende Medikamente, die „Pille", Medikamente gegen die Parkinsonsche Erkrankung, bestimmte Antibiotika und viele mehr als unerwünschte Arzneimittelwirkung eine Depression verursachen.

Bei durch Medikamente ausgelösten Depressionen bildet sich die seelische Störung in aller Regel innerhalb von Tagen bis Wochen nach Absetzen des Medikaments zurück.

Saisonal abhängige Depression (SAD) – die Winterdepression

Die Winterdepression ist in den letzten Jahren immer mehr ins Gespräch gekommen. Betroffene klagen über ausgesprochene Stimmungs- und Verhaltensänderungen im Herbst und Winter, fühlen sich dagegen im Frühjahr und Sommer wie neugeboren. Neben den typischen depressiven Symptomen wie zum Beispiel Niedergeschlagenheit, sozialem Rückzug, Energielosigkeit, Konzentrationsschwierigkeiten fallen vor allem zwei Symptome auf: einmal der

„Winterschlaf". Menschen mit einer Winterdepression haben ein extremes Schlafbedürfnis, fühlen sich wie Bären und Murmeltiere, die den Winter einfach verschlafen. Zu dieser „Hypersomnie" kommt ein auffälliger Appetit auf kohlenhydratreiche Nahrungsmittel wie Süßigkeiten, Nudeln, Brot. Daß diese Symptome tatsächlich jahreszeitabhängig sind, zeigt sich an der spontanen „Heilung" im Frühjahr und Sommer beziehungsweise an der Besserung, wenn die Betroffenen im Winter ihren Urlaub im sonnigen Süden verbringen.

> **Die Abhängigkeit vom Breitengrad zeigt folgende Statistik aus den USA:**
>
> **In Alaska (64° Breitengrad) klagen über 20 Prozent über Symptome einer Winterdepression, in New York (41°) bis zu 12,5 Prozent, während eine solche Winterdepression in Florida (28°) kaum auftritt (2,6 Prozent).**

Die larvierte Depression

Die früher so genannte larvierte Depression bezeichnet eine Form, bei der depressive körperliche Beschwerden und Symptome ganz im Vordergrund stehen. Die depressive Stimmung ist also hinter den körperlichen Beschwerden versteckt oder anders ausgedrückt: Sie tritt in Gestalt einer körperlichen Krankheit auf, ist „larviert". Die Diagnose einer larvierten Depression wird häufig von Hausärzten und Internisten gestellt, die mit der Vielzahl von körperlichen Symptomen konfrontiert sind, diesen Beschwerden aber keine organische Ursache zuweisen können. So erscheint der Begriff der „larvierten Depression" immer noch auf zahlreichen Krankenscheinen, Krankschreibungen, Attesten und Arztbriefen.

> **Zuerst einmal hatte der Begriff der larvierten Depression sicher eine hilfreiche Funktion: Er vermittelte Arzt und Patienten die Einsicht, daß körperliche Leiden seelisch verursacht sein können. Von Nervenärzten und Psychiatern werden jedoch wichtige Einwände ins Feld geführt: Zum einen wird die Diagnose heute zu häufig auch dann gestellt, wenn die organische Ursache (nur) zum Zeitpunkt der Diagnosestellung nicht feststellbar ist. Der Arzt enthebt sich – so der Einwand – durch diese Diagnose weiterer Abklärung. Eine mögliche körperliche Erkrankung bleibt unter Umständen unerkannt und unbehandelt. Zum anderen ist die larvierte Depression keine eigenständige besondere Krankheit: Hinter der Maske der körperlichen Symptome, die ja zur depressiven Störung gehören, kann sich jede Form der Depression verbergen. Diese zu erkennen, ist Aufgabe des Arztes, weil sich danach die Therapie zu richten hat.**
> **Der Begriff wird deshalb heute sinnvollerweise nicht mehr verwendet.**

Schizoaffektive Psychosen

Diese Erkrankungen nehmen eine Zwitterstellung zwischen den manisch-depressiven und den schizophrenen Störungen ein und gehören nicht zum engeren Kreis der depressiven Erkrankungen. Dabei treten innerhalb einer Erkrankungsepisode sowohl Symptome einer schizophrenen Psychose (also Wahnideen, Halluzinationen, Denkstörungen, das Gefühl, von Fremden beeinflußt zu werden und andere) als auch Symptome einer Depression oder Manie auf.

Solche Psychosen verlangen eine gänzlich andere Behandlung als depressive Störungen und werden in diesem Buch deswegen auch nicht näher dargestellt. Lediglich die vorbeugende medikamentöse Behandlung gleicht der bei wiederkehrenden Depressionen oder wiederkehrenden bipolaren Erkrankungen (→ Seite 72).

Vom Gespräch zur Diagnose

Noch einmal: Im Vordergrund steht das Gespräch. Nur im Gespräch mit Ihnen kann Ihr/e Psychiater/in oder Psychotherapeut/in klären, woran Sie leiden und welche Behandlung für Sie die beste ist.

Einen wichtigen Bestandteil bildet das Erstgespräch. An seinem Ende steht eine Arbeitshypothese: die Diagnose. Eine genaue Abklärung ist jedoch meist nicht ohne weitere Gesprächstermine und zusätzliche Untersuchungen möglich. Psychiater und Psychotherapeut brauchen zusätzliche Informationen:

Die Vorgeschichte der Krankheit –
die biographische Anamnese

Seelische Störungen entwickeln sich in bestimmten Lebensphasen oder im Zusammenhang mit belastenden Lebensereignissen. Für viele Störungen des Erwachsenenalters ist schon in der Kindheit der Grundstein gelegt worden. Denn frühere Erfahrungen und Lernprozesse bestimmen maßgeblich auch die Erfahrungen und Lernprozesse, die wir hier und heute machen. Wichtig ist es auch, frühere organische Erkrankungen wie auch frühere seelische Störungen genau zu erfassen, weil sich aus diesen wichtige Hinweise auf die aktuelle seelische Störung ergeben können.

Deshalb: Einen Großteil aller weiteren Gespräche nimmt die Erhebung der biographischen Anamnese ein. Sie befaßt sich nicht nur mit den Symptomen und dem bisherigen Verlauf der Krankheit. Es geht ebenso um ihre Vorgeschichte im Zusammenhang mit der Lebensgeschichte und der vergangenen und gegenwärtigen familiären und sozialen Situation des Erkrankten.

Die Geschichte der Krankheit in den Augen anderer – die Fremdanamnese

Für viele seelische Störungen ist es für den Arzt oder Psychotherapeuten unerläßlich, auch die nächsten Angehörigen der oder des Betroffenen direkt zu befragen, von ihnen zu erfahren, wie sich ihr/e Partner/in, ihr Elternteil, ihr Kind verändert hat, wie sie die seelische Störung wahrnehmen konnten. Diese Angaben können oft eine wesentliche Ergänzung zur biographischen Anamnese darstellen, die ja die Krankengeschichte, wie sie sich für den Betroffenen darstellt, erfaßt. Derartige Gespräche können auch im weiteren Verlauf der Behandlung wichtig werden.

Neurologische Untersuchung

Zum Ausschluß einer organisch bedingten Depression ist die Überprüfung der Funktionen einzelner Nervenbahnen und Funktionskreise unerläßlich. Ein Psychiater oder Nervenarzt wird diese Untersuchung selbst durchführen. Die nichtärztlichen Psychotherapeuten überweisen in Zweifelsfällen meist an einen niedergelassenen Nervenarzt. Der Arzt prüft die Reflexe, untersucht die Hirnnerven, prüft Motorik, Sensibilität und die Koordination von Bewegungen. Diese Untersuchung kann durchaus einige Zeit in Anspruch nehmen. Sie ist völlig schmerzlos. Der Arzt kommt mit seinen Sinnesorganen, dem Reflexhammer, einer Stimmgabel und wenigen anderen Hilfsmitteln aus. Diese Untersuchung – gewissenhaft durchgeführt – ist ungleich wichtiger als manche aufwendige apparative Diagnostik. Ihr Erkenntniswert ist außerordentlich hoch; sie macht viele hochaufwendigen Zusatzuntersuchungen überflüssig.

Internistische Untersuchung

Es ist bei depressiven Störungen wichtig, auch andere organische Ursachen zu erkennen oder auszuschließen. Nicht nur organische Erkrankungen des Nervensystems verursachen depressive Störungen. Eine symptomatische Depression kann auch durch Krankheiten, die dem Bereich der inneren Krankheiten zugerechnet werden, ausgelöst werden (→ Seite 76). Zu nennen sind vor allem hormonelle Funktionsstörungen wie beispielsweise der Schilddrüse oder der Nebennierenrinde und andere. Aber auch Stoffwechselerkrankungen oder Infektionskrankheiten können dahinter stehen.

Deswegen ist es bei der Erstdiagnostik einer Depression oftmals wichtig, eine internistische Abklärung des Krankheitsbildes vorzunehmen. Viele Psychiater führen diese Untersuchungen selbst durch. Nichtärztliche Psychotherapeuten werden ihre Patienten zur Untersuchung an einen Facharzt für innere Medizin überweisen.

Diese Abklärung ist sehr wichtig. Leider wird sie gelegentlich zu spät durchgeführt, nämlich erst dann, wenn die üblichen Behandlungsmaßnahmen für die depressive Störung versagt haben. Wie die neurologische sollte die internistische Untersuchung vor oder zu Beginn der eingeleiteten Behandlung der Depression erfolgen.

Fassen wir zusammen:

Das Erstgespräch beim Psychiater oder Psychotherapeuten entspricht der Untersuchung beim Organmediziner. Beides dient der Diagnosefindung.

In unserem Fall heißt das:

● Im Gespräch erfährt Ihr Psychiater oder Psychotherapeut Ihre Beschwerden, er beginnt sie einzuordnen und entwickelt meist anhand klinisch-diagnostischer Leitlinien (heute meist des ICD 10, → Seite 68) eine erste Vermutung: die Diagnose einer depressiven Störung.

● Diese muß von anderen seelischen Krankheitsbildern abgegrenzt werden.

Die folgenden Schritte dienen der genaueren Bestimmung Ihrer Störung. Denn *die* Depression gibt es nicht.

● Ihr Psychiater oder Psychotherapeut muß sich ein Bild vom Schweregrad der Depression machen. Zum Beispiel muß er das Selbsttötungsrisiko abschätzen können oder entscheiden, ob außer Psychotherapie auch eine medikamentöse Behandlung notwendig ist (eine medikamentöse Therapie ist nur durch einen Arzt – entweder den ärztlichen Psychotherapeuten selbst oder einen hinzugezogenen (Nerven)Arzt möglich). Und:

● Er muß den Verlauf erfragen und möglicherweise vorhersagen können. Dies ist besonders wichtig bei bipolaren Störungen (→ Seite 72) oder für die gegebenenfalls notwendige Planung einer vorbeugenden Behandlung.

● Zum Ausschluß neurologischer und internistischer Erkrankungen sind Zusatzuntersuchungen notwendig, die der Hausarzt, Internist, Neurologe, Psychiater durchführt.

Mit einem

erheblichen Kraftakt

und Selbstüberwindung

zog ich mich an

und verließ die Wohnung

Fünf

Minuten

später lag ich wieder ausgezogen

unter meiner Decke

Depressiv – und dann?

Vielleicht haben Sie sich inzwischen durch den ersten Teil hindurchgearbeitet. Dann wissen Sie, daß das „depressive Syndrom" die unterschiedlichsten – psychischen, psychomotorischen und körperlichen – Symptome umfaßt. Sie haben auch gelesen, daß es verschiedene Modelle für die Entstehung depressiver Störungen gibt, daß auf vielen verschiedenen Wissenschaftsgebieten geforscht wird und immer neue Hypothesen über die Frage: „Wie kommt es zu depressiven Erkrankungen?" aufgestellt werden. Sie kennen die Schwierigkeit, aber auch die Notwendigkeit, einzelne Unterformen der Depression zu unterscheiden. Möglicherweise erschien Ihnen ein Großteil der Diskussion über die Frage, wie es denn zu einer solchen Erkrankung kommen kann, und der Streit über Begriffe und Einteilungsversuche zu abgehoben. Doch alle diese Hypothesen, Modelle und Klassifikationsversuche, mit denen sich heute Psychiater, Psychologen, Neurobiologen und Biochemiker beschäftigen, sind keine graue Theorie – sie bilden die Grundlage der Therapie.

Zwei Säulen
und viele Stützen ...

Die Depression ist eine seelische Störung, bei der sowohl psychologische als auch körperliche Faktoren zusammenkommen. Sie ist eine biopsychologische Krankheit, das heißt, die Behandlung der Depression muß auf beiden Ebenen ansetzen.

Sie ruht also auf zwei Säulen:

● auf psychologisch begründeten Verfahren: dem ärztlichen Gespräch, einer psychologisch-psychotherapeutischen Beratung und vor allem der Psychotherapie. Hilfen bieten zusätzliche oder verstärkende therapeutische Maßnahmen verschiedenster Art, wie etwa Informationsgruppen für Betroffene und deren Angehörige.

● auf biologisch begründeten Verfahren: Dies sind vor allem medikamentöse Behandlungsmöglichkeiten, besonders die Therapie mit Antidepressiva. Dazu kommen noch andere körperliche Behandlungsverfahren wie Bewegungstherapie, Lichttherapie, Schlafentzug, Elektrokrampftherapie.

Die erste Säule

Beratung und Psychotherapie

Eine Säule ist die Psychotherapie. Dies leuchtet unmittelbar ein. Sind es doch vornehmlich psychische Symptome, unter denen die Betroffenen leiden. Zudem sind es psychosoziale Belastungen, die eine depressive Störung auslösen können. Die Behandlung der Depression muß also diesen aktuellen Auslösern auf die Spur kommen und der/dem aktuell Erkrankten helfen, Strategien zu entwickeln, diese zu verarbeiten und zukünftig solchen Belastungen anders begegnen zu können.

Das Gespräch

In der Sprechstunde des (guten!) Hausarztes*, in Beratungsstellen der Gemeinden oder Kirchen oder innerhalb des Erstgesprächs beim Psychiater oder Psychotherapeuten finden viele depressive Menschen tatsächlich zum ersten Mal einen Zuhörer und können zum ersten Mal über ihre niedergedrückte Stimmung, ihre quälenden Gedanken und Gefühle sprechen. Diese Erfahrung, auch vermeintlich peinliche Gefühle, Gedanken, Ängste, Sorgen und Befürchtungen äußern zu können, ohne Angst haben zu müssen, für verrückt, dumm, unfähig, wertlos, schuldig gehalten zu werden, bedeutet für viele depressive Menschen eine erste große Entlastung. In dieser Hinsicht findet schon in der Sprechstunde des Hausarztes oder im Erstgespräch beim Psychiater oder Psychotherapeuten „Psychotherapie" statt. Nutzen Sie diese Möglichkeit!

Das supportive (unterstützende) ärztliche Gespräch

Eine besondere Form dieses Gesprächs ist das „ärztliche Gespräch". Darüber ist viel geschrieben worden: Als sogenannte allgemeine Psychotherapie des Psychiaters wirkt es in erster Linie stützend durch Zuwendung, Gesprächsatmosphäre, Zuverlässigkeit, Stabilität und Verläßlichkeit der Rahmenbedingungen und vor allem durch die dem Psychiater eigentümliche Art des Zuhörens. Ein so praktiziertes ärztliches Gespräch bietet dem Patienten Gelegenheit, sich „auszusprechen", Gefühle offen zu äußern. Durch interessiertes und gezieltes Nachfragen erleichtert es der Psychiater dem Patienten, seine Gefühlssituation zu klären und die zentralen Probleme zu erkennen. Das Gespräch ist die Grundlage einer individuellen Beziehung zu einem professionellen Helfer, der in der Regel

---

* In diesem Kapitel verzichten wir darauf, jeweils die weibliche und männliche Form, also Hausärztin und Hausarzt oder Patientin/Patient zu nennen. Es sind aber immer beide gemeint.

gerade in der Behandlung depressiver Störungen reiche Erfahrung hat. Viele niedergelassene Psychiater haben mittlerweile eine zusätzliche psychotherapeutische Ausbildung, die sie sicher auch in diesem Gespräch leitet.

Diese Form der Psychotherapie muß jede Behandlung begleiten. Denn sie ist die Grundlage des therapeutischen Bündnisses, das Arzt und Patient schließen. Und nur wenn dieses Bündnis funktioniert, wird eine Heilung möglich sein.

Was nicht passieren sollte

Leider entspricht diese Beschreibung häufig nicht der Realität. Vor allem bei niedergelassenen Psychiatern drängt – wie auch in anderen Arztpraxen – die Zeit. Ein Griff zum Rezeptblock muß – so scheint es – das Gespräch ersetzen. Haben Sie den Eindruck, Ihr Arzt höre nicht zu (ein guter Arzt kann übrigens auch zehn Minuten gut zuhören!), sprechen Sie ihn darauf an! Wenn Sie es nicht schaffen, bitten Sie einen Angehörigen, es für Sie zu tun – oder wechseln Sie den Arzt!

Das ärztliche Gespräch als Begleitung der medikamentösen Behandlung

In der Akutphase, das bedeutet hier in der Anfangsphase der Behandlung, wird Ihr Arzt Sie ein- bis zweimal wöchentlich zu einem solchen Gespräch bestellen, in dem Sie offen und ehrlich sprechen können und müssen. Denn nur auf der Grundlage des Gesprächs kann der Psychiater seine Diagnose stellen und einen Behandlungsplan entwerfen. Auch der Verlauf der Krankheit erschließt sich ihm nur im Gespräch. Nur Sie können von möglichen Fortschritten berichten, klagen, daß die Wirkung der Medikamente ausbleibt, oder auf unerwünschte Wirkungen hinweisen. Doch nicht nur das: Ihr Arzt muß für Sie da sein – gerade in dieser schlimmsten Phase Ihrer Krankheit! Sprechen Sie mit ihm, bestehen Sie auf weiteren Gesprächsterminen, wenn Sie sie brauchen.

Der Akutbehandlung muß eine mehrwöchige, manchmal auch monatelange Stabilisierungsphase folgen. Ihr Arzt wird Sie zu Anfang immer noch häufig (in der Regel alle zwei Wochen), dann nach und nach in größeren Abständen bestellen. Jetzt dient das ärztliche Gespräch der Bearbeitung von alltäglichen oder zurückliegenden Problemen, eventuell auch der Unterstützung bei der Wiederaufnahme der Alltagsroutine und der Verarbeitung der Erfahrung, diese Krankheit durchgemacht zu haben.

Psychotherapie

Was ist eigentlich Psychotherapie ...?

Psychotherapie unterscheidet sich von anderen medizinischen Behandlungsmethoden weniger durch den Anwendungsbereich als vielmehr durch ihr Vorgehen. Sie ist die Behandlung von psychischen und körperlichen Störungen mit psychologischen Mitteln. Genauer: Unter Psychotherapie versteht man jedes Behandlungsverfahren, dessen therapeutische Wirkung auf Gespräch, Handlung und Beziehung zwischen Therapeut und Patient beruht (im Gegensatz zu Verfahren, die auf den Körper ausgerichtet sind). Dazu gehören je nach therapeutischer Richtung in anderer Gewichtung und Bedeutung Ratschläge, Überzeugung, Beeinflussung, Training von bestimmten Verhaltens-, Denk- und Erlebensweisen. Dazu gehört auch, Einsicht in die eigene Geschichte zu ermöglichen beziehungsweise zu vermitteln, und das Wiedererleben und Aufarbeiten alter Konflikte im „Hier und Jetzt" der therapeutischen Situation.

... und wie wirkt sie?

Wie Psychotherapie wirkt, wird nun jeweils ganz unterschiedlich erklärt. Das Gemeinsame aller psychotherapeutischen Richtungen ist jedoch: Immer darf sich der Patient mit seinen Gefühlen, Gedanken, seinem Erleben und Verhalten angenommen, verstanden und respektiert wissen. Der Psychotherapeut gestaltet durch sein Vorgehen, seine Technik und seine Haltung eine ganz bestimmte zwischenmenschliche Beziehung, die Grundlage jeder psychotherapeutischen Behandlung ist. Auf der Grundlage dieser Beziehung macht der Patient neue Erfahrungen, gewinnt neue Einsichten und lernt.

Die Qual der Wahl

Der Markt psychotherapeutischer Verfahren, wie er sich in den Annoncen von Zeitungen und Zeitschriften und in den Regalen des Buchhandels darstellt, ist heute – nicht nur für Laien – unübersichtlich geworden, und beinahe alle empfehlen sich in engerem oder weiterem Sinn auch oder ganz besonders als Therapie gegen Depressionen – was auch immer im einzelnen darunter verstanden wird.

Aber trotz – oder vielleicht gerade wegen – der Fülle verschiedener Ansätze und Angebote gibt es bis heute keine psychotherapeutische Standardempfehlung, wie dies für die medikamentöse Depressionsbehandlung der Fall ist. Wie und wonach also auswählen und entscheiden?

Vor einigen Jahren erregte eine Untersuchung des Berner Psychologie-
professors Klaus Grawe Aufsehen. Er war mit anderen beauftragt
worden, für die Bonner Regierung ein Gutachten zur Frage der Wirksamkeit einzelner Psychotherapieverfahren zu erstellen.

Anspruch und Ziel dieser Untersuchung war die auf empirischen Daten
beruhende Objektivität. Daß dies angesichts psychotherapeutischer
Verfahren ein schwieriges Unterfangen ist, hat sicher eine Vielzahl
von Gründen. Vor allem gibt es ein bisher nicht zufriedenstellend
gelöstes methodisches Problem: Es ist ungleich schwerer – wenn nicht
überhaupt unmöglich –, den Effekt einer psychotherapeutischen
Behandlung zu messen, sind doch zu viele zwischenmenschliche
Ebenen berührt, die sich einer Umsetzung in nüchternes Zahlenwerk
widersetzen.

Das Ergebnis war in Psychotherapeutenkreisen denn auch heftig umstritten. Aber obwohl Grawe offenkundig das von ihm selbst
praktizierte Verfahren bevorzugte, wurde doch deutlich, daß für nicht
wenige Richtungen ein wissenschaftlicher Wirksamkeitsnachweis fehlt.
Kein Medikament wird bei uns ohne einen solchen Wirksamkeitsnachweis neu zugelassen!

Immerhin hatte die ganze Aufregung auch etwas Gutes:
Mittlerweile sind viele wissenschaftliche Projekte begonnen worden.
Sie sollen die Wirksamkeit einzelner psychotherapeutischer Verfahren
untersuchen.

Zur Orientierung – Wegweiser durch den Psychomarkt

Wir werden uns im folgenden auf die in Deutschland und Österreich bekanntesten beziehungsweise anerkannten Verfahren beziehen, deren Ausbildungs-
gänge kontrolliert und nachvollziehbar sind.

Das sind in Deutschland
- die tiefenpsychologisch fundierten Behandlungsverfahren
- die verhaltenstherapeutisch orientierten Behandlungsverfahren
- die humanistische Psychotherapie, vor allem die klientenzentrierte Gesprächstherapie und die Gestalttherapie
- und verschiedene familientherapeutische Behandlungsverfahren.

Über die genannten Schulen hinaus, findet sich auf dem Psychomarkt
eine Vielzahl anderer Verfahren, deren Seriosität zum Teil umstritten ist. Eine
wichtige Gruppe unter ihnen sind die körperorientierten Psychotherapien. Sie
versuchen, durch die Arbeit mit dem und am Körper auf die Seele einzuwirken.

In Österreich sind folgende Methoden offiziell anerkannt (das bedeutet, daß die Krankenkassen die Therapiekosten unter bestimmten Bedingungen teilweise bezahlen, → Seite 103).

- **Tiefenpsychologie – dazu gehören:**
  Psychoanalyse – PA* (Freud)
  Analytische Psychologie – AP (Jung)
  Individualpsychologie – IP (Adler)
  Gruppenpsychoanalyse – GP
  Dynamische Gruppentherapie – DG
  Transaktionsanalyse – TA
  Katathym Imaginative Psychotherapie – KIP
  Gruppenpsychoanalyse – GP
- **Existentielle Psychotherapie:**
  Existenzanalyse und
  Logotherapie – EL (Frankl)
- **Verhaltenstherapie (VT):**
  Klassische und die Kognitive Verhaltenstherapie
- **Humanistische Psychotherapie:**
  Klientenzentrierte – KP und
  Personenzentrierte Psychotherapie – PP (beide nach Rogers) –
  auch als „Gesprächstherapie" bezeichnet
  Gestalttherapie – IG (Perls)
  Psychodrama – PD (Moreno)
- **Systemische (Familien-)Therapie – SF**
- **Sonstige**
  Hypnose – HY
  Autogenes Training – AT

Daneben gibt es – wie in Deutschland auch – eine Reihe weiterer Verfahren, die jedoch von den Krankenkassen nicht bezahlt werden.

Im Grunde genommen geht es also – in Deutschland und Österreich gleichermaßen – wieder um die beiden großen Richtungen, die wir schon im Theorieteil kennengelernt haben (→ Seite 45). Das sind:

- dynamische Verfahren, denen es um die Bearbeitung von Konflikten im einzelnen und in der Beziehung zu anderen geht. Sie gründen meist auf tiefenpsychologischen Erklärungsmodellen.
- verhaltens- und lerntheoretische Verfahren, die das Lernen neuer Verhaltens- und Denkmuster in den Mittelpunkt stellen.

---

* Die in Österreich gebräuchlichen Abkürzungen unterscheiden sich teilweise von jenen in Deutschland.

Tiefenpsychologische Verfahren

Diese Therapieform hat ihre Wurzeln in der Psychoanalyse S. Freuds und in der analytischen Psychologie von C. G. Jung. Sie umfaßt aber nicht nur die klassische Psychoanalyse, sondern auch andere Verfahren wie

- die tiefenpsychologisch fundierte Psychotherapie
- die tiefenpsychologisch fundierte Kurzzeittherapien oder
- die tiefenpsychologisch fundierte (psychoanalytische) Gruppentherapie.

Die Grundlagen sind auf Seite 46 dargestellt.

Die klassische Psychoanalyse

Sie ist das älteste und wohl auch bekannteste Behandlungsverfahren. Im psychoanalytischen Setting nach S. Freud liegt der Patient auf der Couch. Er ist aufgefordert, Gedanken und Phantasien, Gefühle und Empfindungen ohne Rücksicht auf Logik, Bedeutung oder Moral zu äußern. Der Analytiker sitzt außerhalb des Blickfelds. Er verhält sich eher passiv, um dem Patienten eine eigene Entwicklung zu ermöglichen. Diese Entwicklung führt – dies ist eine Grundlage der Langzeitanalyse – über einen Rückschritt in alte, in der Tiefe des Seelenlebens verborgene Gefühle und Erinnerungen (Regression) zur Veränderung. In drei bis fünf Sitzungen (je 50 Minuten) pro Woche und mit einer Gesamtdauer von bis zu mehreren hundert Stunden (verteilt über drei bis fünf Jahre) hat sie zum Ziel, wirklich grundlegend – da frühe Konflikte und Traumata auf- und nicht zudeckend – zum Kern des jeweiligen Problems vorzudringen. Die Intensität und Dauer der Behandlung werden als Voraussetzung genannt, daß Konflikte durchgearbeitet und verstanden werden können. Bisher gibt es jedoch wenige Studien, die eine gegenüber anderen Verfahren herausragende Effizienz in der Depressionsbehandlung nachweisen. Ziel einer Psychoanalyse ist auch nicht unbedingt die Heilung bestimmter Symptome, sondern grundsätzliche Einsicht, Persönlichkeitsveränderung, Reifung.

In der konkreten Behandlung depressiver Störungen nimmt sie nur etwa 7 Prozent aller tiefenpsychologischen Behandlungen ein. Als Depressionsbehandlung wird sie in Deutschland von den Krankenkassen im Gutachterverfahren bis zu 300 Stunden finanziert. Das heißt: Der behandelnde Psychotherapeut muß vor der Übernahme durch die Krankenkasse in einem ausführlichen Bericht die Notwendigkeit der Psychotherapie schlüssig begründen. Der Gutachter entscheidet aufgrund dieses Berichts.

In Österreich wird die Psychoanalyse von einigen Krankenkassen unbeschränkt und von anderen vier bis fünf Jahre im Rahmen der Refundierung bezahlt. De facto beginnen die Kassen aber besonders bei den häufigen („hochfrequenten") und langandauernden Therapien, den Rotstift anzusetzen.

Für die Behandlung einer akuten Depression werden heute vor allem die psychoanalytische oder tiefenpsychologisch fundierte (Kinder-Jugendlichen) Psychotherapie, die psychoanalytische Kurzzeittherapie oder die psychoanalytische Gruppentherapie angewendet.

Psychoanalytische Psychotherapie (tiefenpsychologisch fundierte Psychotherapie)

Eine tiefenpsychologisch fundierte Psychotherapie wird als spezielles Heilverfahren dann empfohlen, wenn aufgrund eines bestimmten Krankheits- und Persönlichkeitsbildes eine Langzeitanalyse für den Patienten eine zu große Belastung wäre. Neben einer solchen psychotherapeutisch begründeten Indikation spielen jedoch oft auch ökonomische – zeitliche und finanzielle – Gründe eine Rolle.

Ihr Ziel beschränkt sich auf Beseitigung oder Verbesserung der aktuellen Symptomatik. Weiterreichende Veränderungen der Persönlichkeitsstruktur werden nicht angestrebt. Eine tiefergehende Regression wie in der Langzeitanalyse (→ Seite 90) wird vermieden. Deshalb liegt der Patient auch nicht. Er sitzt dem Psychotherapeuten gegenüber. Die Beziehung zwischen Patient und Therapeut wird modellhaft für Beziehungen und Erlebensweisen im realen Leben des Patienten bearbeitet. Die Sitzungen (ebenfalls 50 Minuten) finden ein- bis zweimal in der Woche statt. Die Gesamtstundenzahl beträgt 50 bis 100 Sitzungen. Auch die tiefenpsychologisch fundierte Psychotherapie wird in Deutschland von den Krankenkassen im Gutachterverfahren übernommen. Zur Übernahme der Kosten in Österreich → Seite 103. Leider gibt es auch für dieses Verfahren, obwohl es speziell für Depressionsbehandlungen angewendet wird, kaum kontrollierte Studien. Angesichts der breiten guten therapeutischen Erfahrung mit dieser Methode sollte daraus aber nicht der Schluß mangelnder Wirksamkeit gezogen werden.

Psychoanalytische Kurzzeittherapie

Seit den Anfängen der Psychoanalyse gibt es die Kurzzeittherapien. Sie arbeiten an einem bestimmten Problem, dem Fokus oder fokalen Konflikt, das sich in den ersten diagnostischen Sitzungen darstellt. Im Gegensatz zu anderen tiefenpsychologischen Verfahren ist die Stundenzahl auf etwa 10 bis 40 Stunden begrenzt. In der Depressionsbehandlung spielt die Kurzzeittherapie dann eine Rolle, wenn eine begrenzte psychosoziale Krise oder ein konkreter Auslöser greifbar ist. Sie wird in Deutschland ohne Gutachterverfahren von den Krankenkassen (bis zu 25 Stunden) übernommen; für Österreich gilt das auf Seite 103 Gesagte. Oft wird sie bei starkem Leidensdruck eingesetzt, wenn ein Gutachterverfahren wegen der langen Zeit zwischen Antrag und Bewilligung für den Patienten unzumutbar erscheint. Nach Ablauf der Stunden kann der Patient die Übernahme einer längeren Psychotherapie beantragen. Deren Bewilligung liegt wieder bei einem von den Krankenkassen bestellten Gutachter.

Reine Kurzzeittherapien ohne Verlängerung wurden vielfach auch im Vergleich zu anderen, nicht psychoanalytischen Verfahren überprüft. Die Ergebnisse zeigen sie als nicht effektiver als andere und weniger effektiv als längere psychoanalytische Verfahren.

Psychoanalytisch orientierte Krisenintervention

In einer Krisensituation, bei der ein Mensch eine – sei es eine objektiv oder eher subjektiv erlebte – Ausnahmesituation nicht bewältigen kann und depressiv oder suizidal (also mit Selbsttötungsabsichten und -impulsen) reagiert, ist oft ein sofortiges therapeutisches Eingreifen notwendig. Der Betroffene braucht Klärung, Strukturierung und die Möglichkeit des Aussprechens. Der Psychotherapeut versucht, die ganz individuelle Bedeutung der Krise für den Betroffenen zu verstehen und beim Patienten Einsicht und Verständnis für seine Erlebens- und Reaktionsweise zu vermitteln. Die Dauer einer Krisenintervention beschränkt sich auf wenige (eine bis fünf) Stunden . Häufig schließt sich eine längere Psychotherapie oder Langzeitanalyse nach Abklingen der Krise an.

Eine Krisenintervention wird in Deutschland ohne Gutachterverfahren direkt mit den Kassen abgerechnet, für Österreich ist die Situation auf Seite 103 dargestellt.

Psychoanalytische Gruppentherapie

Die Gruppentherapie entstand aus der Notwendigkeit, für viele Patienten ein Versorgungsangebot zu schaffen. Heute wird sie ganz gezielt bei bestimmten Problemen und Störungen angewendet. Wichtig ist, daß der Patient in der Lage und motiviert ist, über sich *in der Gruppe* und *mit* der Gruppe zu sprechen und über sich selbst als Teil der Gruppe nachzudenken. Der Psychotherapeut behandelt die gesamte Gruppe und spricht auch meist über das gesamte Gruppengeschehen. Nur in Ausnahmefällen wendet er sich an den einzelnen. Eine Gruppentherapie ist also keine gleichzeitige Therapie einzelner, sondern die Psychotherapie eines einzelnen in der und durch die Gruppe. Eine Gruppe besteht idealerweise aus fünf bis zehn Teilnehmern. Die Sitzungen finden regelmäßig ein- bis zweimal pro Woche statt und dauern jeweils anderthalb Stunden.

Auch eine Gruppenpsychotherapie wird in Deutschland von den Krankenkassen übernommen, die Leistungen der österreichischen Kassen sind auf Seite 103 erläutert.

Die Übertragung

Alle tiefenpsychologischen Therapieverfahren arbeiten mehr oder weniger mit und an der Übertragung: In der Beziehung zum Therapeuten erlebt der Patient alte Beziehungen wieder. Er „überträgt" die Gefühle, Gedanken, Phantasien und Empfindungen, die er damit verbindet, auf den Therapeuten (oder auf die Gruppe und einzelne Gruppenmitglieder). In der geschützten Situation der Therapie kann er durch die Interpretation und Deutung des Psychotherapeuten nach und nach Einsicht in diese alten Geschichten und die durch sie ausgelösten Gefühle gewinnen, sie verstehen und gegebenenfalls bewältigen und damit seine aktuelle psychische Situation verändern.

Ein Beispiel – das Früher im Heute der Psychotherapie
Eine 30jährige Frau wird plötzlich von ihrem Lebenspartner, mit dem sie eine gemeinsame Zukunft aufbauen wollte, verlassen. Diese Entscheidung kam für sie völlig überraschend. Kurz danach fühlt sie eine zunehmende traurige Verstimmung. Sie beginnt, sich selbst für das Zerbrechen der Beziehung verantwortlich zu machen, hält sich für unattraktiv, unfähig, eine Beziehung zu einem Mann zu gestalten. Dieses Gefühl weitet sich auf ihr gesamtes Selbstwertgefühl aus. Sie hält sich nun ganz und gar für unnütz und wertlos. Aus diesem Gefühl der Hoffnungslosigkeit wird ihr Bedürfnis nach „Ruhe" immer stärker: Nur Ruhe haben – dies war ihr vordringlichster Wunsch, auch Ruhe vor den eigenen Selbstanklagen und den quälenden Zweifeln an sich selbst. Eines Tages nimmt sie eine Packung Schlaftabletten, die sie sich in einer Apotheke wegen ihrer Schlafstörungen besorgt hatte. Nach einem kurzen Krankenhausaufenthalt zur Entgiftung und Krisenintervention wird sie in eine psychotherapeutische Behandlung vermittelt.
In dieser Behandlung wird immer deutlicher, daß sie mit Trennungserlebnissen eine ganz eigene Geschichte hat.
Im Alter von vier Jahren hatten sich ihre Eltern nach einer langen Phase der Entfremdung schließlich getrennt. Sie kam zur Mutter, zum Vater bestand keinerlei Kontakt. Den Verlust des Vaters konnte sie natürlich nur als völliges Desinteresse des Vaters an ihr verstehen. Und dieses Desinteresse konnte in ihrem Verständnis nur damit zusammenhängen, daß sie selbst nicht liebenswert, ja wertlos war.
Während ihrer Psychotherapie sind es die Wochenenden und vor allem die Ferienzeiten, an denen sie fast vorhersagbar in Depressionen verfällt. Zunehmend wird ihr klar, daß sie gerade diese Pausen in der Psychotherapie als Beziehungsabbruch von seiten ihres Analytikers erlebt, und sie kann nun die Ähnlichkeit ihrer Gefühle und Erlebnisweisen als Kind und später im Erwachsenenalter erkennen. In der Beziehung zum Analytiker wird ihr

deutlich, daß sie es in allen Beziehungen zu anderen Menschen als elemen-
tare Bedrohung ihrer eigenen Person erlebt, wenn eine Trennung droht, und
sei es auch nur in ihrer Phantasie, da sie jede gegenwärtige Beziehung als
Wiederholung früher Beziehungsmuster erlebt ...

Verhaltenstherapeutische Verfahren

Die Verhaltenstherapie galt lange Zeit als reine Lerntheorie, die – ohne die Vergangenheit eines Menschen einzubeziehen – durch „Lob und Tadel", Verstär-
kung und Strafe auf Veränderung des Verhaltens hinwirkt. Inzwischen hat sie
sich eine weitaus allgemeinere „ganzheitlichere" Betrachtung des Menschen
mit seiner ganz individuellen, aktuellen sozialen und familiären Situation und
seiner persönlichen Geschichte zu eigen gemacht. Auch sie arbeitet heute an
nicht bewußten Motiven, an Fehlhaltungen im Denken und Handeln und an
gestörten Beziehungsmustern (→ Seite 49).

Aktivitätsfördernde Therapien heben dabei das Erlernen bestimmter
Verhaltensweisen hervor. Ihre Ziele ganz allgemein formuliert sind:
- schrittweise mehr tun
- schrittweise mehr angenehm Erlebbares tun
- schrittweise mehr Geplantes tun
- schrittweise solche Aktivitäten in Angriff nehmen, deren Erlernen Erfolgserlebnisse vermittelt.

Dies geschieht zum Beispiel durch Rollenspiele in der Stunde, das Erstellen von Aktivitätsplänen und Hausaufgaben, in denen bestimmte Verhaltensweisen in realen Situationen erprobt werden.

Ein Beispiel – Nein sagen lernen
Das Neinsagen mußte Herr F. mühsam mit Hilfe seiner Psychotherapeutin
lernen. Schrittweise spielte er mit ihr entsprechende Situationen im Rollen-
spiel durch. Schwieriger war dann die Erprobung in der Realität. Da war
zum Beispiel die Geschichte in einer chemischen Reinigung, in der er früher
auch bei unzureichenden Leistungen stillschweigend bezahlt hatte und dem
Ärger erst zu Hause Luft machen konnte. Es kostete ihn große Anstrengungen,
die „Hausaufgabe" seiner Psychotherapeutin zu erfüllen und bei einem
schlecht gebügelten Hemd – um im Beispiel zu bleiben – zu sagen:
„Ich nehme das Hemd so nicht ab. Bitte noch einmal bügeln!"
Der Weg zu wirklich lebensentscheidenden und -bestimmenden Situationen
war weit. Doch schließlich gelang es Herrn F., sein Leben anders zu ordnen.
Er hatte gelernt, nein zu sagen, ohne Angst, deshalb weniger geachtet,
weniger geliebt oder gar für immer verlassen zu werden.

Hilfen für Aktivitätspläne – Tagesplan

● Tragen Sie zuerst die Aktivitäten ein, die feststehen – zum Beispiel Frühstück, Arbeitsbeginn, Mittagspause, Feierabend, Abendessen ...
● Füllen Sie Ihren Tagesplan mit möglichst vielen angenehmen Aktivitäten. (Stellen Sie im Vorfeld eine Liste solcher für Sie angenehmer Aktivitäten auf!)
● Planen Sie, wenn der Tag viele unangenehme Aufgaben enthält, jeweils nach Erledigung dieser Aufgaben eine angenehme Aktivität als Belohnung ein.
● Planen Sie Zeiten des Nichtstuns und Pausen ein.
● Planen Sie Ihren Tag so, daß er Sie nicht überfordert.

Wichtig bei einem solchen Aktivitätsplan ist die Konkretisierung der einzelnen Aktivitäten. Schreiben Sie zum Beispiel nicht „telefonieren", sondern „mit Klaus telefonieren" oder: nicht „fernsehen", sondern zum Beispiel „Wolffs Revier – ARD, 21.15 Uhr".

Den Schwerpunkt der kognitiven Therapie nach Beck bildet dagegen eher die „kognitive Umstrukturierung": Der Betroffene lernt in mehreren Schritten, seine negative Weltsicht, die er aufgrund kognitiver Fehler (→ Seite 51) entwickelt hat und aufrecht erhält, zu korrigieren. Tagesprotokolle, also Aufzeichnungen, in denen der Patient alltägliche belastende Situationen, die dazugehörigen negativen Gedanken und Gefühle und die für ihn typischen Verallgemeinerungen festhält, helfen, die logischen Fehler bewußt zu machen. Durch gezielte Fragen versucht der Therapeut, den Patienten dazu zu bringen, seine Gedanken an der Realität zu messen, seine Fehler zu korrigieren und gedankliche Alternativen zu entwickeln. Es geht dabei nicht einfach um „positives Denken", wie oft fälschlicherweise angenommen wird. Denn der schwierigste Schritt ist es, gedankliche Alternativen zu entwickeln, die auch in Belastungssituationen eine Chance zur Realisierung haben. Solche „Realitätstests", das heißt das Aufsuchen oder Herstellen von Situationen, in denen die neu entwickelten Einstellungen erprobt werden, bilden denn auch die letzte Phase der Therapie.

Einfach positiv denken!?

Diese Wunderformel bekommen wohl heute fast alle depressiven Menschen als vermeintlich guten Rat zu hören. Selbst bei Patienten, die wegen einer Depression stationär behandelt werden müssen, kann man die Aufforderung, positiv zu denken, in Gestalt des gleichlautenden Buchtitels von Doktor Murphey auf dem Nachttisch vorfinden.

Das Prinzip, das hier vorgeschlagen wird, wirkt – so zumindest der Anspruch des Autors – denkbar einfach: Der depressive Mensch denkt negativ – und das tut er ja tatsächlich, wie wir gesehen haben –, und dagegen hilft nur positives Denken, das alle negativen Zusammenhänge auflöst und neue Bewertungen setzt.

Aber: Nicht das ist gemeint, wenn Psychotherapeuten von einer kognitiven Umstrukturierung sprechen. Der Lernprozeß, um den es in einer kognitiven Psychotherapie der Depression geht, hat nicht zum Ziel, negative Realität in positive umzudeuten, sondern negative Deutungen an der Realität zu messen, also negatives Denken durch realistisches Denken zu ersetzen.

In der Praxis werden fast nie „reine" Verfahren ausgeübt. Vor allem für die Behandlung depressiver Menschen wurden in den letzten 20 Jahren kombinierte – also verhaltenstherapeutische und kognitive – Behandlungsverfahren entwickelt. Sie folgen dem multimodalen Therapiekonzept. In einer solchen Therapie lernt der Patient, typische depressive Denk- und Verhaltensweisen zu reduzieren. Dabei geht es immer um eine kognitive Umstrukturierung, um die Erweiterung der sozialen Kompetenz und eine allgemeine Aktivierung. Neben Einzeltherapien sind auch Gruppentherapien möglich.

Eine verhaltenstherapeutische Psychotherapie umfaßt im Schnitt 20 bis 45 Sitzungen (jeweils 50 bis 60 Minuten). Auch sie gehört zu den beiden von den Krankenkassen in Deutschland im Gutachterverfahren finanzierten Richtlinienpsychotherapieverfahren. Die Kostenerstattung in Österreich wird auf Seite 103 erläutert.

In vielen Studien ist ihre Wirksamkeit auch im Vergleich mit medikamentöser Therapie nachgewiesen worden. Sie wird auch für schwer depressiv Erkrankte empfohlen. Oft ist dann eine Kombination aus medikamentöser und verhaltenstherapeutischer Therapie sinnvoll.

Interpersonale Psychotherapie

Die interpersonale Psychotherapie (ITP, nach Klerman und Weissman) wurde speziell für die Behandlung Depressiver entwickelt. Sie wird so genannt, weil sie ausdrücklich auf die Veränderung zwischenmenschlicher (interpersonaler) Beziehungen ausgerichtet ist. Auch in ihrem Setting (also in der Gestaltung des therapeutischen Rahmens) wird dieser „interpersonale Aspekt" besonders stark betont. Dies deshalb, weil – so die allgemeine Beobachtung – Depressionen meistens in einem interpersonalen Kontext entstehen, also entweder durch den Verlust einer wichtigen Bezugsperson oder in einem aktuellen zwischenmenschlichen Konflikt.

Ziel einer solchen ITP ist es, das soziale Funktionieren im zwischenmenschlichen Kontext zu verbessern, ohne grundlegende Persönlichkeitsveränderungen ins Auge fassen zu müssen. Das heißt: Das therapeutische Vorgehen ist auf eine bessere Bewältigung der gegenwärtigen Lebenssituation ausgerichtet.

Dabei geht es um die Bearbeitung
- nicht bewältigter Verlusterfahrungen (Trauerarbeit)
- aktueller zwischenmenschlicher Konflikte (zum Beispiel Paarkonflikte)
- von Problemen im Zusammenhang mit sozialen Rollen und deren Veränderungen (zum Beispiel, wenn die Kinder das Haus verlassen)
- von bestimmten Schwierigkeiten, die der Betroffene im zwischenmenschlichen Bereich zeigt (Depressive neigen zum Beispiel dazu, Gestik und Mimik anderer negativ auf sich zu beziehen ...).

Die ITP umfaßt einige wenige Stunden bis zu etwa 40 Behandlungssitzungen. Sie ist klar strukturiert in verschiedene Abschnitte und im allgemeinen von vornherein zeitlich begrenzt. Die Diagnose, eine ausführliche Information des Patienten über seine Krankheit und das Formulieren von Therapiezielen bilden einen wichtigen Bestandteil.

In Deutschland hat sich diese Therapieform noch nicht allgemein durchgesetzt. Sie gehört nicht zu den Richtlinienverfahren. Ob ihre Kosten von den Krankenkassen übernommen werden, kann im Einzelfall davon abhängen, ob der Therapeut für andere Verfahren eine Kassenzulassung hat oder nicht. Rückwirkende Erstattungen im Erstattungsverfahren sind manchmal möglich. Erkundigen Sie sich im Vorfeld bei Ihrer Krankenkasse oder Ihrer Krankenversicherung!

Untersuchungen, welche die Effektivität dieser relativ jungen Therapieform auch im Vergleich mit medikamentöser Behandlung prüften, stellten eine hohe Wirksamkeit vor allem in bezug auf die Zeit nach der Depression fest.

Klientenzentrierte Gesprächspsychotherapie
(nach Rogers)

Die Gesprächstherapie ist in Deutschland und Österreich wohl immer noch die nach den tiefenpsychologischen und verhaltenstherapeutischen Verfahren verbreitetste Therapieform.

Mit dem Zusatz „klientenzentriert" wird betont, daß der Klient (Rogers verwendet „Klient" im Gegensatz zum Begriff „Patient", der eher an Passivität denken läßt) aktiv und von sich aus Hilfe bei der Lösung eines Problems sucht. Er gibt dabei nie die Eigenverantwortlichkeit aus der Hand, steht also im Zentrum der Therapie. Die Grundannahmen einer solchen Therapie sind: Der Klient hat eine eigene Selbstverwirklichungstendenz, die aufgrund negativer Reaktionen auf bestimmte Gefühle, Verhaltensweisen (zum Beispiel in seiner Kindheit) geschmälert oder vielleicht ganz abhanden gekommen ist. In der Therapie wird ihm die Entfaltung dieser Tendenzen wieder ermöglicht, weil der Therapeut sich in den Patienten/Klienten einfühlt, nie wertet, jedes Gefühl, jede Regung akzeptiert. In diesem therapeutischen Klima kann sich der Patient/Klient von sich aus verändern und weiterentwickeln.

Gesprächstherapien finden oft in Einzelsitzungen statt. Gruppensitzungen sind jedoch auch möglich. Ihr Umfang ist variabel. Meistens sind nicht mehr als 30 Stunden vereinbart. Oft werden sie mit anderen Verfahren aus dem verhaltenstherapeutischen Spektrum (zum Beispiel Training der sozialen Kompetenz) kombiniert. In Effektivitätsstudien schnitten solche kombinierten Verfahren besser ab.

Auch die Gesprächstherapie gehört nicht zu den Richtlinienverfahren. Kostenübernahmen im Erstattungsverfahren sind möglich. Erkundigen Sie sich bei Ihrer Krankenkasse oder Krankenversicherung! In Institutionen wie Beratungsstellen und Kliniken wird sie häufig angeboten, sie ist Teil der dort praktizierten Behandlung.

Gestalttherapie

Die Gestalttherapie hat sich aus der Psychoanalyse entwickelt und erklärt das Entstehen von Depressionen ganz ähnlich. Selbstabwertung, Selbstvorwürfe werden dem Austragen notwendiger Konflikte und dem Erleben der dazugehörigen Gefühle wie zum Beispiel Wut und Ärger vorgezogen.

Im Gegensatz zur Psychoanalyse betont sie – ebenso wie die klientenzentrierte Gesprächstherapie – die Fähigkeit des Menschen zur Selbstregulation. Diese Fähigkeit liegt in der Verantwortung des Individuums. Ihre Voraussetzung jedoch ist die bewußte Wahrnehmung der eigenen Bedürfnisse und die Fähigkeit, mit der Außenwelt in Kontakt zu treten.

In der Therapie sollen die Klienten (auch Gestalttherapeuten ziehen diesen Begriff vor) lernen, spontaner zu sein, ihre Gefühle besser zu artikulieren und eigenen und fremden Gefühlen mehr Rechnung zu tragen. Soweit die Gründe für die momentane depressive Erkrankung des Patienten in seiner Lebensgeschichte liegen, werden sie in der therapeutischen Sitzung durch verschiedene für die Gestalttherapie typische Techniken (Rollenspiel, leerer Stuhl, Körperarbeit, Gestaltdrama) aktualisiert.

Gestalttherapie findet in Einzel- und Gruppensitzungen statt. Ihr Umfang ist variabel, sie dauert meist länger als Verhaltenstherapien und eine Gesprächstherapie.

Auch hier gilt: Erkundigen Sie sich im Vorfeld über eine mögliche Übernahme der Kosten. Die Gestalttherapie gehört nicht zu den Richtlinienverfahren. In Beratungsstellen und Kliniken wird sie häufig angeboten. Über die Effektivität gibt es bisher wenige vergleichende Studien, was aber nicht ausschließt, daß es sich auch hier um ein wirksames Verfahren handelt.

Familientherapie

Familientherapeutische Verfahren gehen von der Tatsache aus, daß jeder Mensch in einem Geflecht von Beziehungen lebt und eigentlich ohne dieses Beziehungsgeflecht – meist die Familie – nicht vorstellbar ist. Vor allem bei Kindern und Jugendlichen, oft jedoch auch bei Erwachsenen, wird deutlich, daß die Symptome des Therapiesuchenden nicht ohne seine Familie, in der er lebt oder aus der er stammt und aus der er sich bisher nicht lösen konnte, verstanden und verändert werden können. Oft zeigt sich der Patient auch nur als „Symptomträger" der Familie. Eine Veränderung im Patienten kann deshalb – so die Theorie – auch nur durch die Veränderung der Familie stattfinden.

Diesen Ansatz verfolgt am konsequentesten die systemische Therapie: Sie versteht die Symptome des Patienten immer als Symptom der ganzen Familie. Gelingt der Familie ein anderer Umgang miteinander, verlieren die Symptome des „Indexpatienten" an Bedeutung und verschwinden. Familientherapien gibt es jedoch auch – weniger strikt systemisch – als verhaltenstherapeutisch oder tiefenpsychologisch fundierte Familientherapie.

Familientherapie ist auch sinnvoll, um depressiven Menschen und ihren Angehörigen einen anderen Umgang mit der Krankheit nahezubringen. Denn jede Depression bedeutet nicht nur Leiden für den Erkrankten, sondern für jeden Angehörigen, der sich zunehmend angegriffen oder überflüssig, ausgestoßen oder überbeansprucht fühlen muß und ganz eigene Gefühle des Ärgers, der Angst, des Verlustes und des Aufgesogenwerdens zu bewältigen hat. Je weniger ihm dies möglich ist, desto schneller entsteht ein Teufelskreis, in dem sich der Depressive wiederum als abgelehnt, wertlos, überflüssig, gehaßt erlebt. In den therapeutischen Sitzungen soll dieser Teufelskreis aufgebrochen werden. Eine andere Form der Kommunikation wird erprobt, und neue Problemlösungsstrategien werden entwickelt.

Familientherapeutische Behandlungen, an denen möglichst alle Familienmitglieder teilnehmen, sind meist sehr kurz – sie umfassen häufig nicht mehr als sechs bis zwölf Sitzungen in oft unregelmäßigen Abständen.

Die systemische Familientherapie gehört nicht zu den Richtlinienverfahren. In Beratungsstellen und Kliniken wird sie häufig angeboten. Familientherapeutische Elemente finden sich in vielen verhaltenstherapeutischen und tiefenpsychologischen Verfahren. Als solche werden ihre Kosten von den Kassen übernommen.

Existenzanalyse und Logotherapie

Die Existenzanalyse des Wiener Psychiaters und Neurologen Viktor E. Frankl klärt die Lebensumstände, die Logotherapie sucht mit dem Patienten Formen sinnvoller Lebensgestaltung. Die Bewältigung schwieriger, unausweichlicher Lebenssituationen (unheilbare Krankheiten, Verluste) ist ein wichtiger Pfeiler dieser Schule.

Frankl arbeitete in seinen Anfängen in der Betreuung suizidgefährdeter Menschen, heute hat die Therapie vor allem in Österreich Bedeutung in der Prophylaxe, Erziehung und Sozialarbeit. Große Verbreitung fand sie in den 50er und 60er Jahren in Nord- und Südamerika. In Deutschland hingegen ist sie nicht mehr vertreten.

Und jetzt?

Ganz allgemein läßt sich aufgrund heutiger Forschungslage sagen: Für die Behandlung einer akuten schweren Depression zeigten spezielle Verfahren, die eigens zur Depressionsbehandlung entwickelt wurden, bessere Erfolge als zum Beispiel die psychoanalytische Langzeittherapie. Ob dies auch auf eine langfristige therapeutische Effektivität, also im Sinne einer Vorbeugung zutrifft, ist noch nicht hinreichend geklärt. Denn wie wir gesehen haben, ist es schwierig, die einzelnen Psychotherapieansätze und -verfahren im Vergleich objektiv und empirisch auf ihre Wirkung für den einzelnen zu beurteilen. Dies jedoch wäre die Grundlage einer Standardempfehlung für eine Psychotherapie der Depression.

Trotz vieler Debatten in Expertenkreisen und vom Ansatz her sehr unterschiedlicher Konzepte für die bestmögliche Behandlung einer Depression wird in der Praxis heute zunehmend eine Kombination verschiedener Methoden gewählt.

Was für Betroffene und Angehörige aber noch sehr viel wichtiger ist als die „reine Lehre" eines Psychotherapieverfahrens: das Vertrauen des Patienten in das Verfahren und seine Möglichkeit, mitzuarbeiten. Nicht jedem liegt die abstinente Haltung des Psychoanalytikers. Viele brauchen den Blickkontakt, um sich angenommen zu fühlen. Nicht jedermanns Sache ist auch die wirklich tiefgehende „Selbsterkenntnis", die durch eine Langzeitanalyse angestrebt wird. Manchen Menschen liegt die direktive Vorgehensweise eines Verhaltenstherapeuten mehr, die ihm sagt, „wo es langgeht". Alles andere macht Angst. Es hat also keinen Sinn, einem depressiven Menschen eine Therapie vorzuschlagen, die er niemals für sich akzeptieren könnte, und noch weniger sinnvoll ist es, eine Psychotherapie bei einem Psychotherapeuten zu beginnen, der kein Vertrauen einflößt. Die persönliche „Chemie" muß stimmen.

Wie finde ich einen Psychotherapeuten?

Es gibt mehrere Möglichkeiten, eine Psychotherapeutin/einen Psychotherapeuten zu finden.

In Deutschland

- Wenn Sie schon in psychiatrischer oder hausärztlicher Behandlung sind, sprechen Sie mit Ihrem Arzt. Er sollte einen für Sie und „Ihre" Depression geeigneten Psychotherapeuten nennen können.
- Wenn nicht, rufen Sie Ihre Krankenkasse an. Sie wird Ihnen eine Liste von Psychotherapeuten (mit Kassenzulassung) zusenden.
- Empfehlung durch Bekannte/Freunde.
- Gelbe Seiten im Telefonbuch – Stichwort Psychotherapie. Wichtig: Fragen Sie nach Ausbildung, Methode, Erfahrung und Zulassung. Leider bieten auch sehr viele Kurpfuscher in den Gelben Seiten ihre Dienste an.

Haben Sie eine Adresse (möglichst in Ihrer Nähe – Sie werden viele Termine wahrnehmen müssen!) bekommen, einfach anrufen und einen Termin ausmachen (ein Überweisungsschein ist für dieses erste Gespräch auch bereits heute nicht nötig, → Seite 102). Klären Sie jedoch vorher die Kostenübernahme durch einen Anruf bei Ihrer Versicherung, Ihrer Krankenkasse. Sie wissen: Nicht jede Psychotherapie wird von der Krankenkasse finanziert, und nicht jeder Psychotherapeut hat eine Kassenzulassung. Dies gilt auch für Privatversicherungen. Also: Auch wenn Sie privatversichert sind oder beihilfeberechtigt, klären Sie immer im Vorfeld die Kostenübernahme durch einen Anruf bei Ihrer Versicherung. Ein „Erstgespräch" kann aufwühlen, eine Beziehung ermöglichen, Vertrauen und erste Bindungen schaffen, Barrieren einreißen ... Wenn dann eine Fortführung allein an der Kostenübernahme scheitern sollte, kann dies sehr schmerzlich sein.

- Wenn Sie für Ihr Kind einen Psychotherapieplatz suchen, kann eine erste Beratung in einer Familien- und Erziehungsberatungsstelle sinnvoll sein (Träger sind meist die Stadt oder die Gemeinde und verschiedene freie Träger wie Caritas, Diakonisches Werk, Arbeiterwohlfahrt). Je nach Ausbildung der dort angestellten Psychologen oder Kinder- und Jugendlichen-Psychotherapeuten werden manchmal auch längere Therapien angeboten.

In Österreich

- Fragen Sie Ihren praktischen Arzt. Die meisten Ärzte werden Ihnen inzwischen einige Therapeuten in der Umgebung nennen können.
- Eine weitere Möglichkeit: Sie wenden sich an den jeweiligen Psychotherapie-Landesverband (→ Seite 254). Sie können Ihr Anliegen am Telefon kurz skizzieren; die Berater treffen dann mit Ihnen eine Vorauswahl und nennen einige

Therapeuten. Das sind dann solche, die zum einen von ihrem Arbeitsschwerpunkt am ehesten für Ihr konkretes Problem geeignet sind und zum anderen in erreichbarer Entfernung ihre Praxis haben – sofern es überhaupt welche in Ihrer Region gibt (die Versorgung auf dem Land ist teilweise sehr schlecht).

● Fragen Sie auch bei Ihrer Krankenkasse. Es werden bisweilen kostenlose Therapien angeboten.

● Bei Problemen von Jugendlichen kann auch der Schulpsychologische Dienst eine Anlaufstelle sein.

● Wer noch ausreichend Zeit und Kraft hat, dem sei das „Handbuch für Psychotherapie und psychosoziale Einrichtungen" empfohlen (→ Seite 258). Darin findet sich unter anderem ein ausführliches Namens- und Adressverzeichnis.

● Auch das Telefonbuch hat eine eigene Rubrik mit der Bezeichnung „Psychotherapeut".

Für den ersten Besuch brauchen Sie keine Überweisung. Sie können nach Terminvereinbarung einfach hingehen.

Wer übernimmt die Kosten?

Regelung in Deutschland

In Deutschland gehört Psychotherapie zum Leistungskatalog der gesetzlichen Krankenkassen, das heißt, ihre Kosten werden (heute noch vollständig – eine Zuzahlung von 10 DM wird es ab 1999 geben) von der Krankenkasse übernommen (bei Privatversicherungen gelten meist ähnliche Bedingungen. Erkundigen Sie sich jedoch auf jeden Fall bei Ihrer Versicherung, welche Psychotherapie und vor allem wie lange sie die Kosten hierfür übernimmt).

Die gesetzlichen Krankenkassen beschränken sich allerdings in ihrer Leistungspflicht auf die Verfahren, die sich auf tiefenpsychologische oder verhaltenstherapeutische Grundlagen berufen (→ Seite 90).

Für diese Verfahren gibt es niedergelassene Psychotherapeuten, also psychotherapeutisch tätige Ärzte, Psychologen und Kinder- und Jugendlichen-Psychotherapeuten, die an einem von den Ärztekammern anerkannten Ausbildungsinstitut ihre Weiterbildung zum Psychotherapeuten absolviert haben. Sie rechnen direkt mit der kassenärztlichen Vereinigung ab.

Die Kosten für die anderen obengenannten Verfahren wurden bis vor kurzem von den Kassen noch im „Erstattungsverfahren" übernommen: Sie suchten sich einen Therapeuten und verhandelten dann mit Ihrer Krankenkasse wegen der Kostenerstattung. Im Zuge des steigenden Kostendrucks haben die Krankenkassen diese Vorgehensweise aber weitgehend eingestellt. Sprechen Sie im Einzelfall mit Ihrer Krankenkasse. Es gibt immer noch Ausnahmen.

Mit Inkrafttreten des Psychotherapeutengesetzes 1999 werden auch andere Verfahren von den Kassen übernommen. Immer gilt jedoch: Der behandelnde Psychotherapeut muß in einem ausführlichen Bericht die Notwendigkeit einer Psychotherapie begründen und darlegen, weshalb gerade sein Verfahren anzuwenden ist. Der Bericht muß die Symptomatik enthalten, ihre Entstehung und die (Kranken)Geschichte des Patienten. Ein Gutachter trifft dann die Entscheidung über die Kostenübernahme durch die Krankenkasse.

Regelung in Österreich

Psychotherapien nach nicht offiziell anerkannten Methoden muß der Patient zur Gänze aus der eigenen Tasche bezahlen. Für anerkannte psychotherapeutische Verfahren (→ Seite 89) gibt es hingegen folgende Möglichkeiten:

Kostenlose Angebote

Einige Ambulatorien bieten Psychotherapie auf Krankenschein, ebenso Einrichtungen, die von Bund, Land oder Gemeinden getragen werden. Das sind etwa Frauen-, Familien- und Erziehungsberatungsstellen, Kriseninterventionszentren oder Beratungen des Schulpsychologischen Dienstes. Die Anzahl der Sitzungen kann auf 20 begrenzt sein. Nachteil: Mitunter müssen Sie einen Selbstbehalt beisteuern. Die Kapazitäten sind beschränkt, daher manchmal lange Wartezeiten.

Zuschuß (= teilweise Refundierung) von der Krankenkasse

Die Krankenkasse übernimmt bei frei niedergelassenen Psychotherapeuten einen Teil der Behandlungskosten unter folgenden Bedingungen:

- Der Psychotherapeut muß eine Honorarnote stellen.
- Nach der ersten beziehungsweise vor der zweiten Sitzung müssen Sie eine Bestätigung über eine ärztliche Untersuchung vorlegen. Sie soll ausschließen, daß körperliche Ursachen der Grund für das Leiden sind.

Die Krankenkassen zahlen – Stand Januar 1998 – für die Behandlung folgende Sätze:

Bei Psychotherapeuten, die nicht Ärzte sind:
für 1 Stunde (50 Minuten) Einzeltherapie .... 300 öS
für 1/2 Stunde (25 Minuten) Einzeltherapie .... 170 öS
für 90 Minuten Gruppentherapie .... 100 öS

Bei psychotherapeutisch ausgebildeten Ärzten:
für 1 Stunde (50 Minuten) Einzeltherapie .... 791,00 – 833,00 öS
für 1/2 Stunde (25 Minuten) Einzeltherapie .... 400,00 – 450,00 öS
für 90 Minuten Gruppentherapie..................... 82,20 – 93,50 öS

● Der Psychotherapeut muß einen Fragebogen der Krankenkasse ausfüllen. Er muß nach der zehnten Sitzung bei der Krankenkasse eingereicht werden, sonst zahlt sie keine weiteren Zuschüsse. Die ersten zehn Behandlungen sind bewilligungsfrei. Sie müssen die Behandlung zuerst aus der eigenen Tasche bezahlen. Danach reichen Sie die Honorarnote ein, müssen die Genehmigung abwarten und erhalten dann einen Teil der Kosten refundiert.

Die Höhe des Honorars, das der Therapeut verlangt, hat auf die Höhe des Zuschusses keinen Einfluß. Den Rest müssen Sie bezahlen. Die Tarife für Einzeltherapie betragen derzeit durchschnittlich 700 bis 1 000 öS pro Sitzung, können aber auch wesentlich höher sein. Für eine Gruppentherapie verrechnen Therapeuten in der Regel 250 bis 400 öS pro Person und Sitzung.

Die Behandlung bei „Psychotherapeuten in Ausbildung unter Supervision" bezahlt die Kasse in keinem Fall. Dafür ist aber deren Honorar in der Regel wesentlich niedriger als das der etablierten Psychotherapeuten. „Supervision" bedeutet, daß die Nachwuchstherapeuten bei einem erfahrenen Therapeuten über ihre Arbeit, Erfahrungen und Probleme sprechen können.

Und zum Schluß: Einige Tips für Ihre Suche

● Machen Sie sich kundig über die einzelnen Verfahren (→ Seite 88). Welches „spricht" Sie an? Mit welchem können Sie augenblicklich wenig anfangen?
● Machen Sie sich kundig über die Ausbildung und Vorerfahrung des in Frage kommenden Therapeuten. „Kurpfuscher", „Magier", „Heiler", die es leider auf dem Psychomarkt zuhauf gibt, sind nichts für Sie!
● Holen Sie Empfehlungen ein, aber:
● Vertrauen Sie mehr auf Ihr Urteil und Ihr Gefühl. Der beste Therapeut Ihrer Freundin muß nicht auch für Sie „passen".

Und: für Angehörige und Freunde von Betroffenen

Für jemanden, der depressiv ist, mögen diese Tips nutzlos sein. Häufig reicht weder die Energie noch die Zuversicht. Depressive Menschen haben auch oft die Scheu, nachzuhaken, kritisch zu sein oder einfach „nein" zu sagen. Deshalb: Unterstützen Sie den Betroffenen bei der Suche, sprechen Sie mit ihm über die möglichen Therapieverfahren. Manchmal ist sogar Ihre Unterstützung bei der Anmeldung notwendig (stellen Sie gegebenenfalls dem Psychotherapeuten die wichtigen Fragen nach Ausbildung, Erfahrung, nach Vorgehensweise und Zielen der Therapie – viele depressive Menschen „trauen" sich das einfach nicht). Aber überfahren Sie den Patienten nicht. Es ist seine Psychotherapie!

Das Erstgespräch

Jede Psychotherapie beginnt mit dem „Erstgespräch". Haben Sie Vertrauen! Der Psychotherapeut kennt Ihre Krankheit. Sie können sicher sein, daß er Sie aufgrund seiner Ausbildung und seiner Erfahrung mit vielen Menschen, denen es wie Ihnen geht, weder als lächerlich, schuldig oder unfähig oder gar als dumm empfindet. Kümmern Sie sich also nicht um den Eindruck, den Sie machen könnten.

Es ist wichtig, daß Sie – auch wenn es Ihnen schwerfallen sollte – offen über Ihre Gedanken, Gefühle, Ängste und Sorgen, aber auch über mögliche körperliche Beschwerden sprechen. Auch wenn Sie eine Überweisung (einschließlich Diagnose) zur Psychotherapie vorgelegt haben, wird der Psychotherapeut noch einmal eine ausführliche Anamnese erheben (Fragen nach der Geschichte der Krankheit und Ihrer Lebensgeschichte) und sich sein eigenes Bild von der Krankheit machen müssen (→ Seite 79). Seine Aufgabe ist es, für sich zu entscheiden, ob in Ihrem Fall (s)ein Psychotherapieverfahren das Mittel der Wahl ist. Aber: Die letzte Entscheidung, ob dem Erstgespräch weitere psychotherapeutische Sitzungen folgen werden, liegt bei Ihnen.

Fragen, die Sie sich nach dem ersten Gespräch stellen sollten

- Nimmt die Therapeutin, der Therapeut mich ernst?
- Haben wir miteinander gesprochen oder sie oder er mit mir oder gar über mich?
- Ist sie oder er an mir interessiert? (Zum Beispiel: Sieht sie oder er mich an?)
- Beantwortet sie oder er meine Fragen oder weicht sie oder er aus?
- Stimmen die Ziele, die sie oder er für mich und meine Psychotherapie formuliert, mit meinen Vorstellungen überein?
- Fühle ich mich nach dem Erstgespräch „aufgebaut", angenommen?
- Bin ich nach diesem Erstgespräch zuversichtlicher?

Nur wenn Sie diese Fragen mit Ja beantworten können, sind Sie gut aufgehoben.

Die zweite Säule

Biologisch orientierte Verfahren

Die medikamentöse Behandlung hat sich mittlerweile zu einer Hauptsäule der Therapie entwickelt. Ohne sie sind die entscheidenden Erfolge in der Behandlung, wie wir sie heute verzeichnen können, nicht denkbar.

Eine kurze Geschichte der Antidepressiva und wie sie wirken

Schon lange vor der Entwicklung der modernen Antidepressiva unternahmen Ärzte den Versuch, depressive Symptome durch Medikamente zu mildern, die auf das zentrale Nervensystem wirken. Es wurden vor allem Opiate (also chemische Abkömmlinge des Opiums) und verschiedene alkoholische Rezepturen an depressive Patienten verabreicht, ohne daß diese Maßnahmen jedoch einen längerfristigen Effekt hervorriefen. Es kam allenfalls zu einer kurzfristigen Beruhigung und Entlastung.

Mitte der 50er Jahre dieses Jahrhunderts entdeckte dann ein amerikanischer Psychiater, daß ein Medikament, das eigentlich zur Tuberkulosebehandlung entwickelt worden war, bei depressiven Patienten eine deutliche Verbesserung ihrer Erkrankung bewirkte. Das erste moderne Antidepressivum wurde also zufällig entdeckt, lange bevor man seine Wirkungsweise im einzelnen verstand. Erst Tierversuche zeigten: Das „Tuberkulosemittel" hemmt offenbar die Aktivität der Monoaminooxidase, eines Enzyms, dessen Aufgabe normalerweise der Abbau von Neurotransmittern ist. Durch diese Aktivitätshemmung werden weniger Neurotransmitter abgebaut. Die Folge: Auch die uns schon bekannten Neurotransmitter Serotonin und Noradrenalin stehen so im Gehirn in höheren Konzentrationen zur Verfügung. Der therapeutische Erfolg dieser Monoaminooxidasehemmer (MAO-Hemmer) besteht damit in der Erhöhung des Angebots an Neurotransmittern.

Fast zur selben Zeit wurde in der Schweiz ein neues Medikament zur Behandlung der Schizophrenie erprobt, ohne aber die gewünschten Erfolge zu zeigen. Bei depressiven Patienten kam es jedoch zu erstaunlichen Effekten, die sich auch in weiterer Untersuchungen bestätigten. Dabei spielte allerdings ein ganz anderer Wirkmechanismus die entscheidende Rolle: Dieses Medikament hemmt nicht den Abbau der Neurotransmitter wie ein MAO-Hemmer, sondern die Wiederaufnahme in die Nervenendigung, aus der sie zuvor abgegeben worden waren. Die Folge: Auch auf diese Weise steht der jeweilige Neurotransmitter in der Synapse vermehrt zur Verfügung. Das erste Trizyklikum – Imipramin – war entdeckt.

Antidepressiva greifen also direkt an der „Kommunikationsstelle" der Nervenzellen, dem synaptischen Spalt, an und erhöhen dort die Konzentration und damit auch die Wirkung der körpereigenen Botenstoffe.

Nach heutigem Erkenntnisstand sind es im wesentlichen zwei Neurotransmitter, die an der Depressionsentstehung beteiligt sind: Noradrenalin und Serotonin (→ Seite 44). Die meisten Antidepressiva wirken auf diese beiden Neurotransmitter, entweder, indem sie deren Abbau oder ihre Wiederaufnahme hemmen .

„Neuere" Antidepressiva

Ein Problem fast aller Medikamente ist, daß sie nicht nur dort wirken, wo sie wirken sollen, sondern auch an Stellen des Körpers, wo ihre Wirkung nicht erwünscht ist. Viele der in den Beipackbeschreibungen genannten Nebenwirkungen haben darin ihre Ursache. Diese unerwünschten Wirkungen – sie

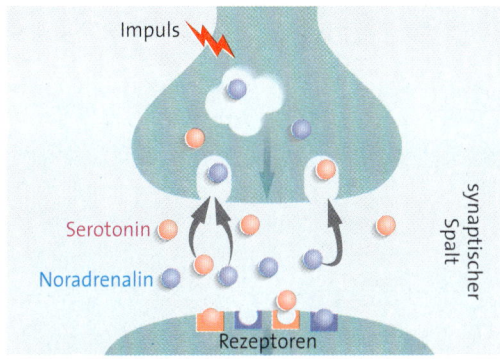

Abgabe und Wiederaufnahme des Botenstoffes: *Nachdem sich der Botenstoff vom Rezeptor gelöst hat, wird er in die abgebende Endigung wieder aufgenommen. Der gesamte Vorgang dauert nur wenige Millisekunden.*

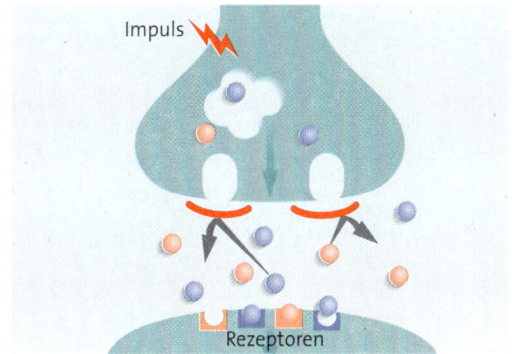

Die Wiederaufnahmehemmung des Botenstoffes: *Die Wiederaufnahme des Botenstoffes in die abgebende (obere) Nervenzelle wird gehemmt; im synaptischen Spalt erhöht sich das Angebot an Botenstoffen.*

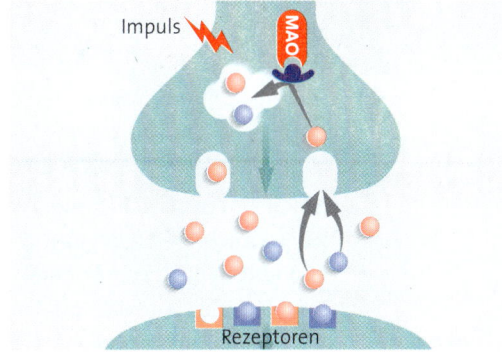

Monoaminooxidasehemmung: *Die Monoaminooxidase baut den Botenstoff im Inneren der Zelle ab. Wird dieser Vorgang gehemmt, kann mehr Botenstoff zum synaptischen Spalt befördert und dort ausgeschüttet werden.*

werden bei den einzelnen Antidepressiva vorgestellt – lassen nicht wenige Patienten die Behandlung abbrechen oder verkürzen. Deswegen ist die Entwicklung von nebenwirkungsarmen Medikamenten ein wesentliches Ziel der medizinischen Forschung.

Inzwischen sind relativ viele neue Wirkstoffe auf dem Arzneimittelmarkt, die zum Teil tatsächlich erheblich weniger unerwünschte Wirkungen zeigen. Manchmal muß dies aber auch mit einer geringeren antidepressiven Wirkung erkauft werden. „Ohne Nebenwirkung keine Wirkung" heißt ein alter Medizinerspruch. Bei der Darstellung der einzelnen Medikamente werden Vor- und Nachteile der neueren Arzneimittel gegeneinander abgewogen.

Die wichtigsten Medikamente

Im folgenden werden wir Ihnen die wichtigsten Antidepressiva vorstellen. Dazu gehört die Darstellung der einzelnen Wirkstoffgruppen mit ihren typischen Wirkungen, aber auch mit den unerwünschten Folgen, die viele Patienten erst einmal vor der Einnahme eines Medikaments zurückschrecken lassen. Die meisten dieser unerwünschten Wirkungen sind aber nicht gefährlich und zudem oftmals nur vorübergehend (wie zum Beispiel Mundtrockenheit). Der Körper gewöhnt sich entweder an sie oder gleicht sie mit Gegenreaktionen aus.

Die verschiedenen Arten

Wirkstoffgruppen und ihre typischen unerwünschten Wirkungen

Die meisten Antidepressiva lassen sich nach ihrem biochemischen Wirkmechanismus oder ihrer chemischen Struktur unterscheiden. Der Wirkmechanismus erklärt oft auch die charakteristischen Nebenwirkungen dieser Medikamente.

Handelsnamen und Substanzbezeichnung

Medikamente haben immer zwei Bezeichnungen: Zum einen die Bezeichnung der chemischen Substanz, aus der das Medikament besteht, der „generic name"; zum anderen den Namen, unter dem es vertrieben wird. Zum Beispiel: Acetylsalicylsäure können Sie unter diesem „generic name" im Handel finden, aber auch als *Aspirin* oder *ASS-ratiopharm,* Namen also, die die Hersteller dem Medikament geben. Auch viele Antidepressiva sind nicht unter ihrem „generic name", sondern unter verschiedenen Handelsnamen im Umlauf.

Die nachfolgende Übersicht enthält nur die wichtigsten Wirkstoffe und gibt sowohl die chemischen Bezeichnungen als auch die bekanntesten Handelsnamen wieder. Es besteht keinesfalls Anspruch auf Vollständigkeit. Einige Arzneimittel wurden vor allem deswegen nicht erwähnt, weil sie angesichts der Vielzahl der verschiedenen therapeutischen Möglichkeiten in der Verordnungspraxis keine wesentliche Rolle mehr spielen und im Grunde genommen entbehrlich sind. Andere Arzneimittel sind erst kurz auf dem Markt, so daß eine Bewertung noch schwerfällt.

Trizyklische Antidepressiva

Der Name erklärt sich aus der chemischen Struktur des Moleküls, aus der diese Medikamente bestehen: Sie ähnelt der Anordnung von drei ringförmigen Bausteinen. Trizyklische Antidepressiva gehören zu den am längsten in der klinischen Praxis eingeführten Wirkstoffen. Imipramin beispielsweise ist seit 1957 und Amitriptylin fast ebenso lange für die Behandlung depressiver Störungen fest etabliert. Sie sind der „Goldstandard" der medikamentösen Depressionsbehandlung: Alle neueren Medikamente müssen sich an ihrer bewiesenen antidepressiven Wirkung messen lassen. Für viele Psychiater sind sie immer noch erste Wahl, gerade weil ihre zuverlässige Wirksamkeit immer wieder bestätigt werden konnte.

Erwünschte und unerwünschte Wirkungen

Die meisten trizyklischen Antidepressiva wirken auf mehrere Botenstoffe des Gehirns, auf mehrere Transmittersysteme, vor allem auf Serotonin und Noradrenalin, aber auch auf Acetylcholin, Histamin und andere. Die Wirkung auf andere Botenstoffe als Noradrenalin und Serotonin ist zum Teil für die unerwünschten Wirkungen dieser Wirkstoffgruppe verantwortlich.

Die meisten Funktionen unseres Körpers laufen ohne unser Zutun ab, sind also autonom: Sei es die Regulation des Herzschlags, der Atmung, Körpertemperatur oder des Stoffwechsels und der Verdauung. All diese elementaren Körperfunktionen werden vom vegetativen Nervensystem gesteuert, ohne daß wir einen Gedanken darauf verschwenden müssen. Auch dieses Nervensystem hat seine Botenstoffe, wie etwa das Acetylcholin. Und da Medikamente, die wir einnehmen, nicht nur dort wirken, wo sie wirken sollen, sondern im ganzen Körper, können sich Antidepressiva, die die Botenstoffe des vegetativen Nervensystems beeinflussen, auch auf dieses auswirken und dort unerwünschte Folgen hervorrufen.

Die häufigsten unerwünschten Wirkungen trizyklischer Antidepressiva

- Blutdrucksenkung oder Blutdrucksteigerung
- Verlangsamter oder beschleunigter Herzschlag
- Mundtrockenheit oder erhöhter Speichelfluß
- Verstopfung oder Durchfall
- Verstärktes oder vermindertes Schwitzen
- Hitzewallungen oder Frösteln
- Hautrötung oder Blässe
- Müdigkeit oder Schlafstörungen
- Verminderter oder vermehrter Harndrang
- Übelkeit und Erbrechen
- Kopfschmerzen
- Schwindel
- Eng- oder Weitstellung der Pupille
- Schwierigkeiten beim Umstellen der Sehschärfe von Nah- auf Fernsicht oder umgekehrt
- Erhöhung des Augeninnendrucks
- Beeinflussung der Reizleitung am Herzen (kann bei empfindlichen Patienten zu Herzrhythmusstörungen führen)
- Blasenentleerungsstörungen bis zum Harnverhalt
- Bei Männern Erektionsschwäche
- Minderung des sexuellen Verlangens
- Seltener (vorwiegend bei älteren Patienten) kann es auch zu Verwirrtheitszuständen kommen.

Diese Liste wird Sie erschrecken. Aber: Die Erfahrung zeigt, daß derartige unerwünschte Wirkungen bei vielen Patienten gar nicht oder nur abgeschwächt auftreten. Trotzdem muß Ihr Arzt damit rechnen und einige Voruntersuchungen veranlassen, bevor er Ihnen ein Medikament aus dieser Wirkstoffgruppe verordnet (→ Seite 111, 128). Dazu gehören eine Messung des Augeninnendrucks und eine EKG-Untersuchung. Bei älteren Patienten (über 60 Jahre) sollte das EKG auch während der Behandlung überprüft werden.

Symptom der Krankheit oder „Nebenwirkung"?
Ein Problem mit den unerwünschten Wirkungen

Erinnern Sie sich an die Darstellung der körperlichen Symptome der Depression (→ Seite 31)? Sie werden eine ganze Reihe dieser Symptome jetzt bei den unerwünschten Wirkungen der Medikamente wiederfinden. Wie können Sie oder

Ihr Arzt unterscheiden, ob es sich um ein Symptom Ihrer Depression oder um eine Wirkung des verordneten Medikaments handelt? Denken Sie beispielsweise an die sexuellen Funktionsstörungen, die bei depressiven Störungen ausgesprochen häufig sind. Sicher: Wenn diese Störungen erstmals unter Einnahme des Medikaments auftreten, ist es wahrscheinlich, daß sie eine unerwünschte Wirkung eben dieses Mittels darstellen. Es kann aber auch sein, daß das Medikament noch gar nicht wirkt, sondern vielmehr ein neues Symptom der Depression zu den anderen Symptomen hinzugekommen ist und sich wie die anderen während der Behandlung langsam bessern wird.

In vielen Fällen ist es deswegen ratsam, Geduld zu haben und leichtere unerwünschte Wirkungen, die Sie in Ihrem Wohlbefinden nicht massiv beeinträchtigen, hinzunehmen. Es ist nicht sinnvoll, das Medikament häufig zu wechseln, weil all diese Medikamente eine gewisse Zeit benötigen – als Richtwert drei bis vier Wochen –, um ihre Wirkung entfalten zu können. Diese Zeit sollten Sie durchstehen.

Wer sollte diese Medikamente nicht einnehmen? – Kontraindikationen

Patienten mit Blasenentleerungsstörungen, vor allem Männer mit einer Vergrößerung der Prostata, Patienten mit einer Erhöhung des Augeninnendrucks (Glaukom – der sogenannte grüne Star) und Patienten mit einer Magenentleerungsstörung aufgrund einer Verengung des Magenausgangs dürfen Medikamente aus dieser Wirkstoffgruppe nicht verordnet bekommen. Auch bei Herzrhythmusstörungen ist Vorsicht geboten.

Wechselwirkungen mit anderen Medikamenten

Mit einer Vielzahl anderer Medikamente bestehen Wechselwirkungen. Diese kommen häufig dadurch zustande, daß der Abbau sowohl des Antidepressivums als auch des anderen eingenommenen Medikaments durch die Leber verzögert stattfindet. Sie können sich das so vorstellen, daß die Leber einfach „zu viel zu tun hat". Dadurch können die Konzentrationen beider Medikamente ansteigen, von beiden ist durch den verzögerten Abbau mehr als notwendig vorhanden. Es ist dann so, als würden Sie eine wesentlich höhere Dosis zu sich nehmen – die Gefahr der unerwünschten Wirkungen steigt. Eine andere Form der Wechselwirkung läuft genau gegenteilig ab: Die Leber wird durch ein bereits verordnetes Medikament auf Touren gebracht und baut das Antidepressivum nun beschleunigt ab. Dies hat zur Folge, daß der Serumspiegel zu niedrig ist und eigentlich eine höhere Dosis genommen werden müßte, um die gewünschte antidepressive Wirkung zu erzielen.

Aus diesem Grunde ist es wichtig, daß Sie jeden Arzt, der Ihnen ein Medikament verordnet, über alle weiteren Medikamente, die Sie einnehmen, auf dem laufenden halten. Nur so ist es möglich, die oft komplizierten Wechselwirkungen zu berücksichtigen.

Trizyklische Antidepressiva (TZA) – die wichtigsten Wirkstoffe

Wirkstoff	Handelsname*	Einsatzgebiet und Wirkweise	Besondere unerwünschte Wirkungen	Tägliche Dosierung bei ambulanter Behandlung
Amitriptylin	Amineurin (D) Amitriptylin Desitin (D) Amitriptylin-neuraxpharm (D) Laroxyl (D) Novoprotect (D) Saroten Tryptizol (Ö)	Wirkt dämpfend und schlaffördernd. Besonders gut geeignet bei angstbetonten und agitierten Depressionen	Müdigkeit, Schwindel, Mundtrockenheit, Sehstörungen (Akkomodationsstörungen), Vorsicht bei Patienten mit Herzrhythmusstörungen!	bis 150 mg
Amitriptylin-oxid	Equilibrin (D)	Wie bei Amitriptylin	Wirkungen auf das Herz-Kreislaufsystem sollen milder sein.	bis 180 mg
Clomipramin	Anafranil Hydiphen (D)	Vor allem bei Patienten mit gehemmter Depression, aber auch bei Angst und leichter Antriebssteigerung	Ähnlich wie bei Imipramin (→ unten). Vorsicht bei suizidalen Patienten wegen der möglichen Antriebssteigerung!	100 bis 150 mg
Desipramin	Pertofran Petylyl	Wirkt stark antriebssteigernd. Vor allem also bei gehemmt depressiven Patienten	Zu Beginn kann es zu Schlafstörungen und Unruhezuständen kommen.	150 mg
Dibenzepin	Noveril	Stärker antriebssteigernd	Ähnlich wie bei Imipramin (→ unten), in aller Regel geringer ausgeprägt.	bis 240 mg
Doxepin	Aponal (D) Doxepin-neuraxpharm (D) Sinquan (D) Sinequan (Ö)	Wirkung ähnlich wie bei Amitriptylin. Depressionen mit Angst und Unruhe	Ähnlich wie bei Amitriptylin (→ oben).	bis 225 mg
Imipramin	Imipramin-neurax (D) Pryleugan (D) Tofranil	Vor allem bei gehemmten, antriebsgeminderten Depressionen	Allgemeine Nebenwirkungen der Gruppe (→ Seite 110), seltener auch Unruhe und Schlafstörungen	bis 225 mg

* Medikamente ohne nähere Bezeichnung sind sowohl in Deutschland als auch in Österreich erhältlich. Ist das genannte Präparat nur in einem der beiden Länder lieferbar, dann vermerkt dies der entsprechende Zusatz (D) oder (Ö). In Österreich gilt für die genannten Medikamente fast ausnahmslos Rezeptpflicht.

Trizyklische Antidepressiva (TZA) – die wichtigsten Wirkstoffe

Wirkstoff	Handelsname*	Einsatzgebiet und Wirkweise	Besondere unerwünschte Wirkungen	Tägliche Dosierung bei ambulanter Behandlung
Maprotilin	Aneural (D) Deprilept (D) Kanopan (D) Ludiomil Mapro-Gry (D) Maprolu (D) Mapro-Tablinen (D) Maprotilin-neuraxpharm (D) Maprotilin HCl-ratiopharm (D) Mirpan (D) Psymion (D)	Anfänglich leicht dämpfend, auch bei Angst und Unruhe geeignet	Nebenwirkungen etwas geringer als bei Amitryptilin oder Imipramin (→ Seite 112). Schwindel und stärkere Müdigkeit besonders zu Beginn der Behandlung. Allergische Hautreaktionen sind möglich.	bis 150 mg
Nortriptylin	Nortrilen	Deutlich antriebssteigernd, vor allem bei gehemmten und ängstlichen Depressionen	Eher gering, ansonsten wie bei Amitriptylin (→ Seite 112).	bis 150 mg
Trimipramin	Herphonal (D) Stangyl Trimipramin-neuraxpharm (D)	Depressionen mit Angst und Unruhe, besonders auch bei Schlafstörungen	Ähnlich wie bei Amitryptilin (→ Seite 112), in aller Regel aber geringer ausgeprägt	bis 225 mg

Selektive Serotonin-Wiederaufnahmehemmer

Erwünschte und unerwünschte Wirkungen

Bei den selektiven Serotonin-Wiederaufnahmehemmern handelt es sich um relativ „junge" Antidepressiva. Die ersten Medikamente dieser Art wurden in Europa erst gegen Ende der 80er Jahre eingeführt. Wie oben dargestellt, führen sie zu einer Hemmung der Serotonin-Wiederaufnahme an den Kontaktstellen der Nervenzellen. Somit steht der Botenstoff Serotonin in höherer Konzentration zur Verfügung. Diese Medikamente wirken also gezielt auf das serotonerge Neurotransmittersystem.

Ihre Wirksamkeit wurde im Vergleich mit den herkömmlichen trizyklischen Antidepressiva – besonders in der Anfangsphase der Markteinführung – angezweifelt. Manche Ärzte vertraten die Meinung, diese Art von Medikamenten sei wohl eher für die Behandlung von leichteren Depressionen geeignet, während für die Behandlung von schweren Depressionen auf die altbewährten Wirkstoffe zurückgegriffen werden müsse.

Diese Zweifel können aber nach der breiten klinischen Erfahrung und den wissenschaftlichen Untersuchungen, die zu dieser Wirkstoffgruppe vorliegen, nicht aufrechterhalten werden. Selektive Serotonin-Wiederaufnahmehemmer sind sehr wohl auch zur Behandlung schwerer Depressionen geeignet. Der Grund, daß sie bei manchen Menschen nicht oder nicht ausreichend wirken, liegt offenbar darin, daß sie nur ein Transmittersystem ansprechen.

Ein wesentlicher Vorteil dieser Wirkstoffgruppe liegt in den schwächer ausgeprägten unerwünschten Wirkungen.

Da sie gezielt auf das serotonerge System wirken, beeinflussen sie andere Neurotransmitter praktisch überhaupt nicht oder nur wenig. Dies hat zur Folge, daß sie ein ziemlich einheitliches Nebenwirkungsspektrum haben. Die Wirkstoffe unterscheiden sich vor allem in der Bindungskraft an den Serotoninbindungsstellen des Gehirns und darin, wie lange sie oder ihre Stoffwechselprodukte im Organismus verbleiben. Dies kann bei einer Therapieumstellung einen zeitlichen Sicherheitsabstand notwendig machen, damit unerwünschte Wechselwirkungen mit anderen Medikamenten vermieden werden können.

Die unerwünschten Wirkungen der Serotonin-Wiederaufnahmehemmer

- Übelkeit
- Brechreiz
- Durchfall (seltener Verstopfung)
- Kopfschmerzen
- Innere Unruhe
- Verzögerung von Orgasmus und Ejakulation
- Schlafstörungen
- Schwitzen
- Sehr selten (vor allem bei älteren Patienten) Bewegungsunruhe

Wer sollte Medikamente aus dieser Wirkstoffgruppe nicht einnehmen?

Diese Wirkstoffgruppe ist insgesamt besser verträglich als die trizyklischen Antidepressiva. Von besonderer Wichtigkeit ist bei ihnen allerdings die Frage der Wechselwirkung mit anderen Medikamenten, besonders mit anderen Psychopharmaka. Bei einer Kombination mit einigen Wirkstoffen besteht die Gefahr schwerwiegender Komplikationen.

Solche – gelegentlich notwendigen – Kombinationsbehandlungen muß ein Facharzt überwachen. Eine Kombination mit MAO-Hemmern verbietet sich. Bei Patienten mit schweren Leber- und Nierenleiden ist größte Vorsicht geboten.

Serotonin-Wiederaufnahmehemmer – die wichtigsten Wirkstoffe

Wirkstoff	Handelsname*	Einsatzgebiet und Wirkweise	Besondere unerwünschte Wirkungen	Tägliche Dosierung bei ambulanter Behandlung
Citalopram	Cipramil (D) Seropram (Ö)	Ähnlich wie bei Fluoxetin (→ unten)	Prinzipiell wie bei Fluoxetin, der Wirkstoff ist erst kurze Zeit auf dem Markt. Bezüglich der Wechselwirkungen mit anderen Medikamenten ist die Substanz als günstiger zu bewerten, da sie anders verstoffwechselt wird. Ein MAO-Hemmer muß bereits zwei Wochen abgesetzt sein. Auf einen MAO-Hemmer kann eine Woche nach Absetzen von Citalopram umgestellt werden.	20 bis 40mg
Fluoxetin	Fluctin (D) Fluctine (Ö) Fluoxetin-ratiopharm (D) Mutan (Ö) Felicium (Ö)	Wirkt meist deutlich antriebssteigernd, der Wirkstoff hat keine dämpfenden Eigenschaften. Beim prämenstruellen Syndrom wurden Erfolge beschrieben.	Appetitlosigkeit, Übelkeit, Schwitzen, Erbrechen. Unruhe, Erregung und Schlafstörungen sowie Kopfschmerzen. Gelegentlich Gewichtsreduktion. Der Wirkstoff bleibt nach Erreichen einer wirksamen Konzentration noch zwei bis drei Wochen im Körper nachweisbar. Ein MAO-Hemmer muß bereits zwei Wochen abgesetzt sein. Auf einen MAO-Hemmer darf erst fünf Wochen nach Absetzen von Fluoxetin umgestellt werden.	20 bis 40 mg
Fluvoxamin	Fevarin (D) Floxyfral (Ö)	Wie bei Fluoxetin	Wie bei Fluoxetin. Auf einen MAO-Hemmer darf zwei Wochen nach Absetzen umgestellt werden.	100 bis 200 mg
Paroxetin	Seroxat Tagonis (D)	Wie bei Fluoxetin	Wie bei Fluoxetin. Auf einen MAO-Hemmer darf zwei Wochen nach Absetzen umgestellt werden. In geringem Maße auch Mundtrockenheit, Sehstörungen, verzögerte Harnausscheidung, Verstopfung. Selten Bewegungsstörungen.	20 bis 40 mg
Sertralin	Gladem Zoloff (D) Tresleen (Ö)	Ähnlich wie bei Fluoxetin. Angenommen wird eine besonders gute Wirksamkeit bei der wahnhaften Depression.	Ähnlich wie bei Fluoxetin. Wegen einer anderen Verstoffwechselung bestehen aber weniger Risiken bei Kombinationsbehandlungen (ausgenommen MAO-Hemmer). Insgesamt nur eingeschränkt beurteilbar, da erst kurz auf dem Markt.	50 mg

* Medikamente ohne nähere Bezeichnung sind sowohl in Deutschland als auch in Österreich erhältlich. Ist das genannte Präparat nur in einem der beiden Länder lieferbar, dann vermerkt dies der entsprechende Zusatz (D) oder (Ö). In Österreich gilt für die genannten Medikamente fast ausnahmslos Rezeptpflicht.

MAO-Hemmer

Erwünschte und unerwünschte Wirkungen

Diese Medikamente hemmen die Monoaminooxidase, ein Enzym, das, wie wir gesehen haben (→ Seite 107), für den Abbau von Neurotransmittern im Gehirn verantwortlich ist. Auf diese Weise wird dafür gesorgt, daß die Konzentration der Neurotransmitter ansteigt.

Die unerwünschten Wirkungen dieser Gruppe sind recht gering. Gelegentlich wird über leichte Übelkeit, Mundtrockenheit, Angst, Schlafstörungen und leichte Verdauungsbeschwerden berichtet.

Allerdings war bei den MAO-Hemmern der „ersten Generation" ein wichtiger Punkt zu beachten: Bei diesen Medikamenten mußten die Patienten eine strenge Diätregel einhalten: Auf keinen Fall durften sie Nahrungsmittel zu sich nehmen, die den Eiweißstoff Thyramin enthalten, das heißt beispielsweise keine vollreifen Käse, keine Salzheringe und keinen Rotwein. Andernfalls konnte es zu schwerwiegenden Kreislaufkomplikationen mit bedrohlichen Blutdrucksteigerungen kommen.

Diese Form der nebenwirkungsreichen MAO-Hemmer spielt in der Depressionsbehandlung mittlerweile eine zweitrangige Rolle, weil es MAO-Hemmer gibt, bei denen derartige Wirkungen nicht auftreten, wenn sie in der therapeutisch angemessenen Dosierung verschrieben werden. Bei ihnen müssen Sie sich auch nicht an die genannten Diätvorschriften halten. Unverzichtbar sind diese hingegen, wenn Sie ein Medikament mit dem Handelsnamen *Parnate* oder *Jatrosom N* verordnet bekommen.

Thyraminarme Diät

Auf diese Nahrungsmittel müssen Sie absolut verzichten, wenn eine thyraminarme Diät erforderlich ist

- Alle gereiften Käsesorten, jedoch nicht Frischkäse
- Hefeextrakte (sind in vielen Fertiggerichten wie beispielsweise Tütensuppen oder Soßenpulvern als Geschmacksverstärker enthalten)
- Gereifte Fisch- und Fleischprodukte (zum Beispiel Sardellen, Matjes, Salami, getrocknetes Fleisch)
- Rotwein (besonders Chianti) und aus Rotwein hergestellte Getränke wie Sherry und Portwein

Wechselwirkungen mit anderen Medikamenten

Problematisch ist vor allem die Kombination aus Medikamenten dieses Wirkstofftyps mit anderen Antidepressiva. Kombinieren Sie niemals selbst Antidepressiva, denn dies kann lebensbedrohlich sein! Eine Kombinationsbehandlung mit anderen Antidepressiva ist zwar grundsätzlich möglich, sie muß aber vom Facharzt eingeleitet und überwacht werden!

MAO-Hemmer – die wichtigsten Wirkstoffe

Wirkstoff	Handelsname *	Einsatzgebiet und Wirkweise	Besondere unerwünschte Wirkungen	Tägliche Dosierung bei ambulanter Behandlung
Moclobemid	Aurorix	Besonders geeignet bei Depressionen mit starker Angstkomponente. Gut auch für die Behandlung älterer Patienten geeignet. Bei diesem neueren MAO-Hemmer bestehen für therapeutische Tagesdosierungen bis 600 mg keine der oben genannten Diätvorschriften.	Übelkeit, Schlafstörungen. Kombinationen mit anderen Antidepressiva sollen nur vom Facharzt vorgenommen werden. Vorsicht bei Suizidalität!	450 bis 600 mg
Tranylcypromin	Jatrosom N (D) Parnate (D)	Deutlich antriebssteigernd, gute antidepressive Wirkung vor allem bei gehemmten Depressionen, auch bei Angst. Bei diesen Medikamenten sind die oben genannten Diätvorschriften einzuhalten!	Unruhe, Erregung, Schlafstörungen, Schwitzen. Schwindel und Kopfschmerzen, Blutdrucksteigerungen besonders bei Nichteinhaltung der Diätvorschriften (→ Seite 116)	5 bis 20 mg

Wichtig ist auch, daß MAO-Hemmer zwei Wochen vor einer etwaigen Operation abgesetzt werden müssen, weil sonst die Gefahr von Narkosezwischenfällen besteht. Eine Medikation mit MAO-Hemmern läuft nicht „nebenher". Informieren Sie jeden Arzt oder Zahnarzt vor der Behandlung, wenn Sie Medikamente dieser Art nehmen!

* Medikamente ohne nähere Bezeichnung sind sowohl in Deutschland als auch in Österreich erhältlich. Ist das genannte Präparat nur in einem der beiden Länder lieferbar, dann vermerkt dies der entsprechende Zusatz (D) oder (Ö). In Österreich gilt für die genannten Medikamente fast ausnahmslos Rezeptpflicht.

Weitere Antidepressiva

Es gibt eine ganze Reihe weiterer Antidepressiva. Sie können an dieser Stelle nicht vollständig besprochen werden. Wir konzentrieren uns auf die wichtigsten Wirkstoffe. Da es sich um Medikamente verschiedener chemischer Strukturen handelt, sind die unerwünschten Wirkungen auch nicht so einheitlich anzugeben wie bei den bisher besprochenen Antidepressiva.

Weitere Antidepressiva

Wirkstoff	Handelsname *	Einsatzgebiet und Wirkweise	Besondere unerwünschte Wirkungen	Tägliche Dosierung bei ambulanter Behandlung
Mianserin	Tolvin (D) Mianserin Desitin (D) Mianserin-neuraxpharm (D) Miabene (Ö) Prisma (D)	Angstlösend und dämpfend, wirkt vorwiegend auf das Noradrenalin-System	Anfänglich Müdigkeit. Es können Störungen des weißen Blutbildes auftreten, bei Patienten mit Diabetes mellitus kann es zu Schwankungen des Blutzuckerspiegels kommen.	60 bis 120 mg
Mirtazapin	Remergil Remeran (Ö)	Hemmt sowohl die Aufnahme von Serotonin als auch von Noradrenalin. Schlafanregend, beruhigend	Relativ kurze Zeit auf dem Markt, daher nur eingeschränkt beurteilbar	15 bis 45 mg
Trazodon	Thombran (D) Trittico (Ö)	Bei Depressionen mit Angst, Unruhe, Spannungszuständen, Altersdepressionen und vorherrschend körperlichen Symptomen	Müdigkeit, Mundtrockenheit, Schlafstörungen, Kopfschmerzen, Blutdruckabfall. Bei Männern (selten) Priapismus (= schmerzhafte Penisschwellung)	200 bis 400 mg
Venlafaxin	Trevilor (D)	Relativ neuer Wirkstoff, bislang nur wenig therapeutische Erfahrungen. Der Wirkstoff hemmt die Wiederaufnahme von Serotonin und Noradrenalin. Das Medikament soll einen früheren Wirkungseintritt haben als herkömmliche Antidepressiva.	Übelkeit, Schlaflosigkeit, Nervosität, Schwindel, Schwitzen und Angst. Erhöhungen des Blutdrucks Darf nicht mit MAO-Hemmern kombiniert werden. Bevor auf MAO-Hemmer umgestellt wird, muß eine Woche gewartet werden.	75 bis 375 mg

* Medikamente ohne nähere Bezeichnung sind sowohl in Deutschland als auch in Österreich erhältlich. Ist das genannte Präparat nur in einem der beiden Länder lieferbar, dann vermerkt dies der entsprechende Zusatz (D) oder (Ö). In Österreich gilt für die genannten Medikamente fast ausnahmslos Rezeptpflicht.

Pflanzliches
gegen Depressionen?

Einer Befragung zufolge befürworten 84 Prozent der Bundesbürger pflanzliche Arzneimittel. Dies gilt auch für die Depressionsbehandlung. Und tatsächlich hat die Pflanzenwelt außerordentlich viele Wirkstoffe hervorgebracht, die auf das zentrale Nervensystem des Menschen wirken. Denken Sie nur an Rauschmittel wie Opium, Kokain und Haschisch, die alle aus Pflanzen gewonnen werden. Oder denken Sie an das Coffein der Kaffeebohne oder an das Nikotin der Tabakpflanze. Beide Stoffe wirken nicht nur auf das Herz-Kreislauf-System, sondern beeinflussen auch Funktionen im Gehirn, indem sie die Freisetzung von einigen Neurotransmittern, den beschriebenen Botenstoffen des Nervensystems, anregen. Warum also nicht auch in der Depressionsbehandlung pflanzliche Mittel einsetzen, denen eine günstige Beeinflussung der Stimmung nachgesagt wird?

Die Deutschen und die Pflanzen

Nirgendwo in Europa werden so viele pflanzliche Arzneimittel eingenommen wie in Deutschland. Ein Wissenschaftsmagazin des Fernsehens machte die Probe aufs Exempel. In mehreren europäischen Ländern wurden „Patienten" mit der Aufgabe in Apotheken geschickt, dort typische Beschwerden anzugeben, wie etwa Kopfschmerzen, Schlafstörungen und auch depressive Verstimmtheit. Die deutschen Apotheker gaben ihren Kunden je nach vorgetragenen Beschwerden in bis zu 80 Prozent der Fälle ein pflanzliches Arzneimittel zur Selbstbehandlung an die Hand, in anderen europäischen Ländern spielten diese Medikamente eine nur untergeordnete oder gar keine Rolle.

Johanniskraut

Nur Johanniskrautextrakt ist im engeren Sinne als antidepressiv wirkend anzusehen. Wissenschaftlich abgesichert ist diese antidepressive Wirkung von Johanniskrautextrakt bislang jedoch nur bei leichten bis mittelschweren Depressionen (allerdings gibt es auch hier Stimmen, die diesen Studien methodische Mängel nachsagen). Zum Einsatz bei schweren Depressionen liegen keine positiv bewertbaren Ergebnisse vor.

Wie wirken die Mittel?

Johanniskraut enthält eine Mischung aus von ätherischen Ölen, die das für die antidepressive Wirkung mitverantwortliche Hypericin beinhaltet. Dies ist wiederum ein Gemisch verschiedener Inhaltsstoffe. Welcher von diesen für die antidepressive Wirkung verantwortlich ist und über welchen Wirkmechanismus, ist noch nicht geklärt. Als wahrscheinlich gilt zur Zeit, daß Hypericin unter anderem die Wiederaufnahme von Serotonin hemmt und die Serotonin-Rezeptoren selbst beeinflußt. Eine MAO-Hemmung (→ Seite 106) wird ebenfalls diskutiert. Das heißt, auch diese Mittel nehmen Einfluß auf die Botenstoffe des Nervensystems.

Als wirksam einzustufende Johanniskrautpräparate sind in Deutschland unter anderem folgende Präparate im Handel: *Jarsin, Esbericum forte, Psychatrin, Divinal, Seda, Cesradyston, Kira, Remotiv, Helarium.* In Österreich *Psychotonin.* Die tägliche Dosis bei ambulanter Therapie sollte nicht unter 900 mg Extrakt liegen, es sind auch wesentlich höhere Dosierungen bis 1800 mg üblich.

Unerwünschte Wirkungen

Es werden Übelkeit und Hautreaktionen im Sinne einer erhöhten Empfindlichkeit gegenüber Sonnenlicht angegeben. Wie bei den meisten pflanzlichen Arzneimitteln liegen keine Angaben zu Wechselwirkungen mit anderen Medikamenten vor (dies bedeutet nicht, daß es sie nicht gibt – sie wurden lediglich nicht systematisch untersucht).

Was nicht passieren sollte

Oft besteht beim Patienten, häufig aber auch beim Arzt, gerade gegenüber pflanzlichen Heilmitteln eine fast magische Erwartungshaltung. Diese scheint es zu verbieten, pflanzliche Arzneimittel derselben kritischen Prüfung hinsichtlich erwünschter und unerwünschter Wirkungen zu unterziehen, wie es für synthetische Medikamente getan wird. Aber: Wie bei anderen Medikamenten auch, bedarf die Behandlung mit Johanniskraut immer der Überprüfung und gegebenenfalls der Abänderung und vor allem wie bei jeder Depressionstherapie der Begleitung durch Gespräch, Beratung oder Psychotherapie.

Deshalb: Stellen Sie nach etwa drei Wochen keine deutliche Besserung fest, sprechen Sie mit Ihrem Arzt!

Benzodiazepine

Gelegentlich müssen bei der medikamentösen Behandlung einer Depression auch Präparate verordnet werden, die ihr Hauptanwendungsgebiet bei anderen Störungen haben. Insbesondere sind hier Beruhigungsmittel (die Tranquilizer) vom Benzodiazepintyp zu nennen. Diese Medikamente sind keineswegs für die Dauerbehandlung einer depressiven Störung geeignet. Allenfalls können sie eingesetzt werden, um zu Beginn einer medikamentösen Therapie zur Linderung und Besserung von Angst, Unruhe und Schlafstörungen beizutragen. Diese oft quälenden Symptome haben die Patienten meist schon über Wochen ertragen, bevor sie sich entschließen konnten, Hilfe in Anspruch zu nehmen. Die Erwartungen gegenüber der begonnenen medikamentösen Behandlung sind oft groß. Aber: Auch die beste antidepressive Medikation erfordert Geduld. In solchen Situationen kann sich Ihr Psychiater dann entschließen, Ihnen ein Beruhigungsmittel dieses Typs zu verordnen.

Bei der Einnahme von Tranquilizern besteht aber eine nicht zu unterschätzende Gefahr der Abhängigkeitsentwicklung.

> **Die wichtigsten Beruhigungsmittel vom Benzodiazepintyp**
>
> Die Liste der Handelsnamen dieser Beruhigungsmittel würde sehr lang werden, denn es sind sehr viele Hersteller am Markt, da dieser leider immer ein gutes Geschäft verspricht. Die häufigsten sind *Adumbran, Tranxilium, Tavor, Valium.*
>
> Grundsätzlich sollten sie im Rahmen der Depressionsbehandlung nur in Ausnahmefällen und nicht länger als 14 Tage eingenommen werden. Die Suchtgefahr ist erheblich!

Vorsicht ! Abhängigkeit

Die Wirkung dieser Medikamente ist fast immer ähnlich: Sie wirken schlafanregend (verändern dabei aber den Aufbau des Schlafes), lösen Angst und innere Unruhe, einige entspannen auch verspannte Muskeln.

Eigentlich ganz schön, könnte man meinen. Doch der Teufel steckt im Detail. So gut diese Medikamente zu Anfang wirken, so rasch können sie auch ihre Wirkung verlieren. Da sie – zumindest am Anfang – als sehr angenehm erlebt wird, versuchen die Betroffenen, sich diese Wirkung zu erhalten, und nehmen einfach mehr davon. Die Mediziner sprechen hier von Toleranzentwicklung und Dosissteigerung – beides steht am Anfang einer Entwicklung zur Abhängigkeit von diesen Medikamenten, vergleichbar zum Beispiel mit einer Alkoholabhängigkeit. Die Medikamente dieses Typs entpuppen sich bei unsachgemäßer Einnahme rasch als Suchtstoffe. Deswegen sollten sie niemals als Selbstmedikation (also ohne Verordnung und Verschreibung durch einen Arzt) eingenommen werden und auch bei ärztlicher Verordnung selten länger als über einen Zeitraum von zwei bis drei Wochen. Sprechen Sie Ihren Arzt darauf an, wenn er Ihnen diese Mittel länger verordnet!

Neuroleptika

Ein anderes Kapitel sind die Neuroleptika oder Antipsychotika. Es handelt sich dabei um Medikamente, die bevorzugt bei der Behandlung von schizophrenen oder auch organisch bedingten Psychosen verwendet werden, die aber auch gute Erfolge bei der Behandlung einer wahnhaften Depression aufzuweisen haben.

Warum Neuroleptika bei einer Depression?

Ziel der Neuroleptikabehandlung einer wahnhaften Depression (→ Seite 29) ist es, die Wahngedanken zum Verschwinden zu bringen. Die Neuroleptika bewirken dies auf ähnlichem Weg wie die Antidepressiva: Sie beeinflussen ebenfalls (andere) Transmittersysteme des Gehirns.

Psychiater sprechen auch von einer „Zweizügeltherapie": Das Neuroleptikum wird dabei in Kombination mit einem Antidepressivum so lange gegeben, bis die wahnhaft ausgestalteten depressiven Gedanken verschwunden sind. Erst danach kann auf die weitere Gabe des Neuroleptikums verzichtet und der Patient ausschließlich mit einem Antidepressivum weiterbehandelt werden. Manche Wissenschaftler vertreten auch die Auffassung, daß durch eine kurzdauernde Vorbehandlung mit Neuroleptika die Rezeptoren für die antidepressiven Medikamente sensibilisiert werden und ein besserer Erfolg dieser Behandlung zu erwarten ist.

In aller Regel dauert diese Behandlung aber höchstens einige Tage bis wenige Wochen. Auch zur Dämpfung einer oft unerträglichen Unruhe bei den agitierten Depressionen, können Neuroleptika mit dämpfender Wirkkomponente für einen meist kurzen Zeitraum von einigen Tagen notwendig und sinnvoll sein.

Für diese Neuroleptikabehandlung stehen eine ganze Reihe von Medikamenten zur Verfügung: beispielsweise *Haloperidol, Taxilan, Lyogen oder Fluanxol*. Es gibt viele andere, auf die hier nicht näher eingegangen werden muß. Im folgenden werden nur zwei nicht ganz typische Neuroleptika aufgelistet, denen auch eine leichte antidepressive Wirkung zugesprochen wird und die deswegen von einer gewissen Bedeutung sind.

Neuroleptika

Wirkstoff	Handelsname	Einsatzgebiet und Wirkweise	Besondere unerwünschte Wirkungen	Tägliche Dosierung bei ambulanter Behandlung
Sulpirid	Dogmatil Meresa	In niedriger bis mittlerer Dosierung antidepressiv wirksam, ansonsten gegen Wahnsymptome. Wirkt nicht beruhigend.	Sehr selten Steifigkeit und Krämpfe der Muskulatur. Bei Frauen Ausbleiben der Menstruation und Brustdrüsenschwellung.	150 bis 200 mg
Thioridazin	Melleril	In niedriger bis mittlerer Dosierung leicht anti-depressiv wirksam. Ansonsten Einsatz in der Zweizügeltherapie (→ Seite 122).	Steifigkeit und Krämpfe der Muskulatur. Mund-trockenheit, Verzöge-rung der Ejakulation. Selten Veränderungen des weißen Blutbildes und Herzrhythmus-störungen.	25 bis 200 mg

Was nicht passieren sollte

Leider werden Neuroleptika immer noch häufig als „Aufbauspritze" angeboten oder auch als „Tagestranquilizer" über mehrere Wochen „gespritzt". Um es klar zu sagen: Bei den meisten depressiven Störungen besteht keinerlei Anlaß für eine solche Verordnung.

Im Gegenteil, diese Medikamente – es handelt sich oft um Depot-neuroleptika, die über ein bis zwei Wochen wirken (zum Beispiel Fluspirilene (*Imap*) oder Flupentixol (*Fluanxol*), können im Einzelfall sogar selbst depressive Verstimmungen auslösen oder verstärken. Sie sollten, besteht nicht eine der oben geschilderten Situationen wie Wahnerleben oder quälende Unruhe, für die Behandlung von Patienten mit Psychosen aus dem schizophrenen Formenkreis reserviert bleiben. Eine Verordnung darüber hinaus ist in den Augen vieler Psychiater heute ein Kunstfehler. Fragen Sie also nach, wenn Ihr Hausarzt oder Psychiater Ihnen oder Ihrem Angehörigen eine derartige Injektion anbietet. Lassen Sie sich Wirkung und Nebenwirkung erläutern und auch den Medikamentennamen mitteilen. Ihr Arzt muß Ihnen erklären können, warum er – zeitlich befristet! – vor der Behandlung mit Antidepressiva oder im Rahmen einer Kombinations-behandlung ein Neuroleptikum verordnet.

Psychopharmaka? – Nein, danke!?

Die medikamentöse Therapie einer Depression gilt heute weltweit als eine sichere und effektive Behandlungsmethode. Kaum eine andere psychopharmakologische Behandlungsmethode ist derart gut erforscht und erprobt. Dennoch sind Vorbehalte gegenüber Antidepressiva weit verbreitet. Viele Menschen können sich nicht vorstellen, ein Medikament zu nehmen, das seelische Vorgänge, ihr Erleben beeinflußt. Sie befürchten, durch ein solches Medikament nur ruhiggestellt zu werden, eine unnatürliche chemische Zwangsjacke verpaßt zu bekommen. Sie fürchten den Verlust ihrer Eigenständigkeit. Ebenso häufig sind Ängste, durch ein Medikament im Kern der Persönlichkeit eine Veränderung zu erleiden, als würden vom Arzt Rauschdrogen empfohlen. Mit dieser Befürchtung hängt auch die Angst vor einer möglichen Abhängigkeit, vor einer Medikamentensucht, zusammen. Diese Vorurteile werden zusätzlich von Berichten in den Medien geschürt, in denen ebenfalls häufig von Antidepressiva als „Psychodrogen oder Glückspillen" gesprochen wird.

Was ist dran an diesen Befürchtungen? – Berechtigte Fragen

Machen mich Antidepressiva abhängig?

Nein. Antidepressiva sind keine Tranquilizer. Die allerdings können tatsächlich abhängig machen. Bei ihnen kann mit der Zeit ein Wirkungsverlust eintreten , so daß zur Erreichung des gewünschten Effekts die Dosis erhöht werden muß (→ Seite 121). Bei Antidepressiva ist dies nicht so. Sie haben kein Abhängigkeitspotential. Ihr Absetzen führt auch nicht zu Entzugserscheinungen.

Machen Antidepressiva high?

Nein. In der Depression ist die Antriebssteigerung als Wirkung dieser Mittel eine erwünschte Wirkung. Die Erfahrung hat gezeigt: Bei Menschen, die nicht depressiv sind, wirken Antidepressiva nicht in diesem Sinne, auch wenn das in der Laienpresse immer wieder behauptet wird.

Verändert sich mein Gefühlsleben, wenn ich Antidepressiva nehme?

Nein. Durch die Behandlung mit Antidepressiva werden Sie „lediglich" wieder die Gefühle erleben können, die Sie vor Ihrer Depression erlebt haben. Es ist die Depression, die Ihre emotionale Bandbreite einschränkt, und nicht das Medikament. Sie können sich also unter antidepressiver Medikation genauso oft traurig fühlen, wie Sie auch Freude empfinden können. Sie werden ärgerlich und fröhlich sein können – genauso wie früher vor Ihrer Erkrankung.

Muß ich mit einer Gewichtszunahme rechnen?

Ja, aber ... Bei manchen Antidepressiva wie etwa den Trizyklika (→ Seite 109) ist dies unter Umständen möglich. Manche Serotonin-Wiederaufnahmehemmer sind hier günstiger zu bewerten. Eine Vorhersage, wie dies bei Ihnen sein wird, kann jedoch nicht getroffen werden. Die Gewichtszunahme bedeutet im übrigen häufig nur, daß sich Ihr gewohntes Körpergewicht wieder einstellt, nachdem Sie zuvor wegen der Depression erheblich abgenommen hatten.

Muß ich meine Lebensgewohnheiten ändern,
wenn ich ständig diese Medikamente nehme?

Manchmal. Einige Antidepressiva verlangen eine Umstellung der Ernährung, zum Beispiel einige MAO-Hemmer (› Seite 116). Bei den meisten Medikamenten ist beim gleichzeitigen Genuß von Alkohol Vorsicht geboten.

Die ärztliche Erfahrung zeigt, daß völlige Abstinenz in unserer Gesellschaft recht schwierig sein kann. Deshalb die folgenden Ratschläge: Vermeiden Sie unter allen Umständen exzessives Trinken. Finden Sie vorsichtig für sich heraus, wie Alkohol bei Ihnen wirkt, wenn Sie während der laufenden antidepressiven Behandlung geringe Mengen zu sich nehmen. Die Devise sollte aber eigentlich sein: Alkohol schadet, und Sie sollten darauf verzichten. Er verbietet sich dann gänzlich, wenn der Beipackzettel Ihres Medikaments einen Warnhinweis enthält. Bei einigen neueren Antidepressiva gibt es kein derartiges Verbot. Aber auch bei ihnen gilt: Fahren Sie niemals in einer solchen Situation mit Ihrem Auto! Im übrigen sollten Sie daran denken, daß Alkohol an sich depressiv machen kann (→ Seite 76), besonders wenn er kontinuierlich über Jahre getrunken wird. Sie müssen diese Frage auf jeden Fall mit Ihrem Arzt besprechen. Dabei sollten Sie ehrlich über Ihre Trinkgewohnheiten, auch in Ihrer Vorgeschichte, sprechen.

Wie lange muß ich die Medikamente einnehmen?

Bei einer Ersterkrankung, die eine medikamentöse Behandlung erforderlich macht, empfehlen die meisten Psychiater einen Zeitraum von rund sechs Monaten als minimale Behandlungsdauer. Anders stellt sich dies bei Patienten und Patientinnen mit wiederkehrenden Depressionen dar. Hier können die Zeiträume sehr viel länger bemessen sein (→ Seite 71). Ein „ausschleichendes" Absetzen wird empfohlen.

Und wenn das Medikament nicht wirkt?
Werden an mir neue Medikamente ausprobiert?

Ihr Arzt sieht es Ihnen von außen nicht an, ob Sie beispielsweise mehr von einer Medikation profitieren werden, die in das Serotonin- oder in das Noradrenalin-system eingreift. Sein endgültiger Behandlungsplan hängt also vom Erfolg oder Mißerfolg des Medikaments ab , mit dem begonnen wird. Es kann also tatsächlich notwendig werden, während einer Behandlung das Mittel zu wechseln.

Was ist, wenn ich während einer Behandlung
mit Antidepressiva schwanger werde?

Es gibt zwar Hinweise, daß viele Antidepressiva keine ernsten Komplikationen während der Schwangerschaft verursachen. Sie sollten jedoch auf Nummer sicher gehen. Es liegen einfach noch zu wenige Erkenntnisse über diesen Bereich vor. Grundsätzlich ist zu empfehlen, daß Sie, solange Sie Antidepressiva, welcher Art auch immer, einnehmen, eine zuverlässige Verhütungsmethode wählen. Jedes Medikament kann sich letztlich fruchtschädigend auswirken. Bei einem erklärten Kinderwunsch sollte also eine antidepressive Medikation unterbrochen werden. Anders ist dies, wenn eine Frau schwanger wird, die unter einer schweren Depression mit Suizidalität leidet. In diesem Fall muß eine Unterbrechung der antidepressiven Medikation sehr sorgfältig mit dem Risiko einer unbehandelten depressiven Störung abgewogen werden. Dies ist immer eine Einzelfallentscheidung, die Sie auf jeden Fall mit Ihrem Psychiater und Ihrem Frauenarzt besprechen müssen. Die Einnahme von Antidepressiva ist keine zwingende Indikation für einen Schwangerschaftsabbruch.

Die Anwendung in der Stillzeit ist bislang wenig untersucht. Sie sollten das auf jeden Fall mit Ihrem Arzt besprechen. Grundsätzlich läßt sich wohl sagen, daß die Substanzen Amitriptylin, Clomipramin, Desipramin, Imipramin und Nortriptylin bei strenger Indikationsstellung noch die wenigsten Risiken zu haben scheinen. Allerdings: Zu keiner dieser Substanzen liegen bisher fundierte Langzeituntersuchungen der gestillten Kinder vor.

Können Antidepressiva eine Selbsttötung auslösen?

Nein. Es gibt keinen, die Suizidalität verstärkenden oder gar auslösenden Effekt für die hier aufgeführten Antidepressiva.

Aber Vorsicht: Eine schwere typische Depression geht häufig mit Suizidgedanken einher. Der Selbsttötungsversuch oder gar die Selbsttötung wird jedoch – glücklicherweise – meist durch die depressive Antriebshemmung verhindert. Antidepressive Medikamente können nun bewirken, daß sich am Anfang der Therapie der Antrieb eines Patienten schon verbessert hat, die Gedanken aber noch depressiv und suizidal sind. Dies ist immer eine potentiell gefährliche Situation, weil hier die depressive Antriebshemmung wegfällt, die den Betroffenen letztlich vor dem Suizid schützt. Besonders suizidgefährdete Menschen sollten deshalb zumindest am Anfang der Therapie stationär behandelt werden. Bessert sich nur der Antrieb, halten die Suizidgedanken aber an, kann es nötig sein, den betroffenen Patienten noch so lange mit einem Tranquilizer zu behandeln, bis ihn seine depressiven Gedanken nicht mehr zur Selbsttötung drängen.

Wie lange dauert es, bis mein Medikament wirkt?

In der Regel läßt sich der Erfolg einer antidepressiven Medikation auch bei ausreichender Dosierung erst nach drei bis vier Wochen endgültig beurteilen. Erste Hinweise auf eine Besserung zeigen sich jedoch meist früher: Patientinnen und Patienten schildern zum Beispiel schon in den ersten zehn Tagen, daß sie besser schlafen, sich entspannter fühlen, daß die innere Unruhe vorbei ist, die gefühlsmäßigen Tagesschwankungen weniger geworden sind. Dies sind positive Hinweise, daß mit einer nachhaltigen Besserung zu rechnen ist. Es lassen sich also schon im Verlauf der ersten Tage der Behandlung Anzeichen für die Wirksamkeit erkennen. Trotzdem muß immer wieder betont werden, daß Antidepressiva nicht wie eine Kopfschmerztablette wirken: Betroffene und Ärzte brauchen Geduld und nochmals Geduld. Dies fällt oft um so schwerer, weil viele depressive Menschen erst sehr spät Hilfe suchen, häufig nachdem sie schon Wochen bis Monate unter ihrer Depression gelitten haben. Nach Behandlungsbeginn sich nochmals in Geduld zu üben, ist nicht einfach. Aber es gibt keine Alternative. Gelegentlich ist es in einer solchen Situation notwendig, bis zur ersten spürbaren Wirkung der Antidepressiva zusätzlich andere, eher beruhigende Medikamente zu verordnen, um die quälende Unruhe und die Schlafstörungen erst einmal auf diese Weise zu bessern.

Fragen, die vor der Erstellung eines medikamentösen Behandlungsplans beantwortet werden müssen

● Soll das Medikament der ersten Wahl eher beruhigend oder eher antriebssteigernd wirken?

Aktivitätssteigernde Antidepressiva	Beruhigende Antidepressiva
Citalopram	Amitriptylin(oxid)
Clomipramin	Doxepin
Desipramin	Maprotilin
Fluoxetin	Mianserin
Imipramin	Mirtazapin
Moclobemid	Trazodon
Nortriptylin	Trimipramin
Paroxetin	
Venlafaxin	

● Welches Neurotransmittersystem soll bevorzugt angesprochen werden ?

> Wir haben gesehen, daß bei einer Depression unterschiedliche Neuro-
> transmittersysteme betroffen sein können. Um welches es geht, ist
> jedoch im Vorfeld einer Behandlung nicht zu erkennen. Möglicherweise
> entschließt sich Ihr Arzt, Ihre antidepressive Behandlung mit einem
> „Breitbandantidepressivum" wie Amitriptylin oder Doxepin zu begin-
> nen. Erleben Sie nicht innerhalb von etwa drei Wochen eine spürbare
> Besserung einzelner Symptome, wird er die Entscheidung treffen,
> einen Botenstoff gezielt zu verstärken.
> So kann entweder ein Medikament zum Zuge kommen, das Serotonin
> verstärkt, wie etwa Fluoxetin, oder ein Medikament, das Noradrenalin
> verstärkt, wie beispielsweise Nortriptylin. Hier gilt wieder: Bessert sich
> Ihr Zustand nicht innerhalb von etwa drei bis vier, maximal sechs Wo-
> chen, muß der jeweils andere Botenstoff medikamentös verstärkt oder
> ein MAO-Hemmer gegeben werden. Daneben gibt es noch Möglichkei-
> ten, Sie zusätzlich mit Schlafentzug, der Gabe von Lithiumsalzen oder
> Schilddrüsenhormonen zu behandeln.

● Bestehen Unverträglichkeiten gegenüber einer bestimmten Wirkstoffgruppe
oder körperliche Störungen, welche die Verordnung eines bestimmten Antidepressivums ausschließen?

Gegebenenfalls notwendige Untersuchungen vor Beginn einer medikamentösen Behandlung

● **Augenärztliche Untersuchung**
Bei Patientinnen und Patienten, die das 40. Lebensjahr vollendet haben,
sollte eine Messung des Augeninnendrucks erfolgen. Ist dieser erhöht,
kann sich der grüne Star ausbilden, bei dem der Sehnerv durch den
ständig erhöhten Druck geschädigt wird. Bei besonders veranlagten
Menschen können trizyklische Antidepressiva diesen Augeninnendruck
erhöhen.

● **EKG (Elektrokardiogramm)**
Manche Antidepressiva beeinflussen die Reizleitung des Herzens. Herzrhythmusstörungen können die Folge sein. Besonders bei Vorerkrankun-
gen des Herzens, erhöhtem Blutdruck und bei älteren Patientinnen und
Patienten ist vor einer Behandlung der Depression ein Elektrokardiogramm erforderlich. Während der antidepressiven Behandlung können

Kontrollen notwendig werden, auch wenn bei der Erstuntersuchung ein normaler Befund vorlag.

● **EEG (Elektroenzephalogramm)**

Das EEG, das die Hirnströme, die bioelektrische Aktivität unseres Gehirns, mißt, soll eine organische Funktionsstörung des Gehirns oder eine verstärkte Bereitschaft für epileptische Anfälle ausschließen. Bei einer erhöhten Anfallsbereitschaft scheiden einige Antidepressiva aus, weil sie diese Bereitschaft erhöhen können.

● **Computertomographie des Kopfes (CCT) oder Magnetresonanztomographie (MNR)**

Bei Verdacht auf Vorliegen einer organischen Ursache einer Depression und bei fast allen Depressionen älterer Menschen ist es notwendig, eine Veränderung der Hirngewebsstruktur auszuschließen, wie sie beispielsweise durch Alterungsprozesse, Durchblutungsstörungen oder entzündliche Vorgänge ausgelöst wird. Zu diesem Zweck wird heute die Computertomographie als Routineuntersuchung durchgeführt. Dabei wird der Schädel von Röntgenstrahlen kreisförmig durchleuchtet. Ein Computer errechnet aus den einzelnen Signalen ein Röntgenbild: Das Gehirn kann damit wie in Scheiben geschnitten auf dem Bildschirm dargestellt werden.

Die Magnetresonanztomographie (oder Kernspintomographie) funktioniert ähnlich. Bei ihr werden die Röntgenstrahlen durch ein Magnetfeld ersetzt. Diese Methode verursacht keine Strahlenbelastung. Meist genügt eine der beiden Methoden. Nur in seltenen Fällen müssen beide Techniken angewandt werden. Bei beiden Untersuchungen kann es notwendig werden, spezielle Kontrastmittel als Kurzinfusion während der Untersuchung zu verabreichen. Der Röntgenarzt wird Sie gegebenenfalls darüber aufklären. In aller Regel müssen Sie der Untersuchung mit Ihrer Unterschrift auf einem Aufklärungsformular zustimmen.

● **Laboruntersuchungen**

Nicht nur wegen bestehender innerer Erkrankungen, wie Hormonstörungen oder Herz-Kreislauf-Erkrankungen, sind für die Diagnose Blut- und Serumuntersuchungen je nach Einzelfall notwendig. Auch vor Beginn einer medikamentösen Behandlung müssen einige Laborwerte, aus denen man beispielsweise auf die Leber- und Nierenfunktion Rückschlüsse ziehen kann, erhoben werden. Im Verlauf der Therapie sind dann einige dieser Laboruntersuchungen regelmäßig zu wiederholen, um unerwünschte Wirkungen einzelner Medikamente rechtzeitig zu erkennen und gegenzusteuern.

Nicht nur Medikamente wirken biologisch

Bisher haben wir uns auf die beiden Hauptsäulen konzentriert, auf denen eine Depressionsbehandlung ruht. Daneben gibt es jedoch eine Vielzahl weiterer biologischer Behandlungsverfahren, die mit Erfolg eingesetzt werden können. Sie reichen von körperlicher Aktivierung (wie Sport und Massagen) über Lichttherapie bis hin zu Schlafentzug oder Schlafphasenverlagerung und Elektrokrampftherapie.

Biologisch nennt man sie, weil sie wie Medikamente die Funktionsweise der neuronalen Strukturen unseres Gehirns verändern.

Manche dieser Verfahren sind eigenständige Behandlungsmethoden, die auch für sich allein angewendet werden können, wie die Elektrokrampftherapie, andere werden eher nur in Ergänzung angewandt, wie etwa Sport- oder Lichttherapie.

Sport als Therapie

Viele von uns kennen die angenehme Wirkung körperlicher Aktivität: Ob Sie gern joggen, Ski fahren oder Tennis spielen oder ob Sie ein begeisterter Fußballer sind, Sie wissen, wie gut man sich nach vollbrachter Tat fühlt. Eine entspannte Müdigkeit im Körper macht sich breit, und Sie sind stolz auf die absolvierte Leistung.

Vor allem Ausdauersportler (zum Beispiel Langstreckenläufer) kennen darüber hinaus noch eine weitergehende Wirkung ihrer sportlichen Aktivität: die Aufhellung ihrer Stimmung. Sie erleben eine euphorisierende Wirkung. Diese erklärt man sich heute unter anderem mit der Ausschüttung von „Endorphinen". Auch das sind körpereigene Botenstoffe, Neurotransmitter. Sie ähneln dem Morphium und machen „high". Kein Wunder also, daß man diese Endorphine, die durch sportliche Aktivität vermehrt ausgeschüttet werden, für die Behandlung einer Depression gern nutzen würde. Viele Ärzte empfehlen ihren Patienten deswegen körperliche Betätigung, weil sie deren positive Wirkung auf psychische Funktionen kennen. Aber: Gerade für depressive Menschen ist es ausgesprochen schwer, Aktivität zu entwickeln – und ohne diese entsteht auch keine euphorisierende Wirkung!

Wenn in Ihrem Leben bis zur Depression körperliche Aktivität eine große Rolle spielte, wenn Sie daran gewöhnt sind, Sport zu treiben, werden Sie vielleicht in der Depression diese Gewohnheit fortsetzen können. Es wird Ihnen leichter gelingen, die depressive Hemmung zu überwinden, auch wenn die Freude daran nicht so recht aufkommen will. Hier liegt dann auch die Aufgabe für Angehörige, Freundinnen und Freunde. Holen Sie Ihre Freundin weiterhin zum Volleyball ab, auch wenn sie zur Zeit wenig spricht und eigentlich „keine

Lust" hat. Motivieren Sie Ihren Mann, wie gewohnt mit Ihnen zu joggen, auch wenn er dabei vielleicht wie versteinert wirkt. Ihre Aufforderung wird zum notwendigen äußeren Stimulus/Reiz. Also, ermuntern Sie sie/ihn, es wird ihr/ihm guttun.

Viel schwieriger ist es, depressive Menschen zu körperlicher Aktivität hinzuführen, in deren Leben Bewegung bisher keine große Rolle spielte. Die Aufforderung dazu wird zu einem der vielen guten Ratschläge, die sie in ihrer Depression doch nicht befolgen können. Hier sind Angehörige, Freundinnen und Freunde oft überfordert.

Viele depressive Menschen brauchen die Unterstützung einer Bewegungstherapeutin, eines Bewegungstherapeuten, die/der ihnen hilft, die depressive Antriebslosigkeit, das Gefühl der Sinnlosigkeit, die Müdigkeit und Lethargie zu überwinden. In der Bewegungstherapie lernen sie nach und nach wieder, Freude an der Bewegung zu empfinden, und nehmen ihren eigenen Körper wieder wahr.

In vielen Kliniken, die depressive Störungen behandeln, gehören sportliche Aktivitäten unverzichtbar zum Behandlungsplan. Sie haben im übrigen auch den Vorzug, daß ein Teil der körperlichen Symptome, wie beispielsweise die in der Depression sehr häufige Verstopfung, sich ohne zusätzliche Medikamente bessert.

> **Auch wenn es schwer fällt – Depression und Bewegung**
>
> ● Wenn Sie bisher Sport getrieben haben: Weiter, auch wenn Sie es sich nicht vorstellen können!
> ● Wenn Sie bisher ein Bewegungsmuffel waren: Suchen Sie Hilfe bei einem Bewegungstherapeuten oder einer Krankengymnastin.
> ● Denken Sie daran: Aktiv ist besser als passiv: keine Massagen, sondern laufen!
> ● Behalten Sie nach Abklingen der Depression die körperliche Aktivität bei.

Lichttherapie

Die Wirkung von Licht auf Stimmung und Antrieb ist uns allen geläufig. Wer kennt nicht die bleierne Müdigkeit, die sich an einem düsteren Novembertag einstellt? Und wer kennt nicht das Gegenteil, etwa die schwungvoll optimistische Stimmung an einem sonnenklaren Frühsommermorgen? Viele Menschen erleben auch die stimmungsverändernde Wirkung des Lichtes, wenn sie im Winter einen Urlaub im Süden verbringen oder im Skiurlaub eine Woche Sonnenschein haben. Schon in den 20er Jahren bezogen Ärzte elektrisches Licht wegen dieses bekannten positiven Effekts systematisch in die Behandlung von depressiven Störungen ein.

Warum das Licht depressionslösend wirkt, ist jedoch bis heute nicht eindeutig geklärt. Es gibt verschiedene Erklärungsmodelle, die sich zum Teil auf die in der Depression gestörten inneren Rhythmen beziehen.

Leider ist das Anwendungsgebiet für die Lichttherapie eher schmal. Sie hilft nur bei einem kleinen Teil depressiver Störungen.

Wem hilft Lichttherapie?

Ihr Hauptanwendungsgebiet ist die saisonal abhängige Depression oder „Winterdepression", eine Unterform depressiver Erkrankungen, die eng an die Jahreszeit gebunden ist (→ Seite 77). Das heißt: Sie hilft den Menschen, die besonders in den Monaten Oktober bis März – im Gegensatz zu den Sommermonaten – eine deutliche Verschlechterung ihres Befindens erleben und depressiv werden. Zu dieser Stimmungsveränderung kommen weitere Symptome, die für andere Formen der Depression eher untypisch sind: Heißhunger vor allem auf kohlenhydrathaltige Nahrungsmittel und ein übergroßes Schlafbedürfnis. Bei diesen Betroffenen sind die Krankenkassen meist bereit, die Kosten der Lichttherapie zu übernehmen. In Einzelfällen werden auch die Kosten für Lichtschirme, deren Preis um 1000 DM liegt, erstattet, damit die Behandlung auch zu Hause durchgeführt werden kann.

Lichttherapie hilft dann, wenn

● **Ihre Depression nur im Herbst und Winter auftritt**
● **Sie ein übergroßes Schlafbedürfnis und**
● **verstärkten Appetit bis hin zum Heißhunger besonders auf Kohlenhydrate und dies vor allem in der zweiten Tageshälfte haben und Sie auch tatsächlich zunehmen.**

Durchführung

Die Behandlung mit Licht ist denkbar einfach. Wichtig ist nur, daß die Patientin, der Patient über einen bestimmten Zeitraum, meist wird etwa eine Stunde empfohlen, dicht vor einer ausreichend hellen Lichtquelle sitzt und in das helle Licht schaut. In der Netzhaut befinden sich Lichtrezeptoren, über die bei Belichtung die Ausschüttung von Botenstoffen und Hormonen und die Regulation innerer Rhythmen erfolgen.

Wichtig ist, daß diese Rezeptoren auch angesprochen werden. Das heißt: Das Auge muß sich nahe genug am Lichtschirm befinden. Außerdem muß die Lichtquelle auch hell genug sein. Üblicherweise werden Lampen mit 2500 oder 10000 Lux (Maßeinheit für die Helligkeit) verwendet. (In Innenräumen sind Lichtstärken von 300 bis 500 Lux üblich, ein hell erleuchtetes Büro bringt es auf 500 bis 1000 Lux.)

Hat die Lichttherapie Nebenwirkungen?

Bei den Lichttherapielampen wird nur ein bestimmtes Lichtspektrum eingesetzt. Die verwendeten Leuchtstoffröhren erzeugen keinen ultravioletten und infraroten Lichtanteil. Wenn es sich um technisch einwandfreie Beleuchtungsquellen handelt, sind also kaum unerwünschte Wirkungen zu beobachten. Manche Patienten berichten über gesteigerten Tränenfluß und Reizungen am Auge. Auch trockene Augen und Schleimhäute werden gelegentlich angegeben. Sehr selten kommt es zu Überaktivität und Gereiztheit, die jedoch noch Symptom der Depression sein können.

Schlafentzug

Oft sind es gerade Schlafstörungen, zum Beispiel Ein- und Durchschlafstörungen oder das typische Früherwachen ohne äußeren Anlaß, die depressive Menschen am meisten und hartnäckigsten quälen. Die depressive Schlafstörung führt schnell zu weiterer psychischer Überanstrengung und zu körperlicher Erschöpfung, was wieder auf die Stimmung schlägt, energielos und antriebsarm macht. Um so mehr mag es verwundern, wenn der Entzug des Nachtschlafs als wirksame Methode in der Depressionsbehandlung empfohlen wird. Viele Patienten fühlen sich deshalb unverstanden, wenn ihr Arzt von einer Schlafentzugstherapie spricht. Ist nicht ein gesunder Schlaf die Basis jeder Erholung?

Geschichte des Schlafentzugs

Die beiden deutschen Psychiater, Schulte und Tölle, haben den Schlafentzug, auch „Wachtherapie" genannt, in die psychiatrische Standardbehandlung depressiver Erkrankungen eingeführt. Sie haben beeindruckend belegt, daß bei 60 bis 70 Prozent aller Patienten mit einer depressiven Erkrankung, vorwiegend bei einer typischen Depression, der Schlafentzug eine deutliche Stimmungsaufhellung bewirkt. Als besonders wirksam hat sich der Schlafentzug bei Patienten erwiesen, die unter Tagesschwankungen der Stimmung mit Aufhellung am Nachmittag oder Abend leiden. Auch bei Patienten mit einer Verkürzung des Zeitraums zwischen dem Einschlafen und dem ersten Auftreten der REM-Phase hilft Schlafentzug besonders gut.

Der ungestörte Schlaf

Der Schlaf besteht aus verschiedenen Stadien, die sich innerhalb einer Nacht mehrfach wiederholen und regelhaft aufeinander folgen. Nach dem Einschlafen wird der Schlaf zunehmend tiefer. Dabei werden vier verschiedene Schlafstadien durchlaufen. Die letzte dieser Phasen ist der Tiefschlaf, auf den dann die erste REM-Episode folgt. REM-Schlaf heißt: Rapid Eye Movement-Schlaf (diese Bezeichnung zeigt an, daß sich während dieser Phase beim Schlafenden die Augen rasch bewegen).

Ein Schlafzyklus besteht also aus einer Abfolge von vier Non-REM-Schlafepisoden und einer REM-Schlafepisode. Diese Abfolge tritt pro Nacht vier- bis sechsmal in Abständen von etwa 90 Minuten auf.

Der Schlaf depressiver Menschen dagegen zeigt im EEG ein ganz anderes Profil:

1. Es liegt eine verkürzte REM-Latenz vor (das heißt, daß sich die erste REM-Phase früher einstellt als bei nicht depressiven Patienten).
2. Der REM-Schlaf verschiebt sich mehr in die erste Nachthälfte.
3. Die Tiefschlafphasen verringern sich.
4. Der Schlaf verliert seine Kontinuität, es kommt zu häufigem nächtlichen Erwachen und zu Früherwachen.

Wie wirkt Schlafentzug ?

Paradoxerweise scheint der Schlaf bei depressiven Menschen eine depressions-verstärkende Wirkung zu haben. Es gibt Hinweise, daß besonders Schlafzyklen in den Morgenstunden depressionsverstärkend sind. Beim Schlafentzug wird die Wirkung einzelner Schlafstadien unterbrochen (ein Effekt, den übrigens auch manche Antidepressiva haben, die ebenfalls einzelne Schlafzyklen unter-drücken).

Außerdem kann – so vermutet man heute – der Schlafentzug die durch die Depression gestörte Schlafregulation günstig beeinflussen.

Andere Erklärungsmodelle geben eine Veränderung der Neurotransmit-ter- und der Hormonausschüttung, die sich beim Schlafentzug beobachten läßt, als Wirkmechanismus der Schlafentzugsbehandlung an.

Wie wird der Schlafentzug durchgeführt?
Eine ganze Nacht ...

Schlafentzug bedeutet, einfach eine ganze Nacht nicht zu schlafen und den fol-genden Tag bis zur gewohnten Schlafenszeit wach zu bleiben. Doch es ist nicht so leicht, „einfach" eine Nacht nicht zu schlafen. In Kliniken wird Schlafentzug meist in Gruppen durchgeführt. Die Nacht wird mit den verschiedensten Akti-vitäten verbracht. Von Gesellschaftsspielen über Kochgruppen bis hin zu Nachtspaziergängen wird alles versucht, um die oft langsam verstreichende Zeit möglichst kurzweilig zu gestalten.

... oder reicht auch die halbe Nacht?

Es gibt auch die Möglichkeit des partiellen Schlafentzugs. Weil manche Patien-tinnen und Patienten bevorzugt in den frühen Morgenstunden intensive REM-Phasen haben, wurde untersucht, ob ihnen auch nur der Entzug der zweiten Hälfte des Nachtschlafs nützt. Und in der Tat: Es macht bei sehr vielen keinen Unterschied, ob sie eine ganze Nacht oder nur die zweite Nachthälfte, also ab ein oder halb zwei Uhr morgens, wach sind. Deswegen führen manche Kliniken nur noch partielle Schlafentzüge durch.

Wer sollte besser auf Schlafentzugsbehandlungen verzichten?

Schlafentzug wirkt bei sehr vielen Menschen mit depressiven Störungen. Dennoch hat auch diese einfache Behandlungsform unerwünschte Wirkungen. Manche können auf den Schlafentzug mit manischen Zuständen reagieren. Auch bei suizidalen Patientinnen und Patienten kann Vorsicht geboten sein, weil durch den Schlafentzug die Suizidgefährdung verstärkt werden kann.

Schlafentzug auch ambulant?

Im deutschsprachigen Raum wird der Schlafentzug in vielen psychiatrischen Kliniken zur Depressionsbehandlung eingesetzt. Die meisten Patientinnen und Patienten lernen also den Schlafentzug anläßlich einer stationären Behandlung kennen. Wenn die individuelle Wirkung dieser Behandlung einmal bekannt ist, spricht nichts dagegen, auch zu Hause Schlafentzüge zu machen.

Die ersten Versuche sollten Sie nur in Absprache mit Ihrem behandelnden Psychiater durchführen. Später setzen Sie das Verfahren ein, wenn Sie es brauchen, oder auch regelmäßig.

Aber denken Sie daran: Sie müssen wirklich wach bleiben. Nur wenige Minuten Schlaf, zum Beispiel ein kurzes Einnicken vor dem Fernsehapparat, könnten die angestrebte Wirkung zunichte machen.

Eine besondere Form des Schlafentzugs – die Schlafphasenverlagerung

Ein Hauptnachteil des Schlafentzugs besteht darin, daß der positive stimmungsaufhellende Effekt in aller Regel nur einen Tag lang anhält. Nun kann man nicht jede Nacht auf den Schlaf verzichten, auch wenn die Depression noch so tief und anhaltend ist. Versuche, die positive Wirkung zu verlängern, ergaben: Eine Verlagerung der Schlafphase nach einem Schlafentzug kann den Effekt der Schlafentzugsbehandlung stabilisieren.

Wie wird diese Behandlung durchgeführt?

Nach ein oder zwei „ganz normalen" Nächten (für den Depressiven heißt dies oft: Nächte mit der ganz „normalen" Schlafstörung) findet ein Schlafentzug statt. Am folgenden Tag beginnt die Schlafperiode dann um 16 Uhr und dauert bis Mitternacht. Nach dieser halb durchwachten Nacht beginnt die Schlafperiode eine Stunde später als am Vortag, also um 17 Uhr. Dies verschiebt sich nun so lange jeweils um eine Stunde, bis die gewohnte Einschlafzeit um 22 oder 23 Uhr wieder erreicht ist. Wichtig ist es, daß die Patienten wie beim einfachen Schlafentzug in den nächtlichen Wachphasen nicht sich selbst überlassen sind. Bislang wird diese Behandlungsmethode, die den nur kurze Zeit anhaltenden Effekt des Schlafentzugs verlängern kann, nur in Kliniken angeboten, die einen Behandlungsschwerpunkt für Depressionen haben.

Elektrokrampftherapie – EKT

Kaum eine andere psychiatrische Behandlungsform hat in der Öffentlichkeit ein schlechteres Image als die Elektrokrampftherapie. Unter der Bezeichnung „Elektroschockbehandlung" in Verruf geraten und fälschlicherweise mit nationalsozialistischer Psychiatrie in Verbindung gebracht, gilt sie in Deutschland heute in weiten Kreisen als eine Art wissenschaftlich verbrämte Folter. Unter dem Druck der öffentlichen Meinung lehnen es nicht wenige Kliniken oder deren Träger gänzlich ab, diese Methode zu praktizieren – eine inzwischen unangemessene und irrationale Entscheidung.

Denn seit ihrer ersten Anwendung in den 40er Jahren hat sie sich bis zur Entwicklung und Einführung antidepressiver Medikamente als die wirksamste Methode zur Behandlung schwerer Depressionen erwiesen. Und auch heute gilt sie nach wie vor als unverzichtbar bei der Behandlung lebensbedrohlicher und schwerer Depressionen, die auf kein Medikament und keine andere Behandlung ansprechen.

Zur Geschichte der EKT

Wie so häufig in der Medizin spielte auch bei der Entdeckung der Elektrokrampfbehandlung der Zufall eine große Rolle. Ärzte beobachteten, daß sich bei Patienten, die sowohl unter epileptischen Anfällen als auch unter anderen psychischen Störungen litten, letztere häufig nach einem epileptischen Anfall besserten. Therapeutisch gezielt eingesetzt wurde die EKT dann zum ersten Mal 1938 von italienischen Psychiatern und in der Folgezeit als sehr erfolgreiche Methode weltweit angewandt.

Als „invasive" (eindringende) und den Patienten nicht zuletzt durch die notwendige Narkose belastende Methode geriet sie jedoch zunehmend ins Kreuzfeuer der Kritik. Erst in den letzten 20 Jahren erlebte sie vor allem in den USA ein Comeback. Besonders an der Ostküste der Vereinigten Staaten wird die EKT in großem Umfang angewandt, und zwar mit hoher Akzeptanz der so behandelten Patienten, während sie in Deutschland beim breiten Publikum immer noch geächtet wird. Inzwischen aber wird die EKT auch bei uns zunehmend enttabuisiert. Eine rege wissenschaftliche Forschung hat eingesetzt. Mittlerweile sprechen manche Autoren schon von einer Renaissance der EKT. Immer mehr Patienten erkundigen sich nach den Anwendungsbedingungen und den Zentren, in denen dieses Verfahren auch in Deutschland praktiziert wird.

Durchführung

Die EKT ist eine Behandlung mit elektrischem Strom. Im wesentlichen besteht sie darin, daß – unter Vollnarkose – bestimmte Hirnareale mit elektrischem Strom durchflutet werden.

Wie bei einer Operation bekommt der Patient auch bei der EKT im Zusammenhang mit der Narkose Medikamente, welche die Muskeln „weichmachen". Deshalb kommt es nicht – wie bei einem richtigen Krampfanfall – zu den rhythmischen Zuckungen der Muskulatur. Der Krampfanfall spielt sich nur im Gehirn ab, durch die elektrische Reizung des Gehirns werden also lediglich die typischen im EEG sichtbaren Krampfmuster ausgelöst.

Die EKT wird normalerweise stationär in einer Serie von sechs bis zwölf Behandlungen im Abstand von zwei bis drei Tagen durchgeführt. (In den USA, zunehmend auch in Deutschland, sind auch ambulante Anwendungen üblich.)

Wo wird die Behandlung überhaupt angeboten?

Aufgrund der geschilderten Vorurteile und der öffentlichen Diskussion wird sie bislang nur in spezialisierten Zentren und (den meisten) psychiatrischen Universitätskliniken durchgeführt. Ihr behandelnder Psychiater sollte die für Sie nächstgelegene Einrichtung kennen. Die Kassen übernehmen die Kosten der Behandlung.

In Österreich läuft die Behandlung unter der Bezeichnung „Elektroschock".

Wie wirkt Elektrokrampftherapie?

Der genaue Wirkmechanismus ist bislang noch nicht hinreichend erforscht. Durch die EKT werden folgende Veränderungen erreicht:

● Die Hirndurchblutung, die bei einer schweren Depression vermindert sein kann, wird verstärkt, was möglicherweise antidepressiv wirkt.

● Es zeigt sich eine verstärkte Freisetzung körpereigener Eiweißstoffe (Neuropeptide) im Gehirn, denen beruhigende Wirkungen zugeschrieben werden. (Dies erklärt auch die gute Wirksamkeit dieser Behandlung bei manischen Zustandsbildern.)

● Einige Hormone werden vermehrt ausgeschüttet.

● Auch die Dichte der Rezeptoren im Gehirn für einige an der Depression beteiligte Neurotransmitter erhöht sich.

● Einige Neurotransmitter werden verstärkt freigesetzt.

Sehr wahrscheinlich wird man die antidepressive Wirkung dieser Behandlungsmethode nicht auf einen einzelnen dieser Faktoren zurückführen können, sondern eher auf ein Zusammenspiel all der genannten Wirkmechanismen – und wahrscheinlich auch noch auf einige bislang unbekannte.

Wann sollte eine Elektrokrampftherapie ins Auge gefaßt werden?

Nicht bei allen Unterformen depressiver Erkrankungen kann eine solche Behandlung eingesetzt werden. Sie ist jedoch nach den vorliegenden wissenschaftlichen Ergebnissen als die erfolgreichste Behandlung schwerer typischer Depressionen

(MDD → Seite 71) anzusehen. In den USA ist die EKT nach den dortigen therapeutischen Richtlinien die Behandlung der ersten Wahl bei schweren und lebensbedrohlichen Depressionen oder wenn für die Behandlung mit Medikamenten zu große Risiken bestehen (weil zum Beispiel bekannt ist, daß früher sehr ernste Nebenwirkungen auftraten). Ebenso wird sie empfohlen, wenn mehrere medikamentöse Behandlungen erfolglos waren.

**Wann ist eine EKT bei Depressionen angezeigt?
Indikationen für eine EKT**

- Wenn die Depression und ihre Symptome – zum Beispiel Nahrungsverweigerung – lebensgefährlich zu werden drohen.
- Bei schweren typischen Depressionen, die sich durch eine medikamentöse Behandlung – trotz des Einsatzes unterschiedlicher Wirkstoffe – nicht bessern.
- Bei langwierigen und wahnhaft ausgestalteten Depressionen.
- Wenn ein Patient in der Vergangenheit gute Erfahrungen mit dieser Behandlungsmethode gemacht hat und sie wieder wünscht.

Bei welchen Patienten sollte auf eine derartige Behandlung besser verzichtet werden? – Kontraindikationen

- Kürzlich erlittener Herzinfarkt
- Herzklappenschäden
- Schwere Herzrhythmusstörungen
- Koronare Herzerkrankung
- Gravierender Bluthochdruck
- Fortgeschrittene Herzschwäche
- Zurückliegende Hirnblutung
- Thrombose
- Blutgerinnungsstörungen
- Netzhautablösung

Ist etwas Neues in Sicht? – Magnetstimulation

Als Alternative zur Elektrokrampfbehandlung wird derzeit in Forschungskliniken die Magnetstimulation erprobt. Bei dieser Methode wird eine Hirnhälfte einem starken Magnetfeld ausgesetzt. Dieses Verfahren – ursprünglich für die neurophysiologische Diagnostik etwa von bestimmten Bewegungsstörungen entwickelt – erwies sich in den ersten Studien als hilfreich sogar bei Patienten mit vermeintlich therapieresistenten Depressionen. Diese Methode hat den großen Vorteil, daß eine Narkose nicht notwendig ist. Sie gilt als nichtinvasiv und bereitet keinerlei Schmerzen.

In der Routinebehandlung depressiver Störungen steht die Magnetstimulation allerdings noch nicht zur Verfügung. Weitere Untersuchungen müssen die Einsatzmöglichkeiten dieser neuen Methode genauer abklären.

Und wenn alles nichts hilft?

Leider gibt es auch Depressionen (die sogenannten therapierefraktären oder therapieresistenten), bei denen alle Behandlungsversuche keinen Erfolg haben. Die Stimmung wird und wird nicht besser, immer neue Einzelsymptome der Depression treten hinzu, die Betroffenen und ihre Angehörigen beginnen zu verzweifeln und verfallen immer mehr der Hoffnungslosigkeit der Depression. Auch gegenüber neuen Behandlungsvorschlägen werden sie verständlicherweise zunehmend skeptischer. Manchmal resignieren sogar Fachleute – auch Psychiater, die es besser wissen müßten – zu früh und stellen dann die Diagnose „therapierefraktäre" oder „therapieresistente Depression".

Warum sogenannt?

Tatsächlich gibt es Depressionen, die wirklich nicht abklingen und auf keine Behandlung nach heutigem Wissensstand ansprechen. Doch bei vielen Patienten, wenn nicht sogar bei den meisten, wird einfach zu früh aufgegeben. Denn nicht alle diese Depressionen sind tatsächlich nicht behandelbar!

Für Patientinnen, Patienten und Helfer

Haben Sie wirklich alles versucht? Neun Punkte, die Sie noch einmal überdenken sollten:

1. Die richtige Diagnose finden

Möglicherweise handelt es sich bei der scheinbar nicht behandelbaren Depression nicht um eine typische. Eine symptomatische Depression – also eine Depression als Symptom einer anderen körperlichen oder seelischen Krankheit – kann erst abklingen, wenn die Grunderkrankung richtig behandelt wurde. Denken Sie also auch an diese Möglichkeit!

2. Unerwünschte Wirkungen anderer Medikamente beachten

Von einer Reihe von Medikamenten ist bekannt, daß sie Depressionen auslösen können. Vor allem Mittel gegen Bluthochdruck, bestimmte Antibiotika, Cortisonpräparate, aber auch empfängnisverhütende Wirkstoffe. Ihr Psychiater muß über alle Medikamente, die Sie einnehmen, Bescheid wissen.

3. Den unbekannten Dritten ausschließen

Depressionen sind die häufigsten psychischen Störungen bei Menschen mit Abhängigkeitserkrankungen. Exzessiver Alkoholkonsum oder aber die andauernde Einnahme von Beruhigungsmitteln (besonders Tranquilizer vom Benzodiazepintyp) können hinter einer therapieresistenten Depression stehen. Sie müssen Ihrem Arzt von einem entsprechenden Mißbrauch berichten, auch wenn es Ihnen schwerfällt. Er muß davon wissen.

4. Den chronischen psychosozialen Konflikt erkennen

Die Depression ist eine äußerst komplexe Erkrankung, bei deren Entstehung immer biologische, seelische und soziale Faktoren zusammenwirken. Oft läuft eine Behandlung ins Leere, weil ein Betroffener nicht ganzheitlich in seinem familiären und beruflichen Umfeld und vor dem Hintergrund seiner individuellen Lebensgeschichte gesehen wird. Im Rahmen einer Depressionsbehandlung kann nur sehr selten auf eine psychotherapeutische Behandlung verzichtet werden.

5. Medikamente ausreichend dosieren

Antidepressiva werden häufig, besonders im Rahmen der ambulanten Behandlung, nicht ausreichend dosiert. Oft erleben Klinikärzte, daß Patienten, die wegen Nichtansprechens auf die antidepressive Behandlung in eine Klinik eingewiesen werden, bisher mit zu niedrigen Dosierungen behandelt wurden. Das heißt: Mit einer höheren Dosierung hätte bei manchen dieser Patienten die Klinikeinweisung vermieden werden können.

6. Medikamente regelmäßig einnehmen

Viele Patienten – nicht nur depressive – nehmen ihre Medikamente nur unregelmäßig ein. Häufige Gründe sind: mangelhafte Aufklärung über die Krankheit, über den Wirkmechanismus der verordneten Medikamente, ihre erwünschten und unerwünschten Wirkungen und vor allem über ihre Rolle im Gesamtbehandlungsplan.

7. Medikamente lang genug einnehmen

Manche Patienten reduzieren nach der ersten leichten Besserung ihres Befindens die Medikamente, sei es aus falsch verstandener Vorsicht, sei es aus Nachlässigkeit. Im Rahmen der antidepressiven Behandlung kann dies dazu führen, daß die Depression rasch wieder „ausbricht" und sich sogar verschlimmert. Nach völliger Wiederherstellung sollten die Antidepressiva immer noch weiter genommen werden, mindestens sechs Monate. Bei Patienten, die eine vorbeugende Behandlung brauchen, muß eine Medikation sogar sehr viel länger beibehalten werden, im Einzelfall auch lebenslang.

8. Andere Behandlungsmöglichkeiten, andere Therapieansätze, andere Therapeuten ins Auge fassen

Ärzte und Therapeuten sind überzeugt davon, daß die Mittel, die sie einsetzen, auch hilfreich sind. Diese Überzeugung überträgt sich auf den Patienten und macht ihm Hoffnung.

Ein „gesundes Selbstbewußtsein" des Arztes oder Psychotherapeuten hinsichtlich des von ihm praktizierten Verfahrens ist für den Heilungsprozeß notwendig. Nur: Jedem Arzt, jedem Psychotherapeuten sollte es möglich sein, über den eigenen Tellerrand zu sehen und die hilfreiche Wirkung von Behandlungsmethoden, die er nicht selbst anwendet, anzuerkennen und in Betracht zu ziehen. Leider ist dies nicht allen gegeben, manche verteufeln geradezu die Methoden anderer. Aber: Nicht jedem Patienten hilft dieselbe Behandlung.

9. Zusätzliche Behandlungsmöglichkeiten ausschöpfen

Über zusätzliche Möglichkeiten, vom Schlafentzug bis zur körperlichen Aktivierung, von der Lichttherapie bis zur EKT, muß nachgedacht werden. Immer mehr Untersuchungen zeigen, daß gerade die pragmatische Kombination verschiedener Behandlungsansätze besser hilft.

Was nicht passieren sollte

Eine 45jährige Patientin berichtete von einer psychotherapeutischen Behandlung, die sich seit ihrer ersten Depression im 28. Lebensjahr bis heute erstreckt. Im Verlauf dieser langen Behandlung erlebte sie mehrere schwere depressive Phasen. Zu keinem Zeitpunkt wurde die Patientin von ihrem ärztlichen Psychotherapeuten auf Alternativen der Behandlung hingewiesen. Niemals wurde ihr das Für und Wider einer medikamentösen Therapie erläutert, auch erhielt sie keinen Hinweis auf ein alternatives psychotherapeutisches Verfahren.

Oder:

Ein 48jähriger Patient geht wegen einer erstmalig aufgetretenen Depression, mit der er sich bereits über sechs Monate quält, zu einem Nervenarzt. Mehrere medikamentöse Behandlungsversuche werden durchgeführt. Die Gespräche müssen wegen des starken Andrangs im Wartezimmer kurz bleiben. Nach fünf weiteren Monaten wird der Patient in eine Klinik eingewiesen. Auf dem Einweisungsformular steht „therapierefraktäre Depression". Bei der Erhebung der Vorgeschichte wird eine berufliche Überlastungssituation deutlich. Erst nach mehreren ausführlichen Gesprächen kann der Patient, der sich selbst gern als stark und kompetent sieht, darüber sprechen, daß seine Ehe zerrüttet ist. Daraufhin wird die Ehefrau einbezogen und eine Familientherapie begonnen. Die bis dahin versäumte psychotherapeutische Behandlung bringt ihm dann endlich Besserung.

Gibt es das Recht
auf effektive Behandlung?

Jede Depression hat für den Patienten, gleich an welcher Form er leidet, eine ganz persönliche Ausgestaltung, sie ist mit seiner bisherigen Lebensgeschichte und seiner aktuellen Lebenssituation eng verwoben. Bei der Behandlung müssen diese individuellen Ausgangsbedingungen berücksichtigt werden.

Aber: Mittlerweile gibt es auch – wie wir gesehen haben – eine Vielzahl von wissenschaftlichen Erkenntnissen zur Depressionsbehandlung, auf deren Berücksichtigung Ihr Arzt oder Psychotherapeut nicht verzichten darf. Was für eine körperliche Behandlung gilt, muß auch für psychische Störungen gelten. Niemand würde es akzeptieren, daß eine Zuckerkrankheit mit Mitteln behandelt wird, wie sie vor der Ära des Insulins üblich waren. Ihr Arzt oder Psychotherapeut ist also verpflichtet, Ihnen oder Ihren Angehörigen die derzeit effektivsten und am besten nachgewiesenen Behandlungen zukommen zu lassen. Jeder Psychotherapeut, jeder Psychiater muß Sie auch – sollte seine Behandlungsmethode nicht den gewünschten Erfolg zeigen – über alternative Behandlungsmethoden und deren Wirksamkeit und Sicherheit informieren und Sie gegebenenfalls zur Weiter- und Zusatzbehandlung überweisen.

Der Fall Osheroff

In den USA wurde diese Diskussion in den letzten Jahren unter der Überschrift: „Das Recht des psychiatrischen Patienten auf eine effektive Behandlung" geführt und weit über die Fachöffentlichkeit unter dem Namen „Osheroff-Case" bekannt. Mister Osheroff, selbst Arzt, erkrankte an einer Depression und suchte eine Klinik auf, in der ausschließlich psychotherapeutische Behandlungsmethoden angewendet werden.

Trotz monatelanger intensiver Behandlung wurde seine Depression immer tiefer, er verlor stark an Gewicht. Sein Zustand war schließlich derart besorgniserregend, daß seine Familie ihn in eine andere Klinik überführen ließ. Dort wurde sofort mit einer medikamentösen Behandlung begonnen, die nach wenigen Wochen seine Entlassung ermöglichte.

Nachdem er seine Arbeit wieder aufgenommen hatte, verklagte er die erstbehandelnde Klinik auf Schadensersatz, weil die Ärzte ihm eine wesentliche Behandlungsmethode vorenthalten hatten.

Die Parteien einigten sich außergerichtlich. Die Höhe der Entschädigungssumme ist nicht bekannt.

Wenn es zu Hause nicht mehr geht – wann ist eine Klinikbehandlung sinnvoll?

Ambulant oder stationär?

In aller Regel können Depressionen ambulant behandelt werden. Fast alle Behandlungsmaßnahmen stehen auch bei niedergelassenen Nervenärzten, Psychiatern und Psychotherapeuten, die den weitaus größten Teil der depressiven Patienten versorgen, zur Verfügung. Meist haben sie auch den gewünschten Erfolg, weitergehende Maßnahmen werden nicht notwendig.

Manchmal aber reichen die Möglichkeiten der ambulanten Behandlung nicht aus. Zum Teil liegt dies an der speziellen Form der Behandlung, die in der Praxis eines niedergelassenen Arztes nicht durchzuführen ist. So sind Schlafentzug, Schlafphasenverlagerung, Lichttherapie, Infusionsbehandlung mit Antidepressiva und Elektrokrampftherapie – zumindest zu Beginn der Behandlung – oft nur in einem stationären Behandlungsrahmen anwendbar.

Wenn Ihr Psychiater, Ihr Psychotherapeut eine dieser Behandlungsformen für erforderlich hält, kann er Ihnen eine Klinikeinweisung vorschlagen. Er wird eine Klinik „seines Vertrauens" haben, von der er weiß, daß dort Depressionsbehandlungen professionell durchgeführt werden.

Eine stationäre Behandlung ist auch dann sinnvoll oder gar notwendig, wenn verschiedene Behandlungsansätze über mehrere Wochen hinweg ohne den gewünschten Erfolg bleiben, oder aber, wenn der Betroffene immer tiefer in die Depression versinkt, wenn das Gefühl der Hilflosigkeit, die Angst und Anspannung so groß werden, daß es zu Hause unerträglich wird. Jetzt kann nur noch ein Klinikaufenthalt die äußere Struktur bieten, die Halt gibt. Schwer depressiv Erkrankte erleben es auch als hilfreich, wenn sie die Verantwortung für sich und die Organisation ihres Alltags abgeben können. Bei all diesen Erscheinungen haben Arzt und Patient einen gemeinsamen Entscheidungsrahmen. Sie können verabreden, noch

Entscheidungshilfen

Eine Aufnahme in eine Klinik ist dann ins Auge zu fassen, wenn
- nach Wochen (längstens sechs bis zehn) eine ambulante Behandlung keinerlei Besserung gezeigt hat oder sogar eine Verschlechterung eingetreten ist
- auch unterschiedliche ambulante Behandlungsversuche bisher ohne Erfolg blieben
- Angehörige und Betroffene „nicht mehr können"
- sich der körperliche Zustand des Patienten immer weiter verschlechtert
- unabweisbare Selbsttötungsgedanken und -phantasien auftauchen, Selbsttötungsabsichten geäußert werden oder gar ein erster Versuch unternommen wurde.

In diesen Fällen ist die stationäre Aufnahme unabdingbar.

zwei Wochen abzuwarten. Vielleicht überlegen Sie (als Patient oder als Angehöriger), sich einige Kliniken zunächst anzusehen, bevor Sie eine Entscheidung treffen. Zwar vergeht auch hier oft kostbare Zeit, bevor eine wirkungsvolle Behandlung einsetzt, doch der Vorschlag einer Klinikeinweisung macht vielen erst einmal Angst. Sie brauchen einige Tage, bis wirklich der Entschluß für eine stationäre Behandlung reift.

Wenn die Verzweiflung des Patienten so groß ist, daß ihm die Selbsttötung als einziger Ausweg erscheint, wenn der Patient aufgrund seiner Depression nicht mehr in der Lage ist, die richtige Entscheidung zu treffen, muß sie ihm sein Arzt, sein Psychotherapeut abnehmen.

Das Problem der Suizidalität – warum wollen Menschen sterben?

Ein Suizidversuch ist immer das Ergebnis einer ausweglosen Situation. Wenn alles sinnlos scheint, wenn das Leid unerträglich geworden ist, kann der Tod wie eine Befreiung erscheinen. Ein Suizidversuch kann noch ein Hilferuf sein. Er kann aber auch einzige Alternative zu einem nicht mehr erträglichen Leben sein.

Wenn man Gefühle beiseite läßt, könnte man schlußfolgern: Das Leben ist dem suizidalen Menschen nicht mehr lebenswert, weil das Negative überwiegt. Ist dann sein Selbsttötungsversuch, seine Selbsttötung nicht die logische Konsequenz und vielleicht die einzig sinnvolle Entscheidung? Zieht er nicht aus einer vernünftigen Bilanzierung einen richtigen Schluß?

Wenn der Streß zu groß wird

Forscher, die sich mit den psychologischen Voraussetzungen eines Suizids beschäftigen, sprechen auch hier vom Streß, der offenbar so groß geworden ist, daß er nicht mehr zu bewältigen ist. Was als Streß erlebt wird, welche Möglichkeiten ein Mensch hat, mit Streß umzugehen, kann nur individuell betrachtet werden. Jeder hat seine ganz eigenen Fähigkeiten der Bewältigung. Menschen sind auch gegenüber Streß allgemein und besonders gegen jeden Streßfaktor im einzelnen unterschiedlich gewappnet – oder umgekehrt formuliert: Jeder hat seine individuelle Verletzlichkeit – Vulnerabiliät –, die ihn bestimmte Lebensereignisse und Erfahrungen als zerstörerisch oder nicht erleben lassen. Diese Verletzlichkeit hängt ab

- von der Lebensgeschichte des einzelnen
- von seiner genetischen Ausstattung
- von seiner augenblicklichen körperlichen und seelischen Verfassung
- von der Lebenssituation, in der er sich gerade befindet
- von der Hilfe, die ihm in der aktuellen Situation zuteil wird,

oder die er gerade jetzt für sich in Anspruch nehmen kann.

Suizid als Symptom der Depression

Viele Symptome der Depression führen – wenn wir die Interpretation des Suizids als letzten Ausweg aus einer ausweglosen Situation als Modell nehmen – geradewegs in Suizidgedanken und leider bei 10 bis 15 Prozent der an einer typischen Depression Erkrankten zur tatsächlichen Selbsttötung, wenn sie nicht rechtzeitig behandelt werden Gehören die Gefühle der Ausweglosigkeit, der Hoffnungslosigkeit, der Sinnlosigkeit, der Verzweiflung, der Selbstverachtung, der Einsamkeit, die unerträgliche Anspannung, verbunden mit der Unfähigkeit, auf andere zuzugehen, sich aus der Selbstisolation zu befreien, nicht gerade zur depressiven Erkrankung?

Bei schweren Depressionen können so auch Gedanken an Selbsttötung und entsprechende Handlungen ganz in den Vordergrund treten.

Aber: Die Gründe, die depressiv Erkrankten diesen Ausweg als letzte Möglichkeit vortäuschen, sind Symptome: Die Situation ist nicht ausweglos, hoffnungslos, sinnlos. Die so vernünftig wirkende Bilanz ist falsch! Die eigene Lebenssituation so zu interpretieren, sie als unerträglichen und nicht zu bewältigenden Streß zu erleben, sich selbst zu verachten, zu verzweifeln, all dies ist Folge einer behandelbaren Erkrankung. Die Suizidalität wird – wie ihre Gründe, die sie so plausibel erscheinen lassen – vorbei sein, sobald die depressive Phase abgeklungen ist. Dies bestätigen alle, die einen Suizidversuch in der Depression überlebt haben.

In einer Depression kann die Seele völlig „verrückt" spielen. Aus dieser Not heraus kann der Wunsch entstehen, das Leben zu beenden. Die schwer depressiv erkrankten Menschen leiden zuviel. Einige von ihnen halten es einfach nicht mehr aus. In Einzelfällen wird auch die seelische Widerstandskraft weniger, je länger die Erkrankung anhält. Obwohl ich mit dieser „Todessehnsucht" lange vertraut war, bin ich auch heute noch der Meinung, daß ich nicht in den Tod gehen wollte. Ich wollte nur nicht mehr leben.

(Karl Kulitza)

Noch einmal: der freie Wille und Suizid

Von Laien wird der Suizid gern als etwas Bewußtes, als Ausdruck der Freiheit eines Menschen, als „Freitod" gesehen. Dem ist jedoch nicht so: Selbsttötungen sind höchst selten das Ergebnis einer freien Entscheidung. Suizidalität ist fast immer ein Symptom, und in 80 Prozent aller Suizide oder Suizidversuche das Symptom einer Depression. Und wie alle Symptome einer Depression wird auch dieses mit dem Abklingen der Depression vergehen und mit ihm all die Gründe, die für den Depressiven nur den Suizid als (Schein)Lösung übrigließen.

Deshalb: Die Suizidalität eines Menschen, der an einer Depression erkrankt ist, markiert den Punkt, an dem eine stationäre Behandlung unumgänglich wird. Etwa 5 Prozent aller Erkrankten werden stationär behandelt. Angehörige müssen erkennen, daß sie das Risiko der Suizidalität nicht mittragen können. Sie sind überfordert, weil ihnen die Erfahrung im Umgang mit suizidalen Menschen und die notwendige Neutralität fehlen.

Und manchmal gibt es dann nur eine Entscheidung: Andere – Angehörige, der Arzt – müssen dem suizidalen Menschen in dieser schweren Phase seiner Krankheit die Verantwortung für sein Leben aus der Hand nehmen und so versuchen, seine Gefährdung durch suizidale Tendenzen möglichst gering zu halten und Suizidhandlungen unmöglich zu machen. Ein depressiver Mensch wird nach Abklingen der Depression dankbar sein!

Alarmsignale – die Gefahr rechtzeitig erkennen

Es ist schwierig zu erkennen, wer tatsächlich akut in Gefahr ist, und selten bahnt sich eine suizidale Gefährdung langsam an. Gedanken an den Tod tauchen für den Patienten wie für seinen Therapeuten und seine Umgebung oft überraschend und erschreckend auf. Deshalb muß bei der psychiatrischen Untersuchung depressiver Menschen die Frage der Suizidalität immer wieder eine zentrale Rolle spielen. Immer wieder wird Ihr Arzt oder Therapeut auf diese Problematik zu sprechen kommen, weil er aus seiner Erfahrung weiß, wie plötzlich solche Gedanken bei einem depressiven Menschen auftauchen können. Und suizidale Gedanken und Phantasien machen Angst. Ein schwer depressiver Mensch kämpft meist dagegen an, versucht, an etwas anderes zu denken, und merkt dann doch, daß er nichts gegen diese düsteren Gedanken tun kann, daß er ihnen hilflos ausgeliefert ist. Und leider ist es dann oft nicht weit bis zum Suizidversuch oder gar zum „erfolgreichen" Suizid.

Deshalb: Auch wenn Suizidalität nicht immer die tatsächliche Selbsttötung einschließt – jede suizidale Phantasie, jeder suizidale Gedanke, jede suizidale Absicht und jeder Suizidversuch bedeuten größte Gefahr!

Depressive Menschen sind dann in einer solchen Gefahr wenn,

● sie von Gefühlen der Hoffnungslosigkeit, Sinnlosigkeit, Selbstverachtung überwältigt werden. Für Angehörige: Achten Sie auf Sätze wie: „Es hat doch alles keinen Sinn" oder: „Wen interessiert es, ob ich noch da bin" oder: „Ich kann nicht mehr"...

● sie sich ganz von Angehörigen, Freunden und bisher noch möglichen Aktivitäten zurückziehen

● sie von Suizidmöglichkeiten sprechen oder davon, mit allem Schluß zu machen. Für Angehörige: Glauben Sie nicht den oft zitierten Unsinn: Wenn einer von Selbsttötung spricht, tut er es nicht!

- sie plötzlich zu selbstzerstörerischen und selbstgefährdenden Handlungen – wie riskantem Autofahren, Drogenmißbrauch, gefährlichen Klettertouren – neigen.
- sie plötzlich geliebte oder für sie bedeutungsvolle Gegenstände – wie vielleicht den Ring der Mutter – verschenken oder Vermögens- und Erbschaftsregelungen treffen.
- sich ihr Verhalten plötzlich ändert. Oft zeigt sich die Gefährdung schwer depressiver Patienten an einer scheinbaren Besserung ihrer Depression. Sie erscheinen plötzlich ausgeglichener, sind aktiver und wirken vielleicht sogar wie befreit.
- der Alkoholkonsum steigt. Viele depressive Menschen trinken mehr. Was als eine Art Selbstheilungsversuch begann, verstärkt jedoch die Depression und setzt zudem Hemmschwellen herab. Eine dieser vom Alkohol herabgesetzten Hemmschwellen ist die, sich selbst zu töten!
- sie sich mit jemandem identifizieren, der ebenfalls einen Suizid unternommen hat. Man spricht zum Beispiel von einem „Werther-Syndrom".
- sie exakte Pläne offenbaren, wie ein Suizid am sichersten, besten, schnellsten ... funktioniert.
- sie schon einen oder gar mehrere Suizidversuche hinter sich haben.

Wie spreche ich mit meinem depressiven Angehörigen, Freund, Kollegen, wenn ich ihn in Gefahr sehe?

- Reden Sie nicht um den heißen Brei herum: Sprechen Sie Ihre Befürchtung offen aus. Auch Angehörige machen wie professionelle Helfer die Erfahrung, daß Betroffene dankbar sind, wenn das Suizidthema ganz offen angesprochen wird. In der Depression sind sie nicht in der Lage, spontan ihre eigenen festgefahrenen Gedanken auch noch auszusprechen.
- Aber werden Sie dabei nicht anklagend. („Wie kannst Du nur auf solche Gedanken kommen, wo wir uns alle doch so um Dich bemühen! Wie kannst Du nur daran denken, uns allein zu lassen!").
- Wenn Ihr Angehöriger bis jetzt noch nicht in fachgerechter Behandlung ist: Spätestens jetzt braucht er professionelle Hilfe. Vertreten Sie dies ihm gegenüber offen und deutlich.
- Stellen Sie aktiv den Kontakt zu einem niedergelassenen Psychiater, einer Klinikambulanz oder einer Kriseninterventionseinrichtung her (→ Seite 245).

In der Klinik

Früher und heute

Aufgrund mangelnder Therapiemöglichkeiten für seelische Störungen wurden viele psychisch Kranke noch vor wenigen Jahrzehnten zum Teil über Jahre vom Alltagsleben ferngehalten und in psychiatrischen Krankenhäusern untergebracht, die irgendwo meist in landschaftlich schöner Umgebung im letzten Jahrhundert errichtet worden waren.

Noch vor 50 Jahren betrug die durchschnittliche Liegedauer in einem solchen psychiatrischen Krankenhaus rund 300 Tage. Wie für viele andere psychische Erkrankungen gab es auch für schwer depressive Patienten noch keine Möglichkeiten der Behandlung. Sie waren gezwungen, mit ihren Ärzten das Abklingen der depressiven Phase abzuwarten. Das Krankenhaus bewahrte sie vor ihren suizidalen Impulsen, allenfalls standen medikamentöse Möglichkeiten der Beruhigung zur Verfügung.

Heute verbringen Patienten in psychiatrischen Abteilungen oder Krankenhäusern gerade noch durchschnittlich 20 bis 30 Tage.

Was erwartet mich im Krankenhaus ...

Jede Aufnahme in ein Krankenhaus ängstigt. In welche Mühle gerate ich? Was kommt auf mich zu? Einige allgemeine Informationen mögen Ihnen helfen, Schwellenängste abzubauen.

Zunächst wird – sofern dies nicht schon ambulant geschehen ist – die notwendige diagnostische Abklärung durchgeführt. Es werden also all die beschriebenen Untersuchungen zum Ausschluß einer körperlichen Ursache wie auch zur Vorbereitung der antidepressiven Behandlung vorgenommen (→ Seite 80, 128). Dies nimmt etwa zwei bis drei Tage in Anspruch. Daneben finden Gespräche mit Arzt und Pflegepersonal statt, und ein individueller Behandlungsplan wird erstellt. Dieser Behandlungsplan wird neben der antidepressiven Medikation noch andere Therapien wie Gruppentherapie, Beschäftigungs-, Gestalt- und Musiktherapie bis hin zu Bewegungs- und Entspannungstherapien enthalten. Es finden regelmäßige Gespräche mit dem behandelnden Arzt, gegebenenfalls auch mit dem beteiligten Psychologen statt. Meist wird auch Ihre Familie einbezogen.

Ergänzt wird dieses Programm durch Therapieformen, die zu Hause schwer zu realisieren sind, zum Beispiel Schlafentzug oder Schlafphasenverlagerung (→ Seite 133). Unter Umständen werden die Antidepressiva in den ersten Tagen auch als Dauertropfinfusion gegeben. Manche Ärzte erwarten sich davon eine schnellere Wirkung.

... und wie lange muß ich bleiben?

Da Sie deshalb stationär aufgenommen werden, weil es unter ambulanten Bedingungen nicht zum gewünschten Behandlungserfolg kam oder Sie unter einer schweren Depression leiden, muß auch im Krankenhaus etwas Geduld aufgebracht werden. Wunderheilungen sind nicht möglich.

In einer Studie wurde die Behandlungsdauer für Patienten mit einer typischen Depression in verschiedenen Krankenhaustypen untersucht: in einer Universitätsklinik, einem Fachkrankenhaus, einer psychiatrischen Privatklinik und in einer psychiatrischen Abteilung an einem Allgemeinkrankenhaus.
Das Ergebnis: Eine stationäre Depressionsbehandlung dauert heute nach diesen Ergebnissen in den verschiedensten Krankenhäusern durchschnittlich fünfeinhalb Wochen.
Dabei war erstaunlich: Die durchschnittliche Behandlungsdauer unterschied sich in den verschiedenen Kliniken kaum.

Die endgültige Entlassung aus dem Krankenhaus setzt eine Vorbereitungsphase voraus: Wochenendurlaube zu Hause zeigen, wie belastbar Sie geworden sind, was Sie sich zumuten können und mit welchem Streß Sie „draußen" rechnen müssen.

Gemeindenahe Versorgung:
psychiatrische Abteilungen im Allgemeinkrankenhaus

Die Zeit, in der Menschen mit psychischen Störungen in großen Nervenkliniken weitab von der Umgebung, aus der sie kamen, behandelt wurden, gehört (in zunehmendem Maße) der Vergangenheit an. Immer mehr psychiatrische Abteilungen werden heute an den bestehenden Allgemeinkrankenhäusern eingerichtet. Die stationäre Behandlung kann so in Wohnortnähe erfolgen, zudem erleichtert die Nähe zur Allgemeinmedizin den behandelnden Psychiatern, körperliche Ursachen der seelischen Störung zu erkennen und gegebenenfalls zu behandeln, weil ein Allgemeinkrankenhaus in aller Regel über weitreichende diagnostische Möglichkeiten verfügt. Dies kommt dem Patienten zugute: Alle diagnostischen Einrichtungen sind unter einem Dach, das bedeutet kurze Wege und oft eine Verkürzung der stationären Behandlungszeit.

Depressionsstationen

Seit mehr als zehn Jahren gibt es an psychiatrischen Fachkrankenhäusern und Fachabteilungen spezielle Depressionsstationen. Das sind Behandlungseinrichtungen, in denen auf die Erfordernisse eines depressiven Patienten in ganz besonderer Weise eingegangen werden kann, weil das gesamte Behandlungsangebot der Station, von der Schulung des Pflegeteams bis hin zu speziellen psychotherapeutischen Angeboten, darauf ausgerichtet ist. Die Idee einer solchen Spezialstation für depressive Patienten ist es, ihnen die Erfahrung zu vermitteln, daß sie nicht an einem Einzelschicksal leiden, und alle Behandlungsmöglichkeiten zu bündeln. Mittlerweile gibt es in Deutschland rund 40 derartig spezialisierte Stationen. Sie erreichen bei den dort behandelten Patienten hohe Akzeptanz, wie Umfragen bestätigen konnten.

Psychotherapeutische oder psychosomatische Kurkliniken – wenn die Depression besser wird

In Deutschland gibt es so viele psychosomatische Rehabilitationsbetten wie nirgendwo sonst. Viele Patienten mit diversen körperlichen Störungen, die auch seelische Ursachen haben, wie beispielsweise chronische Schmerzsyndrome oder bestimmte rheumatische Erkrankungen, profitieren davon außerordentlich. In vielen dieser Einrichtungen werden aber mittlerweile auch gezielt bestimmte psychische Erkrankungen wie Zwangsstörungen, Angsterkrankungen und Depressionen behandelt. Das Angebot dieser Kliniken ist sehr unterschiedlich. Für den einweisenden Arzt wie für den Patienten ist es schwierig abzuschätzen, ob die angebotenen Behandlungen wirklich von Nutzen sein werden.

Ein Beispiel
Sieglinde S. erkrankte an einer schweren Depression, in der sie auch über mehrere Wochen suizidgefährdet war. Die Behandlung gestaltete sich langwierig, mehrere Wochen war auch eine stationäre Aufnahme in einer psychiatrischen Abteilung notwendig. In einer Phase andauernder Besserung bekam sie einen Krankenhauskoller. Sie wollte nur noch entlassen werden. Ihre behandelnde Ärztin schätzte die ganze Situation aber noch als recht instabil ein, und so fand man den Kompromiß der Weiterbehandlung in einer psychosomatischen Kurklinik. Dort wurde ihr erklärt, die Verordnung von Psychopharmaka passe nicht ins Konzept der Klinik. Sie wurden abgesetzt. Zuerst sah es auch so aus, als ginge es ohne Medikamente. Doch dann setzte eine kontinuierliche Verschlechterung ein, die anfänglich von den

*Therapeuten als Widerstand gegen die verordneten psychotherapeu-
tischen Einzel- und Gruppenbehandlungen interpretiert wurde.
Sieglinde S. wurde immer verzweifelter, sie spürte die Stagnation und
ein tiefes Gefühl von Ausweglosigkeit. Nach einem Suizidversuch,
der glücklicherweise folgenlos verlief, wurde sie wieder in die überwei-
sende Klinik zurückverlegt. Was war geschehen? Die behandelnde
Ärztin hatte sich nicht gründlich genug über das Konzept der Kurklinik
informiert und fälschlicherweise angenommen, die medikamentöse
Behandlung werde dort fortgesetzt.*

—

*Ein anderes Beispiel
Peter K. wurde nach einem Suizidversuch in einer psychiatrischen
Klinik aufgenommen. Seine Depression besserte sich zwar, er spürte
aber zunehmend einen Klärungsbedarf in seinem Leben.
Er entwickelte immer deutlicher die Vorstellung, daß sich sein Leben,
seine Einstellung grundlegend ändern müsse, wenn er nicht immer
wieder in ähnliche Situationen kommen wollte. Schon zweimal war er
nach Trennungen von Lebenspartnerinnen an einer Depression
erkrankt, beim dritten Mal hatte sich die Situation im Suizidversuch
zugespitzt.
In vielen Gesprächen mit seinem Arzt kam er allmählich seinem
Lebensproblem, einer Bindungsstörung, auf die Spur. Doch Peter merkte immer deutlicher, daß das Angebot der Klinik für ihn nicht ausreich-
te, zumal es in den dortigen Gruppentherapien mehr um das Problem
der akuten Depression ging und um die Aufklärung über die
Depressionsbehandlung an sich. Das, was ihn belastete, kam nicht zur
Sprache. Als es ihm besser ging, sprach er mit seinem Arzt über dieses
Problem. Beide kamen überein, daß eine Weiterbehandlung in einer
psychotherapeutisch ausgerichteten Klinik für ihn nützlich sein werde.
Er wurde in eine Klinik verwiesen, die sein behandelnder Arzt gut
kannte, weil er selbst schon dort gearbeitet hatte. Er wußte genau
Bescheid über das Konzept der Klinik, über den Umgang mit depressi-
ven Patienten, die Einstellung zu Medikamenten und die vorhandenen
psychotherapeutischen Angebote.*

Die beiden Beispiele sollen zeigen:

Bei einer schweren akuten Depression ist eine Überweisung in eine psychotherapeutische Klinik oder eine psychosomatische Kurklinik nicht sinnvoll. Eine
psychiatrische Klinik kann in einem solchen Fall schnelle und umfassende

Hilfe gewähren. Psychotherapeutische Kliniken sind nur für Patienten geeignet, die noch oder schon wieder stabil und belastbar genug sind, tägliche psychotherapeutische Sitzungen auszuhalten. Auch die langen Wartezeiten sprechen eindeutig gegen psychotherapeutische oder psychosomatische Kliniken bei akuten Depressionen. Sie sind sinnvoll, wenn es darum geht, nach Abklingen der Depression die Erfahrung der Erkrankung aufzuarbeiten und einen notwendigen Klärungsprozeß einzuleiten, um einen Rückfall zu verhindern.

Ist eine Kur sinnvoll?

Eine unspezifische Kur ist – im Gegensatz zu einem Aufenthalt in einer psychosomatischen Kurklinik – kein Krankenhausaufenthalt. Sie dient allenfalls zur Erholung von einer schweren Krankheit, wenn deren Behandlung abgeschlossen ist. Deshalb ist eine Kur in der Behandlung der Depression nicht vorgesehen, sondern eher schädlich. Zudem: Das Ziel jeder Depressionsbehandlung ist die Wiedereingliederung in die Familie, die Arbeit, die Freizeit, kurz in den Alltag des Betroffenen. Eine Kur entfernt ihn davon, denn ihre Zielsetzung ist es ja gerade, den Kurenden vom Alltag zu entlasten.

Deshalb ist auch in direktem Anschluß an eine Depressionsbehandlung eine Kur bei den meisten Betroffenen *nicht sinnvoll*.

Welche Behandlungsmöglichkeiten sind für mich sinnvoll ?

Behandlungsplan I und Behandlungsplan II

Sie haben jetzt die Vielzahl der Behandlungsmöglichkeiten kennengelernt. Vielleicht sind Sie verwirrt. Was hilft mir denn nun in meiner Depression?

Sie wissen: *Die* Depression gibt es nicht. Ebenso wenig wie es nur *eine* Ursache der Depression gibt, gibt es *die* Behandlungsstrategie und Behandlungsmöglichkeit. Nur eine exakte Diagnose und Klassifikation, die sich nach Krankheitsbild, Schweregrad, Verlauf, vermuteter Entstehung und möglichen Auslösern richtet.

Um Ihre Frage beantworten zu können, sind also – wie wir gesehen haben – folgende Informationen wichtig:

● Wie schwer ist die Depression? Vom Schweregrad hängt ab: Medikamente ja oder nein? Ist eine ambulante Therapie möglich?

**So wichtig auch eine Psychotherapie der Depression ist:
Wenn Ihre Depression schon Monate andauert, wenn Sie so depressiv
sind, daß Ihnen die Organisation Ihres Alltags, Ihre Arbeit, Ihre Familie,
Ihre Freunde, wenn Ihnen alles über den Kopf wächst, Sie an nichts
und niemandem mehr Freude haben, dann sind Medikamente das Mittel
der Wahl! Wenn Ihre Verzweiflung so groß ist, daß Ihnen alles sinnlos
erscheint, oder wenn Sie gar Suizidphantasien quälen, kann Ihnen
vielleicht nur ein stationärer Aufenthalt die Struktur und Unterstützung
geben, die Sie jetzt brauchen.**

● Um welche Depression handelt es sich, welchen Verlauf hat sie bisher genommen, welchen wird sie voraussichtlich ohne Behandlung nehmen?

**Sie haben die verschiedenen Formen der Depression kennengelernt
(→ Seite 71). Jede einzelne von ihnen erfordert zunächst einmal einen
anderen Behandlungsansatz, der wiederum davon abhängt,
ob Sie zum ersten Mal an einer solchen Depression erkrankt sind
oder schon mehrere ähnliche Episoden erlebt haben. Vor allem
phasenhafte Verläufe, die sich mit Hochs, also manischen Phasen
abwechseln, bedürfen einer besonderen Behandlung.
Eine Depression, die Sie dem ersten Eindruck nach „über Nacht" über-
fallen hat, die Gewichtsverlust, Schlafstörungen, Tagesschwankungen,
Verlangsamung der Bewegung und starke Einengung des Denkens
mit sich bringt, wird primär medikamentös behandelt.
Eine reaktive Anpassungsstörung oder eine Dysthymie dagegen
bedürfen meist vorrangig einer Psychotherapie.**

● Wurde eine depressive Phase in der Vergangenheit früher schon einmal erfolgreich behandelt? Wenn ja, wie?

**Kein Arzt oder Psychotherapeut wird in seinen Überlegungen zum
Behandlungsplan die positiven Erfahrungen unberücksichtigt lassen,
die Sie schon einmal mit einer Behandlungsmethode hatten.
Dasselbe gilt für Ihre negativen Erfahrungen. Niemand sollte Ihnen
Methoden oder Arzneimittel vorschlagen, die Ihnen früher auch nicht
geholfen haben.**

Behandlungsplan I

Erst wenn diese Fragen beantwortet werden konnten, kann es um die Erstellung eines Behandlungsplans gehen. Erst dann kann Ihre Ärztin, Ihr Arzt, Ihre Psychotherapeutin/Ihr Psychotherapeut gemeinsam mit Ihnen entscheiden:

- Psychotherapie ja/nein? Wenn ja, welche Art der Psychotherapie?
- Medikamente ja/nein? Wenn ja, welche Medikamente?
- Sind weitere Behandlungsverfahren sinnvoll oder gar notwendig?

Als allgemeine Richtschnur gilt heute folgender Behandlungsplan – daß er immer Ihrer ganz persönlichen Geschichte, Ihrem Leiden, Ihren Bedürfnissen und Ihren Möglichkeiten angepaßt wird, ist dabei selbstverständlich!

Behandlungsplan I

	Antidepressiva	Psychotherapie	Zusatzbehandlung
Anpassungsstörung mit depressiver Verstimmung	+	+++	Ggf. kurzfristige Gabe von Beruhigungsmitteln (Tranquilizer)
Dysthymie (depressive Neurose)	++	+++	Allgemeine Maßnahmen wie Sport
Leichte Depression	++	++	Vorübergehend Tranquilizer, ggf. Schlafentzug,
Mittelschwere Depression	++ - +++	++	Schlafphasenverlagerung, allgemeine Maßnahmen
Schwere Depression	+++	+	Tranquilizer, ggf. Schlafentzug, Schlafphasenverlagerung
Depression mit psychotischer Ausprägung (wahnhafte Depression)	+++	(+)	Tranquilizer, Neuroleptika, ggf. Elektrokrampftherapie
Saisonale Depression	+	+	Lichttherapie, ggf. Schlafentzug

+ = sinnvoll   ++ = notwendig   +++ = unverzichtbar

Behandlungsplan II

Während im Behandlungsplan I die unterschiedlichen Therapiemöglichkeiten jeweils abhängig von der Diagnose zusammengestellt sind, wird im Behandlungsplan II gezeigt, wie die Behandlung dem Stadium der Depression angepaßt wird. Jeder depressive Mensch erlebt in seiner Krankheit verschiedene Stadien. In den wenigsten Fällen kommt – bei einem gesunden Menschen – eine schwere Depression über Nacht. Ebensowenig verschwindet diese von einem Tag auf den anderen. Behandlungen – welcher Art auch immer – müssen sich diesem Ablauf einer depressiven Störung anpassen. Es ist sinnlos, wenn nicht gar gefährlich, weil Schuld- und Versagensgefühle verstärkend, einem schwer depressiven Menschen mit aufmunternden Worten, Appellen an den Willen und einem ausgefeilten Aktivitäts- und Ablenkungsprogramm zu begegnen. Es macht auch keinen Sinn, in einer schweren Depression ein Aufarbeiten der Vergangenheit ins Auge zu fassen oder gar die rasche Lösung aktueller Konflikte zu verlangen. Beim Abklingen der Depression auf solche therapeutischen Zielsetzungen zu verzichten, ist jedoch ebenso falsch. Jetzt geht es darum, Aktivitätspläne zu erarbeiten, im Gespräch ein Aufarbeiten der Depression und ihrer Auslöser zu ermöglichen. Wichtig wird jetzt auch psychotherapeutische Unterstützung bei der Bewältigung der Erfahrung, an einer Depression erkrankt zu sein. Viele Menschen, die die Erkrankung hinter sich haben, brauchen auch professionelle Hilfe bei der Planung der nächsten und übernächsten Schritte, die eine Rückkehr in den Alltag und dessen Organisation erleichtern oder erst ermöglichen. Erfahrene Psychiater und Psychotherapeuten sprechen deshalb von einer phasengerechten Unterstützung des depressiven Menschen:

Behandlungsplan II – Reihenfolge der Therapieziele

- Entlastung und Linderung der Symptome (vor allem bei schweren Depressionen)

- Schrittweise Aktivierung

- Stärkung nicht-depressiven Verhaltens und Denkens

- Einsicht und Lernen: Erkennen depressiver „Risiken" in der Persönlichkeitsstruktur und Erlernen einer Gegensteuerung im Alltag

- Eigenverantwortliche Änderung depressionsfördernder Umweltfaktoren

- gegebenenfalls bei schweren, häufig wiederkehrenden Depressionen: medikamentöse Prophylaxe

(modifiziert nach Daniel Hell)

Bilder, die sie gerne malt, sind grau in grau

Eines heißt

VOGEL

Der Vogel habe

AUF

keine Mutter und

DEM

keinen Vater

BAUM   ein Kuckuck habe ihn

geworfen
aus dem Nest
VOGEL

Depressive Kinder?

Lange Jahre haben Fachleute die Existenz einer Depression bei Kindern verneint. Dem widersprach jedoch schon immer die Realität. Denn tatsächlich sind depressive Symptome bei Kindern und Jugendlichen nicht seltener als bei Erwachsenen. In manchen Statistiken erscheinen Depressionen sogar nicht nur als die häufigste aller psychischen, sondern auch als die häufigste aller chronischen – körperlichen wie seelischen – Krankheiten, unter denen Kinder und Jugendliche leiden können.

Wie depressive Kinder und Jugendliche leiden

Grundsätzlich leiden Kinder und Jugendliche unter denselben Symptomen, die auch depressive Erwachsene zeigen. Einfühlsame Beobachter spüren und erkennen eine traurige, depressive Grundstimmung, Niedergeschlagenheit, Weinerlichkeit, oft aber auch eine alles überlagernde Unzufriedenheit und Gereiztheit, die das betroffene Kind streitsüchtig und aggressiv machen.

Depressive Kinder und Jugendliche haben zu nichts Lust, scheinen gelangweilt, zeigen plötzlich auch kein Interesse mehr an Dingen und Aktivitäten, die ihnen bisher Spaß gemacht haben, können sich über nichts mehr freuen.

Auch depressive Kinder erleben sich selbst als minderwertig, wertlos und haben unangebrachte Schuldgefühle.

Viele haben Angst vor wirklichen und eingebildeten Gefahren: vor dem Dunkeln, dem Alleinsein, vor Menschen, Tieren und Monstern, vor Strafen, „Peinlichkeiten" und Kränkungen, vor Dieben, Mördern, Bomben, Feuer und Wasser, ... vor der Gegenwart und vor der Zukunft.

Wie Erwachsene zeigen sie eine Hemmung im Denken und Handeln: Depressive Kinder können sich schlecht konzentrieren, haben Schwierigkeiten, bei der Sache zu bleiben, sind vergeßlich. Sie grübeln über die verschiedensten Wenn und Aber, können sich nicht entscheiden und verlieren damit den Anschluß, „kommen nicht mit". Die Hemmung im Handeln zeigt sich in einem Rückzug von allen alterstypischen Aktivitäten. Depressive Kinder hängen in ihrem Zimmer oder vor dem Fernsehapparat herum, anstatt zu spielen, sich mit Freunden zu verabreden oder Sport zu treiben. Sie sind müde, ohne Energie.

Viele Kinder und Jugendliche sind auch besonders unruhig, erscheinen fahrig, hyperaktiv und „ohne Sitzfleisch".

Wie depressive Erwachsene klagen sie über körperliche Beschwerden und Schlafstörungen (können nicht ein- und durchschlafen oder kommen morgens nicht aus dem Bett). Sie leiden unter Eßstörungen: Appetitlosigkeit oder extremer Naschsucht.

Schwierigkeiten, eine Depression zu erkennen

Dennoch ist es nicht leicht, depressive Erkrankungen bei Kindern und Jugendlichen zu erkennen. Dafür gibt es verschiedene Gründe:

● Kinder, vor allem jüngere, sind kaum in der Lage, ihre Gefühle mit dem Lebensgefühl anderer Kinder zu vergleichen, sich selbst als trauriger, hoffnungsloser, unruhiger, ängstlicher als ihre gleichaltrigen Kameraden zu erkennen und zu beschreiben. Auch Jugendliche ziehen sich – das ist ebenfalls alterstypisch – oft lieber in sich zurück, als gerade mit Eltern oder anderen Erwachsenen über ihre Gefühle zu sprechen. Eltern und Lehrern bleibt dadurch häufig die depressive Gestimmtheit verborgen. Meist sind es körperliche Symptome und Hemmungen im Denken und Handeln, die ja auch zum depressiven Syndrom gehören, die sie beunruhigen.

● Kinder und Jugendliche neigen dazu, durch Verhaltensauffälligkeiten sich selbst vor den Gefühlen der Leere, der Niedergeschlagenheit und Hoffnungslosigkeit zu schützen. Die typischen depressiven Symptome wie geringes Selbstwertgefühl, Pessimismus, Leere werden also oft von anderen auffälligeren Symptomen überlagert, die es Erwachsenen schwermachen, die dahinter verborgene Grundstimmung zu erkennen.

● Die depressiven Symptome hängen bei Kindern und Jugendlichen weitaus mehr als bei Erwachsenen vom Alter, vom körperlichen, seelischen und geistigen Entwicklungsstand und von den altersentsprechenden Anforderungen ab, denen sich das Kind gegenübergestellt sieht, aber auch von seinen aktuellen intellektuellen und verbalen Möglichkeiten. So zeigen Kinder und Jugendliche oft ganz typische Symptome, ohne daß wir als Erwachsene – Eltern, Lehrer, Nachbarn – die grundlegende traurig-depressive Stimmung erkennen können. Und je jünger das Kind, desto schwieriger ist es, hinter den verschiedenen körperlichen Anzeichen und Verhaltensauffälligkeiten Symptome einer depressiven Erkrankung zu erahnen.

● Dazu kommt: Jede Entwicklungsstufe kann ganz unterschiedliche Symptome mit sich bringen, ohne daß wir diese als Neuauflage eines „alten" depressiven Symptoms erkennen.

● Und nicht zuletzt: Halten wir nicht alle zu gern am Bild einer glücklichen, sorgenfreien Kindheit fest und an unserer Allmacht, diese zu garantieren? Kinder traurig, niedergeschlagen, hoffnungslos und ohne Zukunftsoptimismus zu sehen, läßt uns Erwachsene die eigene Hilflosigkeit erkennen, rührt vielleicht an eigene depressive Seiten. Wir neigen dazu, das Problem zu verleugnen, und verkennen deshalb depressive Kinder oft als schüchtern, ruhig, immer gelangweilt und langweilig, einfach zu faul zum Spielen oder besonders weinerlich und „ewig unzufrieden und nörglerisch". Den jugendlichen „Weltschmerz" – Anzeichen einer depressiven Erkrankung bei Heranwachsenden – bagatellisieren wir als pubertäre Launenhaftigkeit, die schon vorbeigehen wird, und die depressive ständige Gereiztheit als Aufsässigkeit. Als Folge dieser Fehleinschätzung ahnden wir dann die verschiedenen Symptome, unter denen depressive Kinder und Jugendliche leiden, als Kinderfehler, Unarten und bewußtes Verweigern. Oder wir verstehen sie als Folgen von Erziehungsfehlern, die wir dann, wenn wir nicht selbst betroffen sind, zur eigenen Erleichterung den Eltern des „auffälligen" Kindes anlasten können.

Die Folge: Auch Fachleute, Lehrer, Kinderärzte, Schulpsychologen, haben oft Schwierigkeiten, die Depression eines Kindes zu erkennen. Sie diagnostizieren Entwicklungsrückstände, Spiel- und Lernstörungen, Konzentrationsschwäche oder Aufmerksamkeitsstörungen, Aggressivität, Destruktivität und Kontaktstörungen. Andere – körperliche – Symptome wie zum Beispiel Einnässen und Einkoten, Schlafstörungen, Eßstörungen und vor allem Kopfschmerzen bei älteren Kindern und Jugendlichen werden isoliert als Störung oder Krankheit betrachtet und behandelt (ähnlich den Symptomen einer larvierten Depression des Erwachsenen, → Seite 78). Daß sich dahinter jedoch oft eine depressive Störung verbirgt, wird selten erkannt.

Jedes Alter hat seine Symptome – Anhaltspunkte für eine Früherkennung

Das erste Lebensjahr

Ein Verlust der Bezugsperson oder ein grundlegender Mangel an Geborgenheit kann – so haben Kinderärzte und Psychiater erkannt – zu depressiven Symptomen führen. Fehlen einem Baby Geborgenheit und Zuwendung, wird es apathisch, nimmt vielleicht nicht mehr richtig zu, wächst weniger als es seinem genetischen Fahrplan entspräche und entwickelt sich insgesamt in allen – körperlichen, seelischen, sozialen und motorischen – Bereichen langsamer als seine Altersgenossen. Kinderärzte und Kinderpsychiater sprechen in einem solchen Fall von einer „psychosozialen Gedeihstörung" als möglichem Symptom einer Depression. Im Gegensatz zu Gedeihstörungen, deren Grund entweder in falschem oder ungenügendem Nahrungsangebot oder in bisher unentdeckten körperlichen Ursachen liegt, wächst und gedeiht das depressive Baby deshalb nicht, weil ihm das dafür nötige Gefühl der Geborgenheit fehlt.

> **Ein extremes Beispiel einer solchen psychosozialen Gedeihstörung ist der Hospitalismus bei Säuglingen, den der bekannte Psychoanalytiker R. Spitz als anaklitische (Anaklisis: [emotionale] Anlehnung) Depression beschrieben hat. Verlieren Säuglinge im ersten Lebensjahr ihre wichtigste Bezugsperson ohne entsprechenden Ersatz, reagieren sie nach dem Verlust mit Symptomen, die trotz individueller Unterschiede einen ganz typischen Verlauf nehmen:**
> - **Im ersten Monat: Die Kinder werden weinerlich, anspruchsvoll und klammern sich an mögliche neue Bezugspersonen.**
> - **Im zweiten Monat: Das Weinen wird zum Schreien, beginnender Gewichtsverlust und Entwicklungsverzögerungen.**
> - **Im dritten Monat nach dem Verlust: Die Kinder verweigern den Kontakt, liegen regungslos in typischer zusammengekrümmter Haltung in ihrem Bett, Schlaflosigkeit, weiterer Gewichtsverlust, Krankheitsanfälligkeit und motorische Verlangsamung.**
> - **Nach dem dritten Monat: Eisig-starrer Gesichtsausdruck, wimmern, weitere motorische Verlangsamung bis hin zur totalen Teilnahms- und Interesselosigkeit. Entwicklungsrückschritte.**

Kleinkindalter (erstes bis drittes Lebensjahr)

Auch Kleinkinder reagieren vor allem auf den Verlust einer Bezugsperson oder auf das Fehlen von Nähe, Zuwendung und Sicherheit mit depressiven Symptomen. Depressive Kleinkinder zeigen meist eine Entwicklungsverzögerung. Sie lernen später laufen und sprechen, werden später sauber und trocken und entwickeln geringere grob- und feinmotorische Geschicklichkeit. Sie lernen zum Beispiel spät, selbständig zu essen, bauen mit Klötzen ungeschickt, laufen lange unsicher, klettern schlecht, zeigen insgesamt ein unsicheres Körpergefühl. Auch ihre kognitiven Fähigkeiten entwickeln sich langsamer.

Viele essen schlecht. Sie haben Ein- und Durchschlafstörungen oder ein übergroßes Schlafbedürfnis.

Nächtliche Ängste und Alpträume quälen sie oft mehr als für dieses Alter üblich. Depressive Kleinkinder sind meist überanhänglich, jammern viel, können keine Minute allein im Zimmer bleiben. Manche scheinen aber ganz resigniert zu haben und verfallen in Teilnahmslosigkeit.

Andere wieder „entgleisen" in ihrer Entwicklung. Sie schaukeln hin und her, schlagen mit dem Kopf gegen die Wand, beißen sich selbst oder reißen sich die Haare aus. Manche onanieren bis zur Selbstverletzung.

> **J. Bowlby, der sich wie kein anderer mit dem Bindungsverhalten
> von Kindern beschäftigt hat, hat – wie Spitz für das Säuglingsalter –
> auch für Kleinkinder typische Reaktionen auf einen Verlust beobachtet.
> Der anfängliche lautstarke Protest, den zum Beispiel kleine Kinder,
> die ohne ihre Eltern ins Krankenhaus müssen, noch zeigen, weicht bald
> einer tiefen Enttäuschung und danach der inneren Abwendung von
> den geliebten Bezugspersonen. Sie werden depressiv. Diese dreiphasige
> Reaktion auf einen Verlust zeigen Kinder erst – so die Beobachtung –,
> wenn sie tatsächlich schon eine Beziehung zu einer Bezugsperson auf-
> bauen konnten, also frühestens mit sechs bis acht Monaten.**

Kindergartenalter (drei bis sechs Jahre)

Depressive Kindergartenkinder weisen meist ähnliche Symptome wie Kleinkinder auf. Viele sind auffällig ängstlich, können Vater und Mutter nicht gehen lassen.

Die Trennungsangst hindert sie, ihre altersgemäße Selbständigkeit auszuprobieren und neugierig zu sein. Ihre Teilnahmslosigkeit und Antriebslosigkeit läßt sie wenig Spaß daran finden, neue motorische Fähigkeiten auszuprobieren (zum Beispiel Roller- und Radfahren).

Innere Unruhe und Gereiztheit zeigen sich als Aggressivität und Destruktivität. Depressive Kinder sind nicht selten Kinder, die weder allein noch mit anderen spielen können, mit Gleichaltrigen immer in Streit geraten, scheinbar unmotiviert zuschlagen und das schönste Spiel durch ihr destruktives Verhalten stören.

Auch körperliche Symptome wie Eß- und Schlafstörungen sind häufig. Viele depressive Kindergartenkinder klagen über Bauch- und Kopfschmerzen.

In depressiven Episoden kehren Kinder oft zu früheren Entwicklungsstadien und vielleicht schon abgelegten Verhaltensweisen zurück. Ständiges Daumenlutschen, Einnässen und Einkoten zum Beispiel sind typische depressive Symptome. Aber auch schon einmal erworbene motorische und feinmotorische, intellektuelle und sprachliche Fähigkeiten können wieder verlorengehen.

Daneben berichten erschrockene Eltern auch über erste Vorformen typisch „erwachsener" Symptome. Schon vier-, fünfjährige Kinder können in einer depressiven Phase behaupten, daß keiner mit ihnen spielen wolle. Sie nehmen an, keiner liebe sie und keiner habe Zeit für sie. Und schon Kindergartenkinder können – ohne einen Begriff vom Tod zu haben – phantasieren, nicht mehr leben zu wollen, und Impulse zeigen, sich aus dem Fenster zu stürzen oder in ein fahrendes Auto zu laufen.

Jüngere Schulkinder (sechs bis etwa zwölf Jahre)

Immer stärker treten jetzt die psychischen Symptome einer Depression in den Vordergrund. Depressive Schulkinder leiden wie Erwachsene unter dieser depressiven Stimmung. Sie sind niedergeschlagen, resigniert und ängstlich.

Ihre geistige und seelische Entwicklung erlaubt ihnen immer mehr soziale Einsichten und ganz neue Möglichkeiten, über sich selbst nachzudenken. Jetzt tauchen auch unangemessene Schuldgefühle oder unangebrachte Selbstkritik als depressive Symptome auf.

Häufig sind Denkhemmungen wie Konzentrationsschwierigkeiten und Gedächtnisstörungen.

Manchmal bleiben diese psychischen Symptome die einzigen. Doch oft wirken sie sich auf das Verhalten und die Leistungsfähigkeit des Kindes aus und verursachen weitere Symptome. Diese erst alarmieren dann Lehrer und Eltern. Denn der Verlust von Motivation, Begeisterung, Interesse und Aufmerksamkeit sowie depressive Gedächtnisstörungen und die Unfähigkeit, sich zu konzentrieren, beeinträchtigen die schulischen Leistungen. Auch die Angst, zu versagen und vor möglichen Strafen machen gezieltes und effektives Lernen umöglich.

Depressive Kinder können auch ihre Freizeit nicht gestalten. Sie spielen wenig und verbringen weniger Zeit mit Gleichaltrigen als für das Alter üblich. Wenn sie mit anderen spielen, sind sie oft aggressiv und können sich nur schwer auf andere einstellen.

Manchmal fallen depressive Kinder jetzt auch durch ihre Unruhe auf. Sie hampeln herum, können nicht bei einer Sache bleiben, versuchen, ihre depressive Stimmung vor sich und den anderen hinter einer Maske aus Umtriebigkeit und Clownerie zu verbergen. Diese Unruhe wird nicht selten mit dem hyperkinetischen Syndrom verwechselt, das Kinderärzte und Kinderneurologen vielfach mit einer möglichen minimalen Fehlfunktion des Gehirns (der M[inimalen]C[erebralen] D[isfunktion]) in Zusammenhang bringen. Auffällig bei der depressiven Hyperaktivität ist aber immer die freudlose (dysphorische) Grundstimmung.

Ebenso wie Kindergartenkinder leiden auch depressive Schulkinder häufig unter Eßstörungen. Sie essen zu wenig oder zu viel. Sie nehmen also ab oder nicht ihrem Alter und Wachstum entsprechend zu oder werden zu dick. Sie klagen häufig über Bauchschmerzen, Übelkeit und Kopfschmerzen.

Immer gefährlicher werden im Lauf der kindlichen Entwicklung depressive Suizidphantasien oder Suizidversuche.

Jugendalter (12 bis 18 Jahre)

Eltern von Jugendlichen können ein Lied davon singen: Viele Merkmale, die hier als typische depressive Symptome aufgezählt werden, scheinen normaler Bestandteil der jugendlichen Entwicklung zu sein. Himmelhoch jauchzend, zu Tode betrübt, gereizt, verschlossen, gelangweilt oder grüblerisch, oft mit sich und der Welt unzufrieden – all dies sind Eigenschaften, die wir Jugendlichen zuschreiben, manchmal auch zubilligen, oft aber als „erziehungsbedürftig" einstufen. Häufig sind auch schulische Probleme bis hin zur Arbeitsverweigerung oder Ärger am Arbeitsplatz und plötzlicher oder schleichender Leistungsabfall. Daß sich dahinter eine depressive Erkrankung verbergen kann, ziehen wir nur selten in Betracht, und Fachleute tun sich ebenfalls mit einer eindeutigen Diagnose schwer, weil die Grenzen tatsächlich fließend sind.

Auch Hilfen und Unterstützung sind nicht einfach: Jugendliche sind gerade Erwachsenen gegenüber häufig mißtrauisch. Schwächen, als die sie depressive Stimmungen oft betrachten, und Hilfsbedürftigkeit einzugestehen, fällt ihnen schwer. Oftmals kommt es dann zu „Selbstheilungsversuchen" durch Alkohol oder Drogen. Auch das unter Jugendlichen nicht seltene antisoziale Verhalten wie zum Beispiel jugendlicher Vandalismus oder Rowdytum als Demonstration der Stärke ist in vielen Fällen Ausdruck einer depressiven Störung.

Körperliche Symptome sind jetzt vor allem Kopfschmerzen und Eßstörungen bis hin zu den extremen Formen, unter denen vor allem Mädchen leiden: Bulimie (Eßanfälle mit selbstverursachtem Erbrechen) und Anorexie (Magersucht). Viele depressive Jugendliche zeigen auch Störungen im Schlafverhalten. Manche scheinen ihre Depression regelrecht verschlafen zu wollen. Sie leiden unter übermäßigem Schlafbedürfnis.

Anders als bei Kindern vor der Pubertät, deren Depression sich in vielerlei körperlichen Beschwerden und Verhaltensauffälligkeiten zeigt, stehen bei Jugendlichen meist die psychischen Symptome des depressiven Syndroms im Vordergrund. Depressive Jugendliche sind traurig, resigniert, hoffnungslos, grübeln viel, haben Minderwertigkeitsgefühle. Sie fühlen sich den sozialen und emotionalen Anforderungen bis hin zu ersten sexuellen Erfahrungen, die der Umgang mit Gleichaltrigen bedeutet, nicht gewachsen, beginnen, sich vor Gleichaltrigen zurückzuziehen, isolieren sich manchmal völlig. In dieser scheinbar selbstgewählten Einsamkeit hegen viele depressive Jugendliche Phantasien, mit allem Schluß zu machen, sich umzubringen. Für die meisten bleibt dies glücklicherweise eine vielleicht entlastende Phantasie, die manchmal als Hilfeschrei oder als Drohung gegenüber anderen geäußert wird.

Doch auch die tatsächlichen Suizidversuche steigen gerade in der Pubertät stark an. Am häufigsten davon betroffen sind Jugendliche zwischen 15 und 19 Jahren. Es gibt Schätzungen für die Vereinigten Staaten, daß bis zu 9 Prozent dieser Altersgruppe wenigstens einmal einen Suizidversuch unternehmen (im Gegensatz zu Kindern, für die dieselbe Schätzung von etwa 1 Prozent ausgeht).

Macht die Pubertät depressiv?

Zeitgleich mit dem Eintritt in die Pubertät steigt das Risiko, an einer Depression zu erkranken, sprunghaft an. Nicht das Alter spielt dabei eine Rolle, sondern die körperliche Reife. (In einer Gruppe Gleichaltriger im Alter zwischen 14 und 15 Jahren zeigten unter den vorpubertären Kindern nur etwa 10 Prozent depressive Symptome, während unter den schon in die Pubertät eingetretenen 20 Prozent als depressiv eingestuft werden mußten.)

Dabei bedeutet die Pubertät vor allem für Mädchen einen entscheidenden Einschnitt. Während im Kindesalter ungefähr gleichviel Jungen wie Mädchen an einer Depression erkranken, ist das Verhältnis depressiver junger Männer zu jungen Frauen etwa 1 : 2.

Warum bei Mädchen mit dem Einsetzen der Pubertät, also mit dem Beginn ihres Lebens als Frau, ein doppeltes Risiko besteht, an einer Depression zu erkranken, mag verschiedene Gründe haben. Wir werden sie im Kapitel „Depressionen – eine Frauenkrankheit?" ausführlicher diskutieren (→ Seite 187). Hier nur ganz kurz: Neben der unterschiedlichen hormonellen Entwicklung spielt auch die unterschiedliche psychische Verarbeitung der Pubertät eine Rolle.

Auch bipolare Störungen (→ Seite 72) scheinen verstärkt – nach Ansicht mancher Psychiater sogar erst – in der Pubertät aufzutreten. Im Gegensatz zu den einzelnen Episoden erwachsener Betroffener werden bei Jugendlichen jedoch kürzere Phasen beschrieben. Innerhalb weniger Tage sind Stimmungsschwankungen zwischen himmelhoch jauchzend und zu Tode betrübt festzustellen. Vor allem hier ist die Suizidgefahr besonders groß.

Die Risiken der Depression – warum ist Früherkennung wichtig?

Depressive Kinder leiden. Das allein genügt, um ihnen so früh wie möglich die Hilfen zukommen zu lassen, die sie jetzt brauchen. Dazu kommt: Eine Depression bleibt nie ohne Auswirkung auf die weitere Entwicklung des betroffenen Kindes. Zwei Gefahren haben Kinderärzte und Kinderpsychiater erkannt:

● Depressive Kinder fallen zurück. Sie „regredieren" (gehen zurück) auf frühere Stufen ihrer Entwicklung, um sich die Auseinandersetzung mit der als schmerzlich erlebten Gegenwart zu ersparen. Sie ziehen die Notbremse!

● Andere Kinder fahren zwar weiter – um in diesem Bild zu bleiben –, kommen jedoch vom richtigen Gleis der Entwicklung ab. Fehlentwicklungen sind die Folge.

In beiden Fällen verhindert eine Depression die altersgemäße Weiterentwicklung, die es dem Kind oder Jugendlichen erlaubt, die Entwicklungsaufgaben in Angriff zu nehmen, die jetzt gerade „dran" sind.

Erfahrungen zeigen leider auch, daß sich depressive Symptome bei Kindern zwar im Lauf der Entwicklung verändern, sich jedoch meist nicht einfach „auswachsen". Experten gehen davon aus, daß mehr als die Hälfte dieser Kinder (manche Untersuchungen stellten sogar bis zu 80 Prozent fest) auch im späteren Leben depressive Phasen erleiden werden. Depressionen in der Kindheit bedeuten also ein hohes Risiko, auch als Erwachsener einmal an einer Depression zu erkranken.

Eine weitere alarmierende Tatsache: Suizid gehört zu den häufigsten Todesursachen im Jugendalter, und in vielen Fällen ist eine solche Selbsttötung das letzte in einer langen Reihe depressiver Symptome. Viele Jugendliche und Erwachsene, die einen Selbsttötungsversuch verüben, haben – so ergibt sich in der Rückschau – schon in der Kindheit unter Symptomen gelitten, die unschwer als depressive Symptome erkannt werden können. Umgekehrt formuliert: Depressive Kinder – so die Statistik – unterliegen einem um das Dreifache erhöhten Risiko, irgendwann einmal einen Selbsttötungsversuch zu unternehmen. Eine Früherkennung kann Leben retten.

Suizid – Gefahr im Verzug

Jede Depression – sei es die eines Kindes, eines Jugendlichen oder eines Erwachsenen – birgt als letzte Konsequenz der depressiven Gefühle und Gedanken wie Hoffnungslosigkeit, Pessimismus, Minderwertigkeit die Gefahr der Selbsttötung. Obwohl davon ausgegangen werden kann, daß Jugendliche mehr Selbsttötungsversuche unternehmen als Kinder, muß auch bei depressiven Kindern, die Selbsttötungphantasien äußern oder ahnen lassen, dieses Risiko immer im Auge behalten werden. Eine Selbsttötungsabsicht bei Kindern zu erkennen, ist für viele Betroffene auch im Hinblick auf die Zukunft des Kindes lebensnotwendig. Zwar fehlt Kindern glücklicherweise meist die Technik oder der tatsächlich letzte Impuls, sich umzubringen, jedoch haben 75 Prozent der Jugendlichen, die durch Selbsttötung umkommen, bereits als Kind Versuche unternommen.

Wer ist besonders gefährdet?

Nicht nur depressive Kinder und Jugendliche begehen einen Suizid. Dennoch lassen viele Untersuchungen, Beobachtungen und Langzeitstudien erkennen, daß gerade eine depressive Erkrankung ein hohes Risiko birgt. Kinder und Jugendliche, die wegen eines Suizidversuchs in eine Kinder- und Jugendpsychiatrische Station aufgenommen wurden, zeigten vor allem Hoffnungslosigkeit als depressives Symptom. Auslösende Faktoren – so haben diese Untersuchungen ergeben – sind gerade bei Kindern und Jugendlichen andauernde familiäre Schwierigkeiten, unlösbar scheinende Konflikte mit den Eltern oder der Eltern untereinander und ein Mangel an Unterstützung, Zuwendung und Beistand durch die Familie. Kinder, die einen Selbsttötungsversuch unternommen haben, klagen besonders häufig darüber, daß in ihrer Familie kaum ein Zusammengehörigkeitsgefühl existiere, daß es sehr viel Streit gebe und die Familie nicht als Zufluchtsort erfahren werden könne. Das Gefühl, allein gelassen zu werden, sich nicht auf die Eltern und deren Halt verlassen zu können, ist gerade für Kinder und Jugendliche katastrophal. Noch weniger als Erwachsene sind sie in der Lage, ihre belastende Umwelt zu ändern oder sich außerhalb der Familie, die versagt, Hilfe zu suchen. Häufig mangelt es besonders den Kindern und Jugendlichen, die keinen Rückhalt in der Familie haben, auch an Unterstützung durch Gleichaltrige, da sie „unbeliebt" sind. Sie hatten wenig Möglichkeiten, sozial akzeptable Verhaltensweisen zu erlernen. Dazu kommt: Gerade depressive Kinder und Jugendliche – dies ist nicht anders als bei Erwachsenen – haben sich ja zurückgezogen und dadurch oft Freundschaften aufs Spiel gesetzt.

Ich bin jetzt auf der jugendpsychiatrischen Abteilung. So recht kann ich mir gar nicht vorstellen, was passiert ist. Nach der Scheidung meiner Eltern passierte nur noch Mist, allein, daß wir aus dem Haus ausziehen mußten. Vater habe ich dann auch nicht mehr gesehen, und Mutter war abends meist angesäuselt, mit der war ja schon länger kein vernünftiges Wort mehr zu reden. „Meine Tochter vertraut mir alles an" hat sie jedem erzählt, ob er es wissen wollte oder nicht, oder daß ich „ihre beste Freundin" sei. So ein Schwachsinn, wenn die wüßte ... Ihr dauerndes Gejammer hat mich völlig kaputt gemacht, na ja, daß Vater eine andere hat, ist Scheiße, aber an allem ist er deswegen noch lange nicht schuld. Und die Sache mit Sven hat sie von Anfang an madig gemacht. Er würde sowieso nur kiffen, und so weiter, die soll doch ruhig sein mit ihrem Martinigesaufe. Wenn er anrief, hat sie ihn angelogen, daß ich nicht da sei. Logisch, daß Sven das gestunken hat. Als er sich dann letzten Freitagabend bei der Klassenfete an Andrea ranmachte und plötzlich mit ihr verschwunden war, knallten bei mir die Sicherungen durch. Ich habe einfach diese blöden Pillen geschluckt, die meine Mutter immer von ihrem Hausarzt zur Beruhigung kriegt.

Anna (16 Jahre)

Das Alter spielt bei der Beurteilung der Suizidalität von Kindern und Jugendlichen und der Einschätzung des aktuellen Risikos eine wichtige Rolle. Der Ernst einer Selbsttötungsabsicht und die möglichen Folgen hängen von der aktuellen entwicklungspsychologischen (emotionalen, kognitiven und intellektuellen) und körperlichen Situation des Heranwachsenden ab und muß ganz anders eingeschätzt werden als bei Erwachsenen.

Ein kleines Kind, das hin und wieder weint: „Am liebsten wäre ich tot", ist sicher nicht so gefährdet wie ein Erwachsener, der so etwas sagt. Umgekehrt kann sich ein kleines Kind, das sich – vielleicht nach der Geburt eines Geschwisterchens – nicht mehr geliebt fühlt, durch Weglaufen in akute Lebensgefahr bringen. Es ist nicht in der Lage, das Risiko abzuschätzen.

Phantasie – Absicht – Geste – Versuch – Handlung

Die vielleicht im Erwachsenenalter diagnostisch sinnvolle Unterscheidung zwischen Suizidphantasie, -absicht, -versuch und vollbrachtem Suizid kann bei Kindern irreführen. Jugendliche neigen eher zum impulsiven Durchsetzen suizidaler Phantasien, ohne „eigentlich" wirklich die Absicht zu haben, sich selbst zu töten. Oft senken auch Drogen oder Alkohol die Hemmschwelle.

Jüngere Kinder dagegen schützt glücklicherweise meist ihr körperlicher Entwicklungsstand vor möglichen Suizidversuchen. Denn zu besonders „harten" Selbsttötungsarten, die mit großer Wahrscheinlichkeit zum Tod führen, wie zum Beispiel Erschießen, aber auch die unter Erwachsenen sehr häufige Selbsttötung durch einen Autounfall, sind sie kaum in der Lage. So können sie zwar im Moment ihre Absicht nicht in die Tat umsetzen, sind jedoch auf lange Sicht nicht weniger gefährdet.

Daß Kinder aufgrund ihrer geistigen Entwicklung oft nicht in der Lage sind, die Folgen ihres Handelns abzuschätzen, erhöht das Suizidrisiko dagegen. Jüngere Kinder zum Beispiel haben keinen Begriff von der Endgültigkeit des Todes. Erst um das neunte Lebensjahr herum begreifen Kinder den Tod als allgemeines, unumkehrbares, endgültiges Ereignis. Doch auch ältere Kinder sind nicht immer zu dieser gedanklichen Leistung fähig. Es gibt viele Jugendliche, für die zumindest in emotionaler Streßsituation diese Einsicht abhanden kommt, wie sich in vielen Suizidphantasien Jugendlicher zeigt.

Dazu kommt: Bestimmte Risiken rational abzuschätzen, setzt ein hohes Maß an intellektueller Einsicht, aber auch an Wissen voraus, das weder bei Kindern noch bei allen Jugendlichen vorausgesetzt werden kann. Was vielleicht „nur" ein Protest sein sollte, kann zum Tode führen, ohne daß tatsächlich eine suizidale Absicht dahinter stand. Ein Beispiel: Ein Kind, das aus ohnmächtiger Wut die Zigaretten seiner Mutter verschlingt, ist aktuell um ein Vielfaches gefährdeter als das Kind, das einen Selbsttötungsversuch mit der zwar verschreibungspflichtigen, jedoch ungefährlichen „Pille" der Mutter unternimmt.

Wann heißt es besonders aufzupassen?

Es ist nicht leicht zu erkennen, wer gefährdet ist und wer nicht. Viele depressive Jugendliche wirken suizidal, ohne die Absicht zu haben, tatsächlich mit ihrem Leben Schluß zu machen. Umgekehrt gibt es auch Suizide und Suizidversuche, die für Außenstehende wie aus heiterem Himmel passieren.

Die Auswertung vieler Krankengeschichten und Gespräche mit Kindern und Jugendlichen, die einen Selbsttötungsversuch unternommen haben, aber gerettet wurden beziehungsweise mit Eltern und Freunden von Kindern und Jugendlichen, die sich das Leben genommen haben, hat Ärzte und Psychologen typische Konstellationen und Begleitumstände erkennen lassen, die überdurchschnittlich häufig einem Suizid oder Suizidversuch vorausgehen.

Das heißt: Auf der Grundlage einer depressiven Episode, vielleicht begleitet von einer suizidalen Stimmung, können Ereignisse zum Auslöser eines Selbsttötungsversuchs oder eines Suizids werden. Dazu gehören ein heftiger Streit mit den Eltern oder dem Freund/der Freundin, Schulversagen oder der Verlust des Arbeitsplatzes, Zurückweisungen oder Bestrafungen durch Menschen, die den Betroffenen emotional nahestehen, und bei Mädchen eine unerwünschte Schwangerschaft.

Wenn der mich noch einmal ohrfeigt, spring ich aus dem Fenster!
Ist doch eh alles scheiße. Dann sollen die mal sehen, wie sie damit zurechtkommen. Ob ihnen dann das Sorgerecht für Sandra, ihr Schätzchen, ihre Prinzessin, ihren Liebling – scheiße, jetzt heule ich ... entzogen wird? Das würde mich freuen! Vielleicht würden sie dann aber auch an meinem Grab heulen. Das hätten sie dann davon.   *Manuel (12 Jahre)*

Oft spielen Alkohol und Drogen eine entscheidende Rolle, da sie die Hemmschwelle herabsetzen. Auffällig häufig sind auch Nachahmungen eines anderen Jugendlichen (sei es in der Realität oder in einem Roman, einem Film oder ähnlichem), der sich in irgendeiner Form zur Identifikation anbietet.

Das Werther-Syndrom (oder heute Kurt-Cobain-Syndrom?)
Die Nachahmungssuizide sind keine moderne Erscheinung. Schon der Roman Goethes „Die Leiden des jungen Werthers" im 18. Jahrhundert hat zur damaligen Zeit eine Reihe von Suiziden ausgelöst. Heute gibt es eindeutige Hinweise darauf, daß die Zahl der Nachahmungssuizide proportional mit der Verbreitung der Geschichte einer Selbsttötung steigt. Eine besonders erschreckende Zahl einer solchen Nachahmung mußte nach einem Fernsehfilm registriert werden, der den Suizid eines Jugendlichen durch eine Überdosis an Heroin zum Thema hatte.

In einer Bevölkerungsgruppe, in der statistisch etwa zwei Suizide
im Monat zu erwarten waren, stieg die Rate der Selbsttötungsversuche
innerhalb von 14 Tagen nach der Ausstrahlung des Films auf 14 an.
Dabei hatten alle diese Jugendlichen, die in den zwei Wochen
nach dem Film einen Suizidversuch unternahmen, genau diese Form
der Selbsttötung, also Tod durch Überdosis, gewählt.

Für Eltern, Lehrer und Freunde
depressiver Jugendlicher

Es gibt erste Anzeichen der drohenden Gefahr! Sie zu bemerken und ernst zu
nehmen, kann Leben retten!

● Daß ein Abschiedsbrief solch ein dringendes Alarmsignal darstellt, braucht
nicht betont zu werden. Viele Selbstmörder hinterlassen solche Briefe. Sie werden – so die Beobachtung – meist Stunden, wenn nicht gar Tage vor dem Suizid
geschrieben und oft so hinterlegt, daß sie gefunden werden können. Reagieren
Sie auf einen solchen Brief! Suchen Sie – wenn nötig – Ihr Kind! Sie müssen es
finden! Nehmen Sie keine Rücksicht auf Zurückweisung oder Bagatellisierung!
Wenn nötig, rufen Sie in der Klinik an!

● Äußert Ihr depressives Kind klare Pläne, wie am effektivsten eine Selbsttötung zu geschehen habe, ist dies ebenfalls ein ernstes Alarmzeichen. Klingen
diese Pläne in irgendeiner Weise realistisch, zum Beispiel, weil sie Mittel und
Wege einbeziehen, die dem Kind zugänglich und möglich sind, ist sofortige
professionelle Hilfe nötig!

● Die meisten Selbsttötungen passieren in der Einsamkeit. Zieht sich Ihr Kind
immer mehr zurück, vermeidet es offensichtlich Ihren Kontakt, müssen Sie hell-
hörig werden!

Weitere Anzeichen der Gefahr sind vielleicht nicht so offensichtlich, jedoch nicht weniger ernst zu nehmen:

● Wenn Sie einen unerwarteten scheinbar positiven Umschwung im Verhalten und in der Stimmung Ihres depressiven Kindes innerhalb weniger Stunden oder Tage bemerken, müssen Sie immer auch an einen drohenden Selbsttötungsversuch denken. Denn die plötzliche „Heilung" einer schweren Depression ist weniger wahrscheinlich, als daß die Betroffenen allein durch den Entschluß, ihrem vermeintlich hoffnungslosen Leben ein Ende zu setzen, Erleichterung verspüren und deshalb ausgeglichener wirken. Manche Kinder
und Jugendliche scheinen – ebenso wie Erwachsene – ihren inneren Frieden
gefunden zu haben, wenn sie erst einmal die Entscheidung, mit allem ein Ende
zu machen, gefaßt haben. Leider kann auch eine Verschiebung in der Symptomatik – von extremer Energielosigkeit in Unruhe und Getriebenheit – die Reali-

sierung von lange gehegten Suizidphantasien möglich machen, allein deshalb, weil die Betroffenen erst jetzt genug Energie verspüren, aktiv zu werden.

● Fällt Ihnen auf, daß sich Ihr depressives Kind sehr stark mit Themen beschäftigt, die an Tod oder Suizid denken lassen, oder mit Personen, die einen Suizid oder Suizidversuch begangen haben, ist ebenfalls Gefahr im Verzug. Die Nachahmungssuizide sind gerade für depressive Jugendliche eine große Gefahr.

Wissen Sie von Selbsttötungsversuchen in der Vergangenheit, kann jede neue depressive Episode eine tödliche Gefahr bedeuten. Denken Sie daran!

Was macht Kinder depressiv

Kinder und Jugendliche werden aus denselben Gründen depressiv wie Erwachsene. Auch die Depression eines Kindes ist eine biopsychologische Krankheit mit einer langen bio-psycho-sozialen Geschichte und aktuellen Auslösern.

Besondere psychosoziale Risikofaktoren sind – viele Studien und Untersuchungen haben es bestätigt – der Tod eines Elternteils (vor allem in den ersten Lebensjahren eines Kindes), der Tod eines Geschwisterkindes, der Mißbrauch und die Vernachlässigung durch ein Elternteil. Auch die Scheidung der Eltern kann – so zeigen viele Beobachtungen – zum Auslöser einer depressiven Erkrankung werden.

Wenn Eltern sich scheiden lassen ...

Eine Scheidung der Eltern bedeutet für alle Kinder eine Krise.
Für eine solche Situation gibt es viele Möglichkeiten der Verarbeitung.
Nicht jedes Kind ist depressionsgefährdet.
Doch verletzliche Kinder müssen sich hier einer ganzen Reihe
„auslösender Faktoren" stellen. Sie erleben den Verlust eines Elternteils,
oft auch den Verlust der vertrauten Umgebung, der Freunde, der
sozialen Sicherheit.
Sie müssen das Bild einer intakten Familie aufgeben, das für viele lebensnotwendig ist. Und vor allem müssen sie mit ihren eigenen Ängsten
und Selbstvorwürfen umgehen:
Wenn Mutter/Vater wegzieht, wer garantiert, daß Vater/Mutter bleibt?
Wäre Mutter/Vater gegangen, wenn ich weniger böse, schlecht, wenn
ich liebenswerter, wertvoller gewesen wäre?

Auch chronische Krankheiten der Mutter, des Vaters können zum Risikofaktor werden. Oft sind es Schuldgefühle, die Kinder solcher Eltern quälen, verbunden mit dem – vielleicht berechtigten – Gefühl, eine Last zu sein, für den kranken Vater, die kranke Mutter zuviel zu werden.

Besonders die Depression eines Elternteils bedeutet ein erhöhtes Risiko für ein Kind, selbst an einer Depression zu erkranken. Dafür gibt es mehrere Gründe:

Zum einen ist da die genetische Komponente der Depression: Es ist zwar nicht die Depression, die erblich ist, aber eine verstärkte Verletzlichkeit (Vulnerabilität) und Anfälligkeit gerade gegenüber dieser emotionalen Störung kann eine „Erblast" sein, die einem Kind mitgegeben wurde.

Zum anderen spielen natürlich auch immer psychologische Gründe eine Rolle. Depressive Eltern sind aufgrund ihrer Erkrankung häufig nicht in der Lage, den emotionalen Bedürfnissen ihres Kindes gerecht zu werden. Auch dies kann – so haben viele rückschauende Untersuchungen ergeben – eine größere Erkrankungsbereitschaft zur Folge haben und erhöht für das Kind das Risiko, später einmal an einer Depression zu erkranken.

Dazu kommt: Kinder lernen von ihren Eltern. Vielleicht hat das Kind von seiner depressiven Mutter, seinem depressiven Vater „gelernt", auf Streß, Konflikte, Verlust und Kränkung depressiv zu reagieren.

Zu solchen gravierenden Risikofaktoren kommen nun wie auch bei Erwachsenen eine Vielzahl möglicher Auslöser hinzu. Dennoch gibt es einige Besonderheiten. Da Kinder, vor allem jüngere, sehr viel stärker als Erwachsene existentiell – physisch wie psychisch – von ihrer Familie abhängen, bedeuten für sie undurchschaubare familiäre Veränderungen eine größere – existentielle – Bedrohung. Schon die Geburt eines Geschwisterchens kann zur Krise werden.

Aber auch Schwellensituationen, die mehr Selbständigkeit und Ablösung erfordern – wie zum Beispiel der Kindergarten- oder Schuleintritt, der Beginn einer Lehre – können das schon immer labile emotionale Gleichgewicht eines Kindes stören.

Außerhalb der Familie sind es vor allem ein schwerwiegender Streit mit der besten Freundin, der Verlust von Freunden, der erste große Liebeskummer, aber auch Mißerfolge und Kränkungen in der Schule, im Sport oder in den üblichen Auseinandersetzungen um die Rangordnung in Cliquen und Gruppen, die für manche Kinder und Jugendliche zum Auslöser einer depressiven Störung werden können.

Wie für Erwachsene gilt auch für Kinder: Immer sind eine Reihe von Faktoren zusammengekommen, die gerade für dieses Kind, für diesen Jugendlichen mit seinem ganz persönlichen „psychobiologischen Paket" (→ Seite 53) die Grenze des Erträglichen überschreiten haben lassen. Die Folge: eine Krankheit, die behandelt werden kann und muß.

Ist mein Kind depressiv?

Depressive Kinder und Jugendliche machen auf den ersten Blick oft keinen traurigen, niedergeschlagenen Eindruck. Und nur wenige sind in der Lage, sich selbst als „depressiv" zu erkennen und dies ihren Eltern mitzuteilen. Manche Kinder sind zurückgezogen und ruhig, gelangweilt und apathisch. Viele jedoch zeigen ihre Depression „maskiert" durch aggressive, laute, störende Verhaltensauffälligkeiten, körperliche Beschwerden und Entwicklungsstörungen. Unabhängig davon, ob Ihr Kind eher zu „störenden" Verhaltensauffälligkeiten neigt, häufig über körperliche Symptome klagt oder zurückgezogen, depressiv und traurig wirkt: Sobald Sie den Verdacht haben, Ihr Kind könne depressiv sein, sollten Sie auf folgende Alarmsignale achten:

Mein Kind

● hat plötzlich oder schleichend das Interesse an all dem verloren, was ihm vor kurzem noch Spaß gemacht hat (auszunehmen ist hier die quasi natürliche Entwicklung, die zum Beispiel das Barbiepuppenspiel von einem Tag auf den anderen uninteressant, da „für Babys", werden läßt).

● hat plötzlich Minderwertigkeitsgefühle. Es erzählt, daß keiner es mag, hält sich für dumm, häßlich, unfähig.

● zeigt völlig veränderte Schlafgewohnheiten. Es schläft schlecht ein, wacht mehrmals auf oder ist ständig müde und schläft auffällig viel.

● kann sich nicht mehr konzentrieren und vergißt ständig auch Dinge, die es ganz persönlich angehen.

● ißt plötzlich viel weniger oder viel mehr, hat nie oder ständig Appetit, nimmt ab oder legt sich einen „Kummerspeck" zu.

● ist sehr viel ängstlicher als sonst. Es vermeidet Situationen und Aktivitäten wegen ganz neuer Befürchtungen.

● hat überhaupt keine Energie mehr. Es hängt herum, kann sich zu nichts aufraffen, schiebt Unerfreuliches, aber auch Aktivitäten, die ihm sonst Spaß gemacht haben, vor sich her.

● ist auffällig unruhig, ständig „auf Achse", wirkt fahrig und hektisch, beginnt die Schule zu schwänzen oder zeigt plötzlich besonders riskantes oder selbstschädigendes Verhalten.

● ist auffällig gereizt, aggressiv, was sonst „gar nicht seine Art war".

● klagt über Schmerzen, vielleicht auch „Zipperlein" – Bauchschmerzen, Ohrenschmerzen –, die keine organische Ursachen zu haben scheinen.

● spricht über Tod oder Selbstmord oder scheint darüber nachzudenken. Manche Kinder zeichnen plötzlich Bilder, die wegen ihrer Thematik oder durch die Farbgebung (alles ist immer grau in grau, schwarz, düster) Todesphantasien ahnen lassen, oder lassen sich von Themen, die mit Sterben, Unglücksfällen und ähnlichem zu tun haben, plötzlich besonders anziehen.

Eine Depression bei einem Jugendlichen zu erkennen, ist vielleicht noch schwieriger. Jeder von uns erinnert sich an eigene „Weltschmerzphasen" als Teenager, an Tage, an denen man alles und jeden hätte „an die Wand klatschen" können. Haben Sie aber die Befürchtung, Ihr Kind könne über das übliche und altersentsprechende Maß hinausgehend unter depressiven Symptomen leiden, achten Sie außer auf die oben beschriebenen Alarmzeichen auf:

- extreme Veränderungen im Verhalten und Aussehen (Kleidung, Aufmachung, Körperpflege)
- extremen Leistungsabfall in der Schule, Schwänzen, Schulabbruch
- Rückzug von allen Hobbys und alterstypischen Aktivitäten
- Weglaufen von zu Hause
- Alkohol- und Drogenmißbrauch
- Selbstisolierung, sei es von der Familie oder von Gleichaltrigen.

Bei diesen Symptomen sollten Sie hellhörig werden

● **Säuglings-, Kleinkind- und Vorschulalter**
Appetitlosigkeit, Nahrungsverweigerung, Erbrechen, Gewichtsverlust oder unterdurchschnittliche Gewichtszunahme, Schlafstörungen, Schaukelbewegungen, motorische Unruhe oder Verlangsamung, Einnässen, Einkoten, Unlust, Interesselosigkeit, Weinerlichkeit, häufiges Onanieren, Zerstörungswut, Destruktivität, Spiel- und Kontaktstörungen.

● **Jüngere Schulkinder**
Traurige, resignierte Grundstimmung, Gereiztheit, Ängstlichkeit, Unsicherheit, Spielhemmungen, Kontaktstörungen, Leistungs- und Konzentrationsstörungen. Die psychosomatischen Symptome wie Einnässen, Nägelkauen, Schlafstörungen, Eßstörungen, häufiges Spielen an den Genitalien treten in ihrer Bedeutung zurück.

● **Ältere Schulkinder und Jugendliche**
Allgemeine Niedergeschlagenheit, Grübeln, Minderwertigkeitsgefühle, Versagensängste, Suizidphantasien und Suizidversuche. Die Symptome beginnen sich denen eines Erwachsenen anzugleichen. Als psychosomatisches Symptom treten vor allem Kopfschmerzen auf, aber auch Eßstörungen wie Magersucht oder Bulimie. Experten verstehen auch einen Großteil jugendlicher Verhaltensauffälligkeiten wie zum Beispiel Drogenkonsum, antisoziales Verhalten, Vandalismus, aber auch Verkehrsunfälle oder extreme Risikobereitschaft als möglichen Ausdruck einer depressiven Erkrankung.

Diagnose: Depression?

Sicher, jede Mutter, jeder Vater wird die eine oder andere Frage für das eigene Kind mit Ja beantworten können. Die meisten der genannten Symptome treten mit hoher Wahrscheinlichkeit bei Kindern hin und wieder auf, ohne daß Eltern sich Sorgen machen müssen.

Zur Schwierigkeit, hinter den verschiedensten Symptomen und Auffälligkeiten eine depressive Störung zu erkennen, kommt ein altes Problem hinzu: Wo liegen die Grenzen zwischen normaler Trauer, normaler Angst, normalen Selbstzweifeln und Schuldgefühlen, normaler Energielosigkeit, normalen Appetitschwankungen und Schlafschwierigkeiten, normalen Verhaltensproblemen und den Symptomen einer depressiven Störung?

Einiges zur Theorie:
zur Klassifikation depressiver Störungen bei Kindern

Depressionen im Kindes- und Jugendalter zeigen, wie bei Erwachsenen, verschiedene Schweregrade und Verläufe, die sich – auch wie bei Erwachsenen – in bestimmte Untergruppen unterteilen lassen. Kinder und Jugendliche leiden dabei häufiger als Erwachsene unter den Formen depressiver Störungen, die in älteren Klassifikationen als psychogene Depressionen beschrieben wurden. Dabei unterscheiden Psychiater und Psychologen auch hier wie beim Erwachsenen die reaktiven Depressionen oder Anpassungsstörungen (→ Seite 75) von der neurotischen Depression (Dysthymia, → Seite 74).

Als reaktive Depression werden die depressiven Störungen bezeichnet, die als seelische Antwort auf ein akutes schmerzliches Ereignis, wie zum Beispiel Krankheit und Tod in der Familie, Scheidung der Eltern, eine eigene schwere Erkrankung, aber auch „Sitzenbleiben" in der Schule, Umzug, Schulwechsel, Verlust eines Freundes, Tod eines Haustieres und ähnliches verstanden werden müssen. Kurze depressive Reaktionen klingen meist ab, ohne dauerhafte tiefgreifende seelische Narben zu hinterlassen. Voraussetzung dafür ist das Verständnis und die Hilfe, die Sie dem Kind als Eltern, aber auch Lehrer, Freunde und Geschwister entgegenbringen. Ein Kind, das depressiv wird, weil es durch Trennung seiner Eltern nicht nur den Vater, sondern auch die vertraute Umgebung, die Schule, seine Freunde und die soziale Sicherheit verloren hat, braucht Verständnis und Hilfe. Dann kann es zwar vielleicht traurig werden, ohne aber depressiv zu sein. Und vor allen Dingen: Es wird in der Lage sein, seine Trauer positiv zu verarbeiten.

Aus dem Brief einer Mutter:
Jetzt sind wir schon drei Monate in Berlin. Die Wohnung ist langsam
wohnlich geworden. Mein neuer Job hat seinen Schrecken verloren.
Sogar „Freunde" haben wir schon gefunden. Wir planen tatsächlich schon
einen gemeinsamen Urlaub. Was mir Sorgen macht, ist unsere Große.
Du kennst unsere Mädchen ja. So unterschiedlich sie schon immer waren,
so unterschiedlich haben sie auf den Umzug, die neue Umgebung, die neue
Schule, die neuen Klassenkameraden reagiert. Weißt du noch, wie Meike
weinte, als sie von unserem bevorstehenden Umzug erfahren hat?
Hier war sie zwei Tage, da riefen schon die ersten Kinder aus der neuen
Klasse an. Gleichzeitig hat sie fest eingeplant, in den Sommerferien
nach Stuttgart zu fliegen (wer soll das bezahlen?), um dort drei Wochen
in ihre alte Schule zu gehen. Sie scheint also den Umzug ganz gut zu
verkraften. Ganz anders dagegen Miriam. Sie war ja schon immer ruhiger.
Aber so wie sie jetzt ist, ist es nicht mehr normal. In Stuttgart war sie
ganz cool,als wir ihr den Umzug nach Berlin angekündigt haben. Endlich
eine Großstadt, weg aus dem Kaff und und und. Und jetzt? Sie hängt
die ganze Zeit in ihrem Zimmer, hört Musik, ist launisch oder unansprech-
bar. Verabredungen gibt es nicht. (Erinnere dich, wie viele Freundinnen
sie in Stuttgart hatte). Aber nicht einmal deren Briefe, die sie ja zu Anfang
zuhauf bekommen hat, hat sie beantwortet.
Zum Glück hat sie ihre Querflöte. Sie spielt jetzt stundenlang. Und die
Musiklehrerin scheint wirklich sehr nett zu sein. Sie ist Musikstudentin, und
ich glaube, sie hat einen sehr guten Draht zu ihr ...
Kürzlich hat Miriam mir so nebenbei erzählt, wie oft diese Lehrerin in ihrem
Leben umziehen mußte und wie schwer ihr das immer gefallen sei.
Da hat Miriam ja doch wahrscheinlich eine Freundin gewonnen, der sie ihr
Herz ausschütten kann und die sie zu verstehen scheint ...

Anders ist dies bei der neurotischen Depression oder dysthymen Störung. Wie Erwachsene zeigen Kinder und Jugendliche hier eine über Monate andauernde depressive Veränderung. Als Depression wird sie oft lange nicht erkannt. Eltern, Erzieher, Lehrer „übersehen" nur allzu häufig gerade solche Kinder, die – so scheint es – schon immer „ruhig" waren. Eine neurotische Depression weist vielfach auf chronische – meist familiäre – Konfliktsituationen hin, die das Kind ständig überfordern, die es nicht bewältigen kann.

Vielleicht liegen die Ursachen auch schon lange zurück. Psychologen sprechen dann von frühen Mangelsituationen, die es dem Kind nicht möglich gemacht haben, Vertrauen in sich und in die Umwelt zu entwickeln.

Angela ist zwölf Jahre alt. Schon immer sei sie – so erzählt ihre Mutter beim Erstgespräch – ruhig gewesen. Aber mit dem Eintritt in die Oberschule sei sie plötzlich ganz verstummt. An den Leistungen könne es nicht liegen, sagt die Mutter, die seien immer hervorragend gewesen. Und jetzt wolle sie plötzlich nicht mehr zur Schule. Mit gutem Zureden, mit Drohen und Strafen habe sie versucht, sie zum Schulbesuch zu bewegen. Nichts! Angela weine, sage, ihr sei schlecht, sie habe Bauchschmerzen und finde immer neue Ausreden. Fünf Wochen sei sie nun schon zu Hause. Wie solle Angela denn das Schuljahr schaffen? Der Kinderarzt habe zwar noch ein Attest geschrieben, aber geraten, den Schulpsychologen aufzusuchen. Zum Schulpsychologen will die Mutter nicht. Das komme sicher ins Zeugnis, befürchtet sie (im übrigen zu Unrecht). Lieber zahle sie für eine private Psychotherapie. Für einen guten Schulabschluß ihrer Tochter sei ihr nichts zu teuer. Da sei ihr Mann ganz ihrer Meinung.

Angela beginnt eine Psychotherapie. Viele Stunden sitzt sie mehr oder weniger schweigend auf dem Sofa. Auf Fragen antwortet sie mit ja und nein, mit ich weiß nicht oder vielleicht. Was geht in ihrem Kopf vor? Er scheint leer wie ihr Blick. Bilder, die sie gerne malt, sind grau in grau. Eines heißt: „Vogel auf dem Baum". Der Vogel habe keine Mutter und keinen Vater, ein Kuckuck habe ihn aus dem Nest geworfen. Ein anderes Bild: ein Haus ohne Fenster. Angela und ihr Psychotherapeut brauchen lange, um herauszufinden, was gerade jetzt die Schule so gefährlich macht...

Was Mutter nicht erzählt hat und Angela erst nach vielen, vielen Gesprächen mit dem Psychotherapeuten erzählen kann: Nie habe sie Freundinnen gehabt, immer habe man sie ausgelacht, als Streberin beschimpft oder links liegen lassen. Schon immer sei ihr Hund ihr ein und alles gewesen. Mit Großvater und dem Hund habe sie immer lange Spaziergänge gemacht. Großvater sei vor zwei Jahren gestorben. Nun habe sie nur noch den Hund. Nur mit ihm führe sie längere Gespräche. Er verstehe sie, meint Angela.

Wie Eltern, Lehrer und Erzieher helfen können

Die wichtigste Hilfe ist die Einsicht: Ein depressives Kind ist nicht faul, nicht böse, es ist depressiv. Diese Einsicht ist oft nicht einfach. Vor allem Eltern beginnen häufig grundlegend an ihren elterlichen Fähigkeiten zu zweifeln. Ist es nicht – so glauben sie – ihre ureigenste Aufgabe, ihr Kind glücklich zu machen? Haben sie versagt? Schuldgefühle, eine Depression nicht verhindern zu können, oder gar „schuld" an der Erkrankung ihres Kindes zu sein, gehören zu den belastendsten Erfahrungen, die Eltern depressiver Kinder durchmachen. Zu den Selbstvorwürfen kommen oft Schuldzuweisungen aus der Umgebung. Zu dieser Umgebung gehören entferntere Familienmitglieder und Nachbarn ebenso wie pädagogische Experten und vor allem solche, die sich dafür halten. Auch Scham erleben viele Eltern. Immer noch wird eine psychische Krankheit allzu häufig als Makel erlebt und auch in der Öffentlichkeit so behandelt. Zur Sorge um das Kind kommen emotionale Belastungen, die Eltern häufig zu groß erscheinen, als daß sie sich mit ihnen auseinandersetzen könnten. Lieber verschließen sie die Augen in der Hoffnung, das Problem werde sich auswachsen. Sie verleugnen die Krankheit, wie Psychologen sagen. Diese Verleugnung ist weit verbreitet, und nicht nur Eltern greifen auf sie zurück.

Aber: Nichts ist jetzt so wichtig wie schnelle Hilfe. Denn gerade für Kinder bedeutet eine depressive Erkrankung einen Einbruch in ihrer Entwicklung. Jeder weiß um die immensen Entwicklungsaufgaben, die jedes Alter für ein Kind oder einen Jugendlichen bereithält. Eine Depression verhindert ihre Bewältigung und kann negative Langzeitfolgen haben, die nur schwer wieder gutgemacht werden können.

Eltern sind Seismographen

Psychotherapeuten, die mit depressiven Kindern und deren Eltern arbeiten, wissen aufgrund langer Erfahrung, daß Eltern depressiver Kinder wie Seismographen auf die Erkrankung ihrer Kinder reagieren. Beobachten Sie also auch sich selbst, und nehmen Sie Ihre Beobachtungen ernst!

War es so, daß

- Sie selbst in letzter Zeit oft das Gefühl hatten, von Ihrem Kind abgelehnt zu werden, keine Nähe mehr herstellen zu können?
- Sie selbst auf Distanz gegangen sind, weniger Lust und Interesse verspürt haben, mit Ihrem Kind zusammen zu sein?
- Sie enttäuscht waren, weil all Ihre Bemühungen, Ihrem Kind Gutes zu tun, verlorene Liebesmüh zu sein schienen?
- Sie das Gefühl hatten, nicht mehr zu können, von den Bedürfnissen Ihres Kindes aufgefressen zu werden?
- Sie sich von den Problemen und Konflikten Ihres Kindes mit Ihnen, der Familie als ganzer, der Schule, den Freunden überfordert fühlten?
- Sie sich um Ihr Kind weit mehr Sorgen als sonst gemacht haben, daß Sie selbst ängstlich und angespannt im Umgang mit Ihrem Kind waren?
- Sie sich allein gelassen, einsam gefühlt haben?
- Sie in Ihren nun vielleicht sehr häufigen Auseinandersetzungen mit Ihrem Kind überreagiert haben, harscher als sonst waren, lauter geworden sind, sich vielleicht auch danach oftmals schuldig gefühlt haben?

● Sie selbst häufiger ein „Glas zur Beruhigung", eine „Zigarette zur Entspannung" brauchten, sich körperlich ausgelaugt fühlten oder tatsächlich öfter krank waren?

● Sie an sich selbst plötzlich depressive Symptome wie Niedergedrücktheit, Teilnahmslosigkeit, Freudlosigkeit, Mangel an Energie, Schlaf-, Gewichts-, Konzentrationsprobleme verspürt haben?

Wenn Sie sich in manchen dieser möglichen Reaktionsweisen wiederfinden, mag dies von der seelischen Störung Ihres Kindes herrühren. Sie sehen also, die Erkrankung Ihres Kindes beeinträchtigt auch Sie und erschwert Ihnen vielleicht erst einmal den Umgang mit Ihrem Kind.

Doch gerade jetzt sind Sie gefordert. Der erste Schritt: Nehmen Sie Ihre Beobachtungen ernst. Versuchen Sie, sie als Symptome einer Krankheit zu begreifen, die behandelt werden kann und muß. Dazu gehört:

● Informieren Sie sich! Versuchen Sie, sich über die Krankheit kundig zu machen und vor allem über ihre Behandlungsmöglichkeiten.

● Hören Sie Ihrem Kind zu! Es wird ihm schwerfallen zu sprechen. Signalisieren Sie jedoch immer Gesprächs- oder besser Zuhörbereitschaft. Stellen Sie Fragen, ohne Ihr Kind zu bedrängen. „Warum"-Fragen zum Beispiel wirken oft wie ein Verhör.

● Vermeiden Sie gutgemeinte Ratschläge, Erklärungen, Bagatellisierungen. Versuchen Sie zum Beispiel nicht, die Gefühle Ihres Kindes als unberechtigt abzutun!

● Denken Sie immer daran: Ihr Kind braucht Sie jetzt. Es braucht Sie vor allem zur Stärkung seiner Selbstachtung.

Wie baue ich mein Kind auf?

● Achten Sie Ihr Kind als Menschen (es ist nicht Ihr Erziehungsobjekt) mit all seinen Gefühlen (guten und schlechten, fröhlichen und traurigen, liebevollen und haßerfüllten).

● Vermeiden Sie Situationen, die Ihr Kind in irgendeiner Form herabsetzen, in denen es sich als peinlich erleben muß.

● Loben Sie – aber realistisch. Unangebrachtes, falsches oder geheucheltes Lob bewirkt das Gegenteil!

● Ermöglichen Sie ihm Erfolgserlebnisse. Bieten Sie ihm Möglichkeiten, Erfolg zu haben.

● Lassen Sie ihm Raum für eigene Entscheidungen und Eigenverantwortung.

Professionelle Hilfen

Gerade weil Sie „angesteckt" werden können, verkehren sich noch so gutgemeinte Unterstützung und Nähe manchmal in ihr Gegenteil. Untersuchungen
haben gezeigt, daß beispielsweise sehr große Nähe manchmal einem depressiven Kind mehr schaden als nützen kann. Geben Sie Ihrem Kind und sich selbst
Raum! Suchen Sie professionelle Hilfe!

Wo finde ich Hilfe?

Der Kinder- oder Hausarzt der Familie ist meist und nicht zu Unrecht die erste
Anlaufstelle für Eltern, die sich Sorgen um ihr Kind machen. Er kennt ihr Kind
meist seit langem, kann – hoffentlich – ihren Bericht einordnen in das Bild, das
er sich bisher von ihrem Kind, seinem Gesundheitszustand und seiner körperlichen, geistigen und seelischen Entwicklung machen konnte. Er kennt
die Familie, ihre Stärken, vielleicht auch ihre Probleme, Konflikte, Krisen und
Schwächen. Er kann eine mögliche organische Ursache der Depression erkennen oder ausschließen. Die wenigsten Kinderärzte sind jedoch in der Lage,
selbst eine Therapie der Depression durchzuführen, es sei denn, es handelt
sich tatsächlich um eine symptomatische Depression (→ Seite 76) etwa als Folge einer Diabetes (Zuckerkrankheit). Die Therapie jeder anderen Depression jedoch ist das Spezialgebiet von Kinderpsychiatern, Kinder- und Jugendlichen-
Psychotherapeuten, klinischen Kinderpsychologen und oft auch Sozialarbeitern
und Sozialpädagogen. Zu ihnen wird der Kinderarzt Ihr Kind überweisen.

Weitere Anlaufstellen sind Erziehungs- und Familienberatungsstellen.
Kommunale Einrichtungen, in vielen Städten auch die Caritas, das Diakonische
Werk, verschiedene Wohlfahrtsverbände und andere freie Träger bieten auch
therapeutische Hilfen an. Das Therapieangebot richtet sich dabei immer nach
den dort arbeitenden Fachkräften und deren Ausbildung: (klinische) Psychologen mit und ohne Zusatzausbildung in einem der gängigen therapeutischen Verfahren (→ Seite 88), analytische Kinder- und Jugendlichen-Psychotherapeuten, Sozialpädagogen und Sozialarbeiter mit entsprechenden Zusatz-
ausbildungen.

Kein Tabu: die stationäre Behandlung

Fast alle depressiven Kinder und Jugendlichen können ambulant behandelt
werden. Doch in manchen – ganz seltenen – Fällen kann eine stationäre Behandlung, also eine kurz- oder längerfristige Behandlung in einer (kinder- und
jugend)psychiatrischen Abteilung notwendig werden.
● Dies ist zum Beispiel der Fall, wenn ein Kind, ein Jugendlicher selbstschädi-
gende Tendenzen zeigt wie Selbstverletzungen, Drogenkonsum oder chronische Weglauftendenzen.

- Eine kurze stationäre Aufnahme ist auch sinnvoll, wenn eine kontrollierte medikamentöse Behandlung notwendig ist, dies aber zu Hause nicht gewährleistet scheint.
- Auch eine tägliche intensive psychotherapeutische Behandlung oder über den Tag verteilte unterschiedliche Therapieangebote sind ambulant kaum möglich.
- Dies gilt auch dann, wenn ein Kind stark suizidgefährdet ist. Eine intensive Betreuung und Überwachung rund um die Uhr kann eine Familie oft nicht leisten.
- Nach einem Selbsttötungsversuch kann für ein Kind eine „Verschnaufpause" wichtig sein, in der es von allem, was es aktuell nicht mehr aushalten konnte, abgeschirmt wird.

Welche Therapiemöglichkeiten gibt es?

Sowohl ambulant, entweder in freier Praxis oder in einer öffentlichen Beratungsstelle, als auch in Kliniken werden verschiedene Therapieformen für Kinder und Jugendliche angeboten. Der Fülle der Therapieangebote liegen grundsätzlich dieselben Überlegungen und Hypothesen über Entstehung und Behandlungsmöglichkeit zugrunde, die auch für Erwachsene gelten (→ Seite 84). Der jeweilige Behandlungsplan muß aber viel mehr als bei Erwachsenentherapien die ganz individuelle Situation des betroffenen Kindes oder Jugendlichen berücksichtigen. Dazu gehören neben Alter und dem körperlichen, emotionalen und kognitiven Entwicklungsstand auch das familiäre und schulische Umfeld sowie die Möglichkeiten und Kompetenzen, die Familie, Freunde und Lehrer besitzen.

Jede(r) gute Therapeut(in) wird Eltern helfen, die eigenen Stärken zu erkennen, die es ihnen ermöglichen, ihrem Kind selbst zu helfen. Deshalb sind in allen Therapieangeboten auch die Eltern miteinbezogen, sei es in gemeinsamen Sitzungen mit dem Kind oder Jugendlichen – etwa im Sinne einer Familientherapie –, sei es in einer gesonderten begleitenden Psychotherapie, die ebenfalls von den Krankenkassen übernommen wird (für Österreich → Seite 108).

Im folgenden werden wir nur auf die Besonderheiten eingehen, die die Behandlung eines Kindes mit sich bringt.

Medikamentöse Therapie

Im Gegensatz zur Therapie Erwachsener zeigen Antidepressiva bei Kindern und Jugendlichen seltener die Erfolge, wie sie inzwischen in der antidepressiven Therapie Erwachsener unumstritten sind. Dennoch kann auch bei Kindern und Jugendlichen in Einzelfällen eine medikamentöse Behandlung sinnvoll sein. Sie wird vor allem dann zum Mittel der Wahl, wenn das Kind, der Jugendliche unter depressiven Symptomen wie Eßstörungen, Schlafstörungen, Unruhe leidet und schnelle Hilfe wichtig ist. Erste Untersuchungen liegen vor, daß besonders Fluoxetin (*Fluctin*) bei schweren Depressionen gute Erfolge zeigt.

Mehr noch als bei Erwachsenen sind Medikamente nur im Zusammenhang mit einer weitergehenden psychotherapeutischen Behandlung und/oder sozialpädagogischen Begleitung einzusetzen. Der Griff nach dem Rezeptblock genügt nicht! Wie bei Erwachsenen ist jedoch immer eine langfristige Einnahme erforderlich. Antidepressiva sind keine „Glückspillen", die schnell wirken. Erst ihre kontinuierliche Einnahme, auch über das Verschwinden der Symptome hinaus, kann vor Rückfällen schützen.

> **Bisher ist unklar, warum Antidepressiva bei Kindern und Jugendlichen weniger gut wirken als bei Erwachsenen. Erklärungsversuche reichen von einer Kritik an der Methodik jener Studien, die die geringere Wirksamkeit nachweisen, bis hin zu Vermutungen, daß Kinder und Jugendliche, die schon früh an schweren Depressionen leiden, vielleicht insgesamt einen schwereren Verlauf ihrer depressiven Erkrankung zu erwarten haben und dann auch als Erwachsene weniger gut auf eine medikamentöse Therapie ansprechen würden. Am wahrscheinlichsten erscheint die Hypothese, daß gerade jene Neurotransmittersysteme, die für das Entstehen einer Depression verantwortlich gemacht werden und in deren Funktionsweise die gegenwärtigen Antidepressiva eingreifen, noch nicht ausgereift sind.**

Psychotherapie

Psychotherapie ist der Oberbegriff für die unterschiedlichsten Therapieformen – für Kinder und Jugendliche ebenso wie für Erwachsene. Dabei hat sich die psychiatrische, psychologische und medizinische Forschung mit dem Thema Kinderpsychotherapie nicht so intensiv beschäftigt wie mit der Therapie Erwachsener, die an einer Depression erkrankt sind. Viele Therapieansätze fußen deshalb eher auf klinischer Erfahrung als auf wissenschaftlichen Untersuchungen oder werden allein aus der Beobachtung und wissenschaftlichen Auswertung der Erwachsenentherapie abgeleitet. Eine Ausnahme bildet die analytische Kinder- und Jugendlichen-Psychotherapie.

In der Behandlung depressiver Kinder und Jugendlicher wird dabei vor allem eine der folgenden Methoden angewendet: tiefenpsychologisch fundierte Psychotherapie oder Psychoanalyse, Gesprächspsychotherapie, kognitive Verhaltenstherapie und Familientherapie.

Der Begriff Kinderpsychotherapeut ist – wie der Begriff Psychotherapeut – bis zum Inkrafttreten des Psychotherapeutengesetzes (→ Seite 64) nicht geschützt. Das heißt jeder, der sich berufen fühlt, kann diesen Titel führen. Die gesetzlichen Krankenkassen und Ersatzkassen und viele Privatversicherungen übernehmen im allgemeinen nur die Behandlung durch kassenärztlich zugelassene Ärzte, Psychologen und Kinder- und Jugendlichen-Psychotherapeuten.

Diese Psychotherapeuten (→ Seite 64) müssen zusätzlich zu ihrer Ausbildung als Ärzte, Psychologen, Lehrer oder (Sozial)Pädagogen mit langjähriger Berufspraxis eine aufwendige und mindestens dreijährige Weiterbildung mit Abschlußprüfung nachweisen. Nichtärztliche Psychotherapeuten (also Psychologen und analytische Kinder- und Jugendlichen-Psychotherapeuten) müssen noch bis 1999 im Delegationsverfahren arbeiten. Das heißt: Von der Kassenärztlichen Vereinigung anerkannte Ärzte delegieren ihre Behandlung an den jeweiligen nichtärztlichen Psychotherapeuten, nachdem sie nach einem Erstgespräch mit dem Patienten als dem Antragsteller die Diagnose und Indikation für eine Psychotherapie gestellt haben. Auch das Antragsverfahren auf Übernahme durch die Krankenkasse läuft über diesen Arzt.

Auch bei der Kinder- und Jugendlichen-Psychotherapie kennen die Krankenkassen Richtlinienverfahren. Darunter fallen – wie bei Erwachsenen – die analytische Psychotherapie und die Verhaltenstherapie. Daß auch andere Verfahren helfen, wird dadurch nicht bestritten. Patienten und deren Angehörige können sicher sein, daß die bei den Kassen zugelassenen Psychotherapeuten eine fundierte theoretische und praktische Ausbildung haben.

Zur Situation der Kostenübernahme der österreichischen Krankenkassen sowie zur Ausbildung der Psychotherapeuten in Österreich finden Sie Ausführungen auf Seite 64, 103.

„Spieltherapie"

Bekannt als besonders auf Kinder bezogene Therapie ist die Spieltherapie. „Spieltherapie" deshalb, weil dem Kind das ihm eigene Ausdrucksmittel zugestanden wird, nämlich das Spiel.

Was so bezeichnet wird, kann zwei unterschiedliche therapeutische Richtungen meinen. Zum einen arbeitet die Spieltherapie nach den Grundprinzipien der klientenzentrierten Gesprächstherapie (→ Seite 97), zum anderen verstehen viele darunter die psychoanalytische oder tiefenpsychologisch fundierte Kinderpsychotherapie, wie sie innerhalb der Psychoanalyse entwickelt wurde – nur daß sie zu dem Kanon der Richtlinienpsychotherapieformen (→ Seite 91) gehört.

Bericht einer Kinderpsychotherapeutin
Sven, ein etwa neunjähriger Junge, war lange bei mir in analytischer
Kinderpsychotherapie wegen alterstypischer Symptome einer Depression:
Hyperaktivität, häufige Unfälle und Krankheiten, Kontaktschwierigkeiten
und vieles mehr. Hier in den Stunden bei mir war er tonangebend.
Die jeweiligen Regieanweisungen zum Ablauf der Stunden gab Sven.
Er bestimmte Themen und Ausgestaltung. In vielen Stunden wählte er sich
das Sandspiel als Ausdrucksmittel für die Kämpfe, die in seiner Seele
stattfanden. Ein rechteckiger Tischkasten diente ihm dabei als „Projektions
fläche" für innere Bilder. Meistens war ein großer Tyrannosaurus Rex
(eine einfache Plastikfigur aus dem Spielwarengeschäft) die Hauptfigur
in diesem Spiel. Ob er Sven selbst in seiner „Gier" und „Wut" wegen früher
Entbehrungen darstellte, war mir lange nicht klar. Die Figur fraß zumindest
ununterbrochen Tiere, Menschen und Pflanzen und zeigte sich gegen
alles und jeden aggressiv. Ihr Reich (Sven stellte es in der zehnten Stunde
im therapeutischen Tischsandkasten dar) war „wüst und leer".
Tyrannosaurus Rex thronte auf einem Stein und bewachte zwei Affen
in einem Käfig aus Zahnstochern, die seine Beute waren. Sonst war da nichts
außer Sand und Steinen. Ich war zu Anfang für ihn nicht da – vielleicht
allenfalls als Zuschauerin wichtig –, dann über lange Zeit hinweg Gegnerin
in diesem Spiel, die er als Tyrannosaurus Rex wütend bekämpfte.
Viele Stunden wurde ich aber auch ganz real mit Fäusten und verschie
denen Waffen attackiert, wenn ich zum Beispiel das Stundenende an
kündigte. Den Abschied am Ende jeder Stunde erlebte Sven lange als
Hinauswurf in die Wüste, wie er es auch wieder im Spiel darstellte.
Meine Interpretation seiner Wut als Wut über diesen (vermeintlichen)
Beziehungsabbruch durch mich und die Verbindung zu seiner frühen
Geschichte, in der er viele Trennungen und Beziehungsabbrüche erlebt
hatte, konnte er akzeptieren.
Erst nach und nach wurde ein Miteinander im Spiel möglich. Gleichzeitig
berichtete Sven von ersten Verabredungen mit Klassenkameraden.
In den letzten Stunden – nachdem die Dinosaurierfigur über lange Zeit
keine Rolle mehr gespielt hatte – wurde wieder der Sandkasten wichtig.
Sven stellte jetzt hintereinander mehrere „Inseln" dar. Die letzte war „unsere
Insel". Im Gegensatz zum wüsten, leeren Reich des T. R. formte er hier eine
Insel in der Mitte des Sandkastens, kreisrund umgeben von Wasser.
In der Mitte der Insel stand ein blühender Baum. Hier grasten friedlich

mehrere Elefanten. Von der Insel führten zwei Brücken zum „Festland".
Hier – in der rechten oberen Ecke des Sandkastens – blühten Rosen und –
links oben – grünte ein Wald. Dieses letzte Sandbild stimmte mich
zuversichtlich im Hinblick auf seine weitere Entwicklung, die er jetzt ohne
psychotherapeutische Hilfe in die Hand nehmen wollte. Seine Mutter
erzählte mir zum Abschied, er sei jetzt im Fußballverein und habe Freunde
in der Klasse gefunden. Das war ihr – und mir auch! – das Wichtigste.
Daß er auch weniger aggressiv und seit langem nicht mehr krank gewesen
war, verstanden wir beide genau in diesem Zusammenhang.

Immer früh morgens, meist zwischen vier und fünf Uhr, kommt sie – die Angst. Ich liege im Bett

und spüre, wie sie mir den Atem abschnürt.

Immer früh morgens, meist zwischen vier und fünf Uhr, kommt sie – die Angst. Ich liege im Bett

Wovor ich Angst habe? Ich weiß es nicht. In meinem Kopf ist nur der eine Satz: Ich habe Angst,

und spüre, wie sie mir den Atem abschnürt.

ich habe Angst. Meine Versuche, an etwas anderes zu denken, scheitern. **Nichts fällt mir ein, was**

Wovor ich Angst habe? Ich weiß es nicht. In meinem Kopf ist nur der eine Satz: Ich habe Angst,

mir nicht Angst einflößt Ich kann kaum atmen, **bin so angespannt, daß ich schreien könnte**

ich habe Angst. Meine Versuche, an etwas anderes zu denken, scheitern. Nichts fällt mir ein, was

Wenn ich nie mehr diesen Satz: Ich habe Angst aus meinem Kopf, aus meinem Körper loswerde,

mir nicht Angst einflößt. Ich kann kaum atmen, bin so angespannt, daß ich schreien könnte.

Meine Versuche

kann und will ich nicht mehr leben. Ich kann nicht mehr, ich habe Angst!

Wenn ich nie mehr diesen Satz: „Ich habe Angst" aus meinem Kopf, aus meinem Körper loswerde,

an etwas anderes zu denken

kann und will ich nicht mehr leben. Ich kann nicht mehr, ich habe Angst!

scheitern

Depressionen – eine Frauenkrankheit?

Daß Frauen weitaus häufiger unter Depressionen (unipolare, → Seite 71) leiden, ist seit langem bekannt. Epidemiologische Studien ergaben: Frauen sind
etwa doppelt bis dreifach so häufig betroffen wie Männer. Von vier Frauen wird
eine Frau mindestens einmal in ihrem Leben unter einer Depression leiden,
während dies nur auf einen Mann unter acht Männern zutrifft. Ein entspre-
chendes Verhältnis ergibt sich, wenn man die Zahlen der Selbsttötungsversuche unter Frauen und Männern vergleicht. Auch hier gilt: Doppelt so viele
Frauen wie Männer unternehmen einen Selbsttötungsversuch, wovon – so die
Statistik – mindestens 80 Prozent als Symptom einer Depression verstanden
werden müssen.

Aber: Zahlen sind erst einmal nur Zahlen. Und so gab es Wissenschaftler,
die den statistischen Befund von der doppelten Erkrankungsrate bei Frauen
grundsätzlich in Zweifel zogen. In vielen Untersuchungen und neuen Erhebungen gingen sie der Frage nach, ob hinter den genannten Zahlen vielleicht eher
methodische Ungenauigkeiten, falsche Fragestellungen, nicht vergleichbare
Daten und ähnliches mehr steckten als tatsächliche Unterschiede in der Erkran-
kungshäufigkeit.

Das Problem mit den Zahlen

Kritiker dieser statistischen Ergebnisse fragten zum Beispiel:
Kommen Frauen deshalb häufiger in den epidemiologischen Untersuchungen zur Depression vor, weil sie sich eher depressive Symptome
eingestehen, eher bereit sind, Hilfen in Anspruch zu nehmen,
eher dazu neigen, in ihrer Selbstbeschreibung Symptome zu übertreiben und bestimmte Lebensereignisse als belastender zu interpretieren
als Männer?
Oder umgekehrt: Sind Männer in unserer Gesellschaft so erzogen, daß
sie anstatt die typischen depressiven Symptome zu zeigen, eher zur
„larvierten Depression"(→ Seite 78) neigen? Vielleicht entwickeln
sie eher körperliche Symptome oder flüchten sich in Alkohol, Drogen
oder in Arbeit, setzen also ein Suchtverhalten als Selbstheilungsversuch ein. Finden sich vielleicht deshalb Männer mit Kopfschmerzen,
angespannter Getriebenheit, verschiedenen Süchten – und sei es nur
die Arbeitssucht („workaholism") – seltener in Depressionsfragebögen
wieder, ohne deshalb weniger depressiv zu sein?

Aber auch die Suche nach möglichen methodischen Fehlern ergab keine neuen Erkenntnisse: Frauen sind tatsächlich häufiger depressiv als Männer – und zwar beginnt dies mit der Pubertät und gilt für eine Vielzahl von Kulturen und Ländern. Warum dies so ist, ist bis heute unklar und – glücklicherweise – endlich zum Gegenstand intensiver Forschung geworden.

Wer oder was ist „schuld"?

Die Biologie als Ursache?

Lange galt es als unumstößliche Tatsache: Frauen werden depressiv, wenn sie in die Wechseljahre kommen, Frauen neigen zu Depressionen um ihre „Tage" herum. Und auch die Wochenbettdepression im Gefolge des hormonellen Umschwungs nach der Geburt schien die These zu bestätigen: Die Hormone sind schuld.

Inzwischen ist man längst von dieser einfachen Gleichung – weibliche Sexualhormone (seien sie nun zuviel oder zuwenig) = Anfälligkeit für Depressionen – abgekommen. In der medizinischen Grundlagenforschung geht man heute der Frage nach, ob – dies scheint inzwischen unbestreitbar – und wie Geschlechtsunterschiede die Neurotransmittertätigkeit im Gehirn (→ Seite 43) beeinflussen. Es sind also wieder die uns schon bekannten Neurotransmitter, Noradrenalin und Serotonin, die offenbar unterschiedlich auf Sexual- und Streßhormone reagieren. Inzwischen weiß man auch, daß die Hormone Östrogen und Progesteron direkten Einfluß auf diese Neurotransmitterrezeptoren im Gehirn haben.

Die Hirnforschung ist sogar so weit, folgende Hypothesen aufstellen zu können: Die neurobiologischen Unterschiede zwischen Mann und Frau – dies gilt auch für bestimmte Hirnregionen, die für Gefühle und Wahrnehmung verantwortlich sind – scheinen eine Ursache für die unterschiedliche Verletzlichkeit, Vulnerabilität zu sein. Geschlechtsspezifische Unterschiede im Hirnstoffwechsel scheinen auch mitzuspielen, wenn es um die verschiedenen Verläufe der Krankheit bei Männern und Frauen oder um ihr unterschiedliches Ansprechen auf bestimmte Medikamente geht.

... oder die Gesellschaft?

Inzwischen unbestritten sind soziale und psychosoziale Faktoren für die Entstehung von depressiven Störungen. Welchen sozialen und psychosozialen Risikofaktoren sind besonders Frauen ausgesetzt, und haben sie vielleicht einen ganz spezifischen Umgang mit bestimmten Streßfaktoren gelernt?

Untersucht wurde zum Beispiel der Einfluß der Berufstätigkeit auf die emotionale Gesundheit. Herausgefunden wurde, daß berufstätige Frauen einem geringeren Risiko unterliegen, depressiv zu werden, als Frauen, die ihren Beruf der Kinder wegen aufgeben mußten – es sei denn, diese Berufstätigkeit führt zu Schwierigkeiten und Problemen mit der Kinderbetreuung und den häuslichen Aufgaben.

Ein spezifisch „weiblicher" Streß sind auch Konflikte mit der sozial erwarteten Rolle („eine Mutter hat für ihre Kinder da zu sein") und dem eigenen idealen Selbstbild – etwa einer Supermutter oder Superhausfrau.

Eine Vielzahl epidemiologischer Statistiken weist auch den engen Zusammenhang von depressiver Erkrankung mit Armut, Arbeitslosigkeit, Diskriminierung in der Arbeitswelt nach, aber auch mit erlittener Gewalt und sexuellen Übergriffen, mit Faktoren also, die immer noch eher Frauen als Männer betreffen.

Als besonders bedeutsam für die Entstehung einer Depression zeigten sich auch soziale Rollen, die eng mit dem Geschlecht zusammenhängen. Viele typische Frauenrollen erfahren weit weniger Achtung, was zu mangelndem Selbstbewußtsein und einem geringen Selbstwertgefühl führt und damit das Risiko erhöht, depressiv zu werden.

Diese Faktoren zählen eher zu den Auslösern; es gibt aber auch eine Reihe sozialer Faktoren, die sich in einer typisch weiblichen Erkrankungsbereitschaft auswirken können. Zum Beispiel wurde ein enger Zusammenhang zwischen einem sexuellen Mißbrauch in der Kindheit, den ja mehr Mädchen als Jungen erleiden, und einer späteren depressiven Krankheit entdeckt. Aber nicht nur solche gravierenden schädigenden Erlebnisse scheinen den Boden für eine zukünftige Depressionsanfälligkeit vorzubereiten. Von Geburt an erleben Mädchen eine andere soziale Umwelt, was sich unweigerlich in ihrer gesamten psychischen Ausstattung bemerkbar macht. Immer noch scheint das Ergebnis einer typischen weiblichen Sozialisation verstärkte Passivität, Abhängigkeit, Hilflosigkeit und wenig Zuversicht, was die eigenen Fähigkeiten und Stärken betrifft, zu sein. Dazu gehören zum Beispiel die viel besprochenen Minderwertigkeitsgefühle. Daß sie unter Frauen weiter verbreitet sind als unter Männern, ist seit langem bekannt. Frauen sind aufgrund ihrer Sozialisation eher pessimistisch, stärker von äußeren – positiven wie negativen – Rückmeldungen abhängig, messen sich an strengeren Maßstäben und trauen sich weniger zu.

Mädchen lernen in vieler Hinsicht einen „typisch weiblichen" Umgang mit bestimmten Streßfaktoren. Sie reagieren auf Konflikte mit Rückzug und Nachgiebigkeit, während Jungen schon früh Durchsetzungsfähigkeit üben dürfen. Psychologen sehen aber gerade in dieser „erlernten Hilflosigkeit" (→ Seite 50), also in der mangelnden Fähigkeit, sich selbst die Kontrolle der Umwelt zuzutrauen und sie auch selbst in die Hand zu nehmen, einen wesentlichen Risikofaktor für eine Depression.

... oder beides?

Noch ist die biochemische, medizinische, soziologische und psychologische Grundlagenforschung nicht so weit, endgültige Antworten zu geben. Aber es gibt endlich eine engagierte Forschung, die sich zum Ziel gesetzt hat, dem Zusammenhang zwischen biologischen und sozialen Faktoren bei der Entstehung depressiver Störungen auf die Spur zu kommen, ohne entweder den „kleinen Unterschied" oder die Gesellschaft als Ursache allen Übels zu identifizieren. Schon heute kann man sagen, daß soziale und familiäre Erfahrungen direkten Niederschlag in der Ausbildung bestimmter Hirnregionen und ihre Funktionsmöglichkeiten finden. Solange kleine Mädchen von Geburt an andere Erfahrungen machen als kleine Jungen, scheint sich auch an dem Zahlenverhältnis von 2:1 in bezug auf die Erkrankungsrate von Frauen und Männern wenig ändern zu können.

Dennoch wird sich die Biologie nie einfach verleugnen lassen. Tatsächlich sind Pubertät, bestimmte Phasen innerhalb des weiblichen Zyklus, Wochenbett und die Wechseljahre als Zeiten eines hormonellen Umbruchs auch Phasen, in denen Frauen verstärkt über Stimmungsschwankungen, Reizbarkeit, Schlafstörungen, Erschöpfungszustände und Angst berichten. Gibt es also tatsächlich „Frauendepressionen" – Depressionen also, die mit der Fähigkeit der Frau, Kinder zu gebären, zusammenhängen?

Aber genug der Theorie ... Denn Frauen, die unter depressiven Symptomen leiden, interessiert weniger die Statistik dieses Leidens oder gar eine ausgefeilte Theorie als vielmehr, wie ihnen geholfen werden kann.

Typische „Frauendepressionen"?

Frau werden ist nicht einfach – weibliche Pubertät

Wie jede/r aus Erfahrung weiß, ist die Pubertät eine schwierige Zeit. Stimmungsschwankungen gehören einfach dazu. Jungen wie Mädchen sind davon betroffen. Dennoch müssen wir unterscheiden. Denn ebenso wie in anderen Lebensaltern kann auch hinter dem Niedergeschlagensein, der Traurigkeit, dem „Weltschmerz" einer/s Jugendlichen eine Depression im Sinn einer schweren depressiven Störung stecken. Die Pubertät zeigt sich sogar als besonders risikoreich. Schaubilder, die die Erkrankungsrate im Längsschnitt eines Lebenslaufs darstellen, zeigen gerade in der Pubertät einen sprunghaften Anstieg depressiver Erkrankungen. Dies gilt besonders für Mädchen (→ Seite 165). Zum ersten Mal zeigt sich hier, was Frauen bis zum Eintritt ins Alter begleiten soll: Ihr Risiko, an einer Depression zu erkranken, ist doppelt so hoch wie bei Männern.

Die Ursache kennt keiner so recht. Sicher ist jedoch, daß auch hier nicht nur Hormone eine Rolle spielen. Frauen, die sich an ihre eigene Pubertät erinnern, wissen, wie sehr sie in diesem Alter mit sich, ihrem Aussehen, ihrer Beliebtheit, ihren Möglichkeiten und Fähigkeiten haderten. Kurz: Sie wissen, wie schwierig es gerade für Mädchen ist, ein gesundes Selbstwertgefühl und Selbstbewußtsein, was sie als kleines Mädchen vielleicht durchaus besaßen, über die schwierigen Jahre der Pubertät hinüber zu retten.

Und sind die Ideale und Idole der Gesellschaft, die wir Erwachsenen bieten, die Bilder von Mann und Frau, die Rollen, die ihnen zugewiesen werden, und die Möglichkeiten, die ihnen offenstehen, etwa dazu angetan, junge Mädchen mit Selbstbewußtsein und Vertrauen in die eigenen Fähigkeiten in die Zukunft blicken zu lassen?

Eine Erklärung, die in erster Linie gesellschaftskritisch argumentiert, hilft jedoch der Jugendlichen, die unter einer Depression leidet, erst einmal nicht weiter. Sie braucht Unterstützung und gegebenenfalls eine Therapie, um mit sich und ihrer Entwicklung zur Frau ohne Selbstzweifel und Minderwertigkeitsgefühlen umgehen zu können.

Selbstwertgefühl und Verlauf der Depression

Viele Untersuchungen haben gezeigt, daß gerade mangelndes Selbstwertgefühl eng mit dem Risiko verknüpft ist, an einer Depression zu erkranken. Untersuchungen bei Jugendlichen, die an einer Depression erkrankt waren, ließen sogar den Schluß zu, daß der Grad ihres Selbstwertgefühls Vorhersagen darüber zuläßt, wie schnell die Betroffenen sich von ihrer Depression erholen werden. Das aktuelle Selbstwertgefühl der erkrankten Jugendlichen erwies sich für eine Prognose des weiteren Verlaufs (Untersuchungen nach drei Monaten und nach einem Jahr) sogar als aussagekräftiger als die Bestimmung des Schweregrads der Depression.

So wird denn auch vor allem für Jugendliche eher Psychotherapie zur Stärkung des Selbstwertgefühls empfohlen, und dies nicht nur, weil manche Studien darauf hinweisen, daß eine medikamentöse Behandlung bei Kindern und Jugendlichen noch nicht diese Wirksamkeit zeigt, die bei Erwachsenen beobachtet wird (→ Seite 181).

Für Eltern depressiver junger Mädchen

● Wahrscheinlich fühlt sich Ihre Tochter ihrem Kinderarzt „entwachsen". In vielen Fällen jedoch ist gerade der Besuch beim Kinderarzt, den Ihre Tochter seit langem kennt, zu dem sie – hoffentlich! – Vertrauen hat, und der auch Ihre Tochter und Ihre Familie schon lange begleitet, am sinnvollsten. Er wird Ihre Tochter gegebenenfalls an einen Facharzt für Kinder- und Jugend-Psychiatrie oder auch zu einem Kinder- und Jugendlichen-Psychotherapeuten überweisen.

● Diese Kinder- und Jugendlichenpsychotherapeuten führen längerfristige psychotherapeutische Behandlungen in freier Praxis durch. Die Krankenkassen übernehmen diese Kosten der Psychotherapie, wenn der Jugendlichen-Psychotherapeut eine Kassenzulassung hat (→ Seite 101). Ihre Krankenkasse kann Ihnen eine Liste der für Sie in Frage kommenden Psychotherapeuten zuschicken. In Österreich bieten die einzelnen Psychotherapie-Länderverbände (→ Seite 254) telefonische Hilfe bei der Vorauswahl geeigneter Therapeuten.

● Psychotherapeutische Unterstützung und Beratungsgespräche bieten auch die Familienberatungsstellen der Gemeinden und Länder oder freie Träger wie Caritas und Diakonisches Werk, Arbeiterwohlfahrt und andere an. Ein Besuch beim Arzt ist jedoch immer notwendig.

● Wie auch bei Erwachsenen kann manchmal ein Klinikaufenthalt notwendig werden (→ Seite 180). Fragen Sie Ihren Arzt nach einer kinder- und jugendpsychiatrischen Abteilung. Diese sind entweder dem Allgemeinkrankenhaus direkt oder einer psychiatrischen Abteilung angegliedert.

● Kümmern Sie sich um mögliche ärztliche und psychotherapeutische Hilfen für Ihre depressive Tochter. Aber: Ermuntern Sie sie, ihr Schicksal selbst in die Hand zu nehmen, übernehmen Sie also nicht automatisch die Planung oder Organisation weiterer Gespräche und Termine. Vor allem drängen Sie sich nicht zwischen Arzt/Therapeut/Berater und Ihre Tochter.

Das Problem mit den „Tagen" – PMS und PDS

Das prämenstruelle Syndrom – kurz: PMS

Schon Hippokrates hat es beschrieben, und viele Frauen kennen es – das prä(vor)- oder peri(um, herum)menstruelle Syndrom, kurz das PMS und seine psychischen Auswirkungen: Viele Frauen machen die Erfahrung, daß sie abhängig von Zyklusphasen Stimmungsschwankungen unterworfen sind. Sie klagen darüber, daß sie sich in der Woche vor Eintritt der Menstruation auffällig traurig, wert- und hoffnungslos fühlen, meist auch ängstlich sind, häufig weinen und gefühlsmäßig oft unangemessen und unkalkulierbar auf Kleinigkeiten reagieren. Vor allem letzteres beschreiben sie als starke innere Anspannung und Gereiztheit, was – ohne daß sie es eigentlich wollen – zu häufigeren Auseinandersetzungen mit Partnern, Kindern, Freunden und Kollegen führt.

... und die prämenstruelle dysphorische Störung – kurz: PDS

Diese psychischen Anzeichen des PMS können so stark ausgeprägt sein, daß es den betroffenen Frauen (Schätzungen gehen von 2 bis 10 Prozent aus) schwerfällt, ihren sozialen und beruflichen Alltag aufrechtzuerhalten. Ärzte sprechen dann von einer zyklusabhängigen oder prämenstruellen Depression oder – so die Klassifikation im Anhang des DSM IV (→ Seite 68) – von dem umschriebenen Störungsbild einer prämenstruellen dysphorischen Störung, oft abgekürzt als PDS oder PMDD (Premenstrual Dysphoric Disorder).

     Bei allen Frauen lassen diese Symptome der PDS mit Eintritt der Blutungen innerhalb weniger Tage nach beziehungsweise verschwinden vollständig, wenn es sich tatsächlich um eine zyklusabhängige depressive Störung handelt.

Frauenpolitik und PDS

Das PMS und seine schwere Form, die PDS, ist in den letzten Jahrzehnten zum Gegenstand nicht nur wissenschaftlicher, sondern auch heftiger politischer Diskussionen geworden mit dem vorläufigen Ergebnis, daß in der Klassifikation des ICD 10 (→ Seite 68) eine zyklusabhängige Depression nicht zu finden ist und sie auch im DSM IV nur im Anhang erscheint.

     So fragten sich vor allem feministische amerikanische Psychologinnen und Ärztinnen, ob denn die möglichen körperlichen und emotionalen Veränderungen, die viele Frauen im Zusammenhang mit ihrem Zyklus beschreiben und beklagen, selbst wenn sie schwerwiegender sind, tatsächlich als Krankheit einzustufen seien. Ihr Argument gegen eine Aufnahme möglicher peri- oder prämenstrueller Symptome in den Katalog psychiatrischer Erkrankungen: Wenn

Frauen allein aufgrund einer spezifisch weiblichen Eigenschaft, nämlich einem hormonellen Zyklus unterworfen zu sein, psychiatrisiert werden, so kommt dies – so die Befürchtung – einer Diskriminierung der Frau gleich.

Aber – so argumentierte die andere Seite – darf man aus politischen Gründen offensichtliche Beschwerden leugnen? Kommt dies nicht einer Mißachtung der Frauen, die unter diesem Störungsbild leiden, gleich? Eine Aufnahme in die psychiatrische Diagnostik sei deshalb – so ihr Standpunkt – eher im Interesse der betroffenen Frauen, da es sie legitimiere, Hilfe und Behandlungsmöglichkeiten in Anspruch zu nehmen.

Glücklicherweise hatte die Diskussion ein verstärktes Forschungsinteresse zur Folge. Denn daß der politische Streit den Frauen, die jeden Monat unter depressiven Stimmungen und ihrer eigenen Reizbarkeit leiden, erst einmal nicht weiter hilft, liegt auf der Hand.

Zum gegenwärtigen Stand der wissenschaftlichen Diskussion

Bisher beeinflussen eine Reihe von Vorurteilen und Fehleinschätzungen ausgesprochen oder unausgesprochen Hausärzte, Gynäkologen und Psychiater in ihren Behandlungsansätzen und -angeboten:

Dazu gehören zum Beispiel die Vorurteile, zyklusabhängige Verstimmungen gehörten entweder gewissermaßen zum Frausein oder wiesen umgekehrt auf ein Nichtakzeptieren der Frauenrolle hin.

Dazu gehört auch das Vorurteil, Frauen, die darüber klagen, seien wehleidig, im Grunde genommen gebe es keine wirklichen Probleme.

Als bedeutsam für die Behandlung erwies sich die Diskussion folgender sich widersprechender Hypothesen: Entweder die PDS sei nur Ausdruck einer sonstigen depressiven oder anderen psychischen Störung, könne also nicht als eigenständiges Krankheitsbild aufgefaßt und behandelt werden, oder aber die PDS sei Folge einer Hormonstörung, könne und müsse also auch mit Hormonen behandelt werden.

Dagegen betonen medizinische und psychiatrische Forscherinnen und Forscher heute: Eine zyklusabhängige Depression als Krankheitsbild gibt es tatsächlich und zwar in vielen Kulturen und Ländern. Sie ist weder politisch noch medizinisch oder psychologisch wegzudiskutieren. Ihre Symptome sind:

- Niedergeschlagenheit
- Angst und Anspannung
- Stimmungsschwankungen
- verstärkte Reizbarkeit
- körperliche Beschwerden wie Kopf- und Brustschmerzen, Völlegefühl.

- Konzentrationsschwierigkeiten
- Energiemangel
- Heißhunger
- Schlafschwierigkeiten
- Interessenverlust

Sie gehen weiter davon aus, daß bis zu 80 Prozent aller Frauen unter mindestens einem bis zwei der obengenannten Symptome leiden, daß etwa 20 Prozent tatsächlich Hilfe brauchen und in Anspruch nehmen sollten und daß 2 bis 10 Prozent jeden Monat durch diese Symptome so sehr in ihrem privaten und beruflichen Leben eingeschränkt sind, daß dies in ihren Auswirkungen einer schweren depressiven Störung gleichkommt. Psychiater sprechen dann von einer behandlungsbedürftigen prämenstruellen dysphorischen Störung.

Dabei ist bis heute nicht klar, ob und wie die zyklusbestimmenden Sexualhormone Östrogen und Progesteron bei dieser Störung eine Rolle spielen. Die Symptome können auftreten sowohl beim Ansteigen als auch beim Abfallen dieser Hormonproduktion. Bis heute konnte weder ein besonders hohes noch ein besonders niedriges „Hormonniveau", sei es des Östrogens oder des Progesterons, bei Frauen, die unter einer zyklusabhängigen Depression leiden, nachgewiesen werden. Dagegen scheinen auch PDS-Symptome mit einem Serotoninmangel zu tun zu haben. Frauen, die unter einer PDS leiden, haben – einige Untersuchungen weisen in diese Richtung – vor dem Einsetzen der Regel niedrigere Serotoninwerte als kurz danach.

Welche Antidepressiva wirken

Nicht alle Antidepressiva wirken bei einer PDS gleich gut. Nach neueren Untersuchungen zeigen sich
- Clomipramin (zum Beispiel *Anafranil*)
- Fluoxetin (*Fluctin*)
- Paroxetin (zum Beispiel *Tagonis*) und
- Sertralin (*Zoloff*)

als besonders effektiv gerade in der Behandlung einer PDS.

Bei all diesen Medikamenten wird vorwiegend das serotonerge Neurotransmittersystem beeinflußt.

Nachgewiesen ist auch, daß die Behandlung mit Hormonen entgegen früherer Annahmen tatsächlich nicht zur Besserung der PDS beiträgt. Im Gegenteil: Neueste Forschungen haben gezeigt, daß Frauen das Sexualhormon Progestoron, um das es hier geht, ganz unterschiedlich verarbeiten.

Es gibt Frauen, deren Körper gerade Progestoron so verstoffwechselt, daß ein Produkt entsteht, welches seinerseits das serotonerge System blockiert. Das heißt: Eine zusätzliche Hormongabe verstärkt bei ihnen depressive Symptome, anstatt sie zu bessern. Dies erklärt, warum auch hier bestimmte Antidepressiva, nämlich die, die das serotonerge Neurotransmittersystem beeinflussen, die Mittel der Wahl sind (also vor allem die Serotonin-Wiederaufnahmehemmer). Auch die Anwendung von Lichttherapie und Schlafentzug wird heute erprobt.

Entgegen vielen Vorurteilen weiß man heute, daß Frauen, die unter einer PDS leiden, nicht mehr und nicht weniger als andere Frauen unter sonstigen psychischen Erkrankungen leiden. Die PDS kann aber depressive Symptome einer depressiven Störung verstärken.

Umgekehrt wird häufig leider immer noch eine behandlungsbedürftige Depression als PDS verkannt.

- Vielen Frauen hilft schon das Wissen, daß ihr monatlicher „Ausnahmezustand" weder persönliches Versagen oder eigene Schuld, noch Hinweis auf eine grundlegende psychische Störung ist. Sie sind dann in der Lage, vielleicht gemeinsam mit ihrem Partner, Strategien zu entwickeln, mit den einzelnen Symptomen besser umzugehen.
- Machen Sie sich wegen Ihrer Stimmungsschwankungen, Ihrem Hang zu Tränen, Ihrer Energielosigkeit und des allfälligen Krachs mit Partnern und Kindern in den Tagen vor Ihren Tagen keine Vorwürfe!
- Vielleicht gönnen Sie sich auch einfach die Ruhe, die Sie jetzt brauchen.
- Scheuen Sie sich nicht, offen mit Ihrem Partner, Ihren Freunden und Kollegen, vielleicht auch mit älteren Kindern über Ihr Problem zu sprechen. Ein bißchen mehr Rücksicht tut Ihnen gut.
- Verschiedene Ernährungsvorschläge haben sich bewährt. Zum Beispiel scheint eine verstärkte Kohlenhydrataufnahme (also Nudeln, Kartoffeln, Brot, Müsli, Cornflakes) die depressive Stimmung des PMS günstig zu beeinflussen. Inzwischen weiß man auch, daß sich Serotoninmangel oft in einer wahren Gier auf kohlenhydratreiche Nahrungsmittel (leider oft auch auf Süßigkeiten, Schokolade und Kuchen) anzeigt. Der als Symptom bekannte Heißhunger ist also vielleicht eine erfolgreiche Art der Selbstheilung.
- Wenn Ihre Beschwerden jedoch besonders stark ausgeprägt sind, wenn Sie vor allem Stimmungsschwankungen, Reizbarkeit, unerklärliche Angst und Anspannung, Niedergeschlagenheit und Interessen- und Energieverlust quälen, Sie also möglicherweise unter einer prämenstruellen dysphorischen Störung leiden, nehmen Sie Hilfe in Anspruch! Klären Sie mit Ihrem Arzt, ob und welche Behandlung sinnvoll ist.
- Führen Sie über mindestens zwei bis drei Monate Tagebuch über Ihre jeweilige Stimmung und Ihr emotionales und körperliches Befinden. Denn nicht selten werden behandlungsbedürftige Depressionen als PMS verkannt und den betroffenen Frauen die notwendige Behandlung ihrer Depression versagt. Wenn Sie nicht mindestens eine Woche pro Monat wirklich beschwerdefrei sind, liegt keine prämenstruelle dysphorische Störung vor.
- Lassen Sie sich nicht abspeisen. Es gibt Behandlungsmöglichkeiten!

Eigentlich sollte ich glücklich sein –
Babyblues und Wochenbettdepression

Viele junge Mütter (Experten sprechen von 50 bis 70 Prozent) kennen es: Wenige Tage nach der Geburt ihres Kindes (meist am dritten oder vierten Tag) haben sie plötzlich „nahe am Wasser gebaut", sind ständig den Tränen nah, fühlen sich grundlos traurig, leer und deprimiert oder unruhig, schlafen schlecht. Die strenge Gesetzmäßigkeit, mit der diese milde Depression abläuft (Beginn am dritten Tag, Spitze am fünften, Abklingen bis zum zehnten Tag), macht es wahrscheinlich, daß Hormone die entscheidende Rolle spielen. Vier, fünf Tage nach der Entbindung fallen die Östrogen- und Progesteronwerte ab, während die Prolaktinproduktion stark zunimmt. Vor allem die Schlafstörungen werden mit abfallenden Progesteronwerten in Zusammenhang gebracht.

Im allgemeinen gehen der „Babyblues" – so sagen die Engländer – oder die „Heultage" – wie man sie hier nennt – schnell vorbei. Den meisten Frauen hilft es, schon vor der Geburt „vorgewarnt" zu sein. So können sie – und ihre Umgebung – die Symptome als ganz normales Übergangsphänomen akzeptieren.

Die Wochenbettdepression ...

Von einer Wochenbettdepression sprechen Ärzte erst dann
● wenn diese depressive Stimmung länger als einige Tage (über den zehnten Tag nach der Geburt hinaus) anhält oder auch erst innerhalb der folgenden Wochen nach der Geburt beginnt und
● die Symptome so ausgeprägt sind, daß sie einer typischen Depression entsprechen.

Ungefähr 5 bis 10 Prozent der Frauen machen in den Wochen und Monaten nach der Entbindung eine längere depressive Phase durch.

Für eine solche Wochenbettdepression reichen einfache endokrinologische (Endokrinologie = Wissenschaft von den Hormonen) Erklärungsmodelle nicht aus. Auch für die Wochenbettdepression gilt: Sie ist eine psychobiologische Krankheit, und viele Faktoren spielen zusammen. Auf der Grundlage einer bereits existierenden neurobiologischen und psychologischen Vulnerabilität (Verletzlichkeit) – Sie erinnern sich an das Bild des Pakets, das wir mit uns herumschleppen (→ Seite 53)? – erhöht die hormonelle Umstellung möglicherweise das Risiko, an einer Depression zu erkranken. Zu diesem „Auslöser" kommen sicher auch psychologische Faktoren hinzu. Jede junge Mutter hat ja eine Vielzahl von neuen Erfahrungen, Ängsten und Aufgaben zu verarbeiten. Wie ihr das gelingt, hängt auch immer davon ab, mit wieviel Unterstützung sie in dieser anstrengenden Zeit rechnen kann.

... und ihre Symptome

Die Frauen, die an einer solchen Wochenbettdepression erkranken, leiden unter ständiger Erschöpfung, besonderer Reizbarkeit, dem Gefühl, ihrer neuen Aufgabe als Mutter nicht gewachsen zu sein, und vor allem unter starken Selbstvorwürfen: Sie werfen sich vor, ihr Kind nicht so zu lieben, wie sie sollten, ihrer Rolle als Mutter nicht gerecht zu werden und in allem zu versagen, und sie haben extreme Angst um das Wohlergehen ihres Babys. Weniger noch als andere depressiv Erkrankte können betroffene Mütter ihre Depression als Krankheit erkennen und sich und anderen ihre Krankheit eingestehen. Sie sind überzeugt, „schlechte Mütter" zu sein, weil sie über die Geburt ihres Kindes nicht glücklich sind, wie sie es ihrer Ansicht nach sein sollten. Zu sehr empfinden sie es als Schuld, in ihrer Situation als junge Mutter mit einem gesunden Baby nicht glücklich und zufrieden zu sein. Sie schämen sich, weil sie die Pflege ihres Babys überfordert, und befürchten, ihr Kind nie richtig lieben zu können, es zu vernachlässigen und ihm für immer irreversible Schäden zuzufügen.

Es sind vor allem diese Inhalte der Wochenbettdepression, die sie von anderen Depressionen unterscheiden (→ Seite 20).

> **Es stimmt tatsächlich: Auch junge Väter leiden hin und wieder unter einer Art Wochenbettdepression. Bei einer Befragung in England berichteten 9 Prozent von unerklärlichen Gefühlen wie Traurigkeit und Angst, von nachlassendem Interesse an Sex, von Schlafstörungen in den ersten sechs Wochen nach der Geburt ihres Kindes. Bei 5 Prozent hielten diese Symptome bis zu einem halben Jahr an.**
> **Wenn man die psychosozialen Faktoren für die Entstehung einer Wochenbettdepression im Auge behält, ist eine Wochenbettdepression des Vaters nicht weiter verwunderlich. Auch Väter erleben mit der Geburt vor allem ihres ersten Kindes einen Einschnitt, eine Schwellensituation, die verarbeitet werden muß.**

Hilfen

Die betroffenen Mütter brauchen Hilfe, nicht nur wegen ihrer quälenden Symptome und der großen Suizidgefahr, die die Krankheit mit sich bringt. Denn immer beeinträchtigt eine Wochenbettdepression, die Wochen, ja Monate dauern kann, auch die Beziehung zwischen Mutter und Baby.

Das Paradoxe geschieht: Zwar sind die Selbstvorwürfe, die sich die jungen Mütter machen, ein Symptom ihrer Depression. Aber genau diese Störung hindert sie daran, ihrem Kind gerecht zu werden. Daß dies Folgen für die gesunde Entwicklung des Babys haben kann, liegt auf der Hand. Deshalb ist ein

Vor allem Ehemänner, Eltern, Freundinnen und Freunde sind jetzt gefordert!

● Ihre Unterstützung ist unerläßlich. Gut-gemeinte Ratschläge wie: „Das wird schon wieder" oder: „Jede junge Mutter braucht Zeit, um sich in ihrer neuen Rolle zurechtzufinden" und: „Babys sind eben anstrengend" gehen am Problem vorbei. Absolut verboten – da erwiesenermaßen falsch – sind Vorwürfe und Feststellungen wie: „Deine Depression macht deutlich, daß Du eigentlich Dein Baby nicht wolltest" – und ähnlich dummes Zeug!

● Wichtig ist jetzt, daß Ehemänner, Eltern und Freundinnen für die junge Mutter da sind und ihr bei der Erledigung der täglichen (und vor allem der nächtlichen) Routine, die nicht nur depressive junge Mütter oft über-fordert, zur Hand gehen.

frühzeitiges Erkennen dieser depres-siven Erkrankung und ihre Behand-lung notwendig.

Aber oft kann auch die liebe-vollste Unterstützung eine depres-sive junge Mutter nicht „heilen". Nicht selten verstärken die Anstren-gungen ihres Mannes ihre Schuldge-fühle, ihre Gewißheit, versagt zu ha-ben, und die Angst, ihrem Kind nie eine gute Mutter sein zu können. Deshalb: Junge Mütter, die unter ei-ner Wochenbettdepression leiden, brauchen professionelle Hilfe! Dazu gehören psychotherapeutische Hil-fen ebenso wie in schweren Fällen die medikamentöse Behandlung. Ein Klinikaufenthalt ist dann notwen-dig, wenn die Schwere der Depressi-on befürchten läßt, daß die junge Mutter sich und/oder das Kind tötet.

● Sprechen Sie mit der jungen Mutter über die Möglichkeit, professionelle Hilfe in Anspruch zu nehmen. Sie selbst wird, so zeigen die Erfahrungen, gerade dies erst einmal nicht in Betracht ziehen können, da es sie in ihrem depressiven Selbstbild einer schlechten Mutter zu bestätigen scheint.

● Informieren Sie die junge Mutter über das Krankheitsbild, die Häufigkeit der Erkrankung und vor allem über ihre Behandlungsmöglichkeiten (→ Seite 85).

● Möglicherweise ist es wichtig, daß Sie die Organisation eines Erstgesprächs übernehmen. Viele Frauen, die unter einer Wochenbettdepression leiden, sind von der Pflege ihres Babys so erschöpft, daß ihnen jede weitere Verpflichtung über den Kopf zu wachsen scheint.

Bei einer Wochenbettdepression gelten die Behandlungsricht-linien, die für die Behandlung depressiver Störungen allgemein gelten. Sie sind immer abhängig vom Schweregrad der Störung. Mütter, deren Depression medikamentös behandelt werden muß, sollten nicht stillen. Zwar gibt es bisher wenig Daten über die tatsächlichen Auswirkungen auf das Baby. Sicher ist jedoch, daß alle Antidepressiva, die eine Mutter einnimmt, Spuren in der Muttermilch hinterlassen (→ Seite 126).

Für schwangere Frauen

Auch wenn Sie Ihr Arzt nicht danach fragt, denken Sie einmal nach:
- Waren oder sind Sie zur Zeit depressiv?
- Nehmen Sie zur Zeit antidepressive Medikamente? Wenn ja, welche?
- Haben Sie zur Zeit Schwierigkeiten mit Ihrem Partner, haben Sie Angst um Ihre Beziehung? Befürchten Sie, alles allein meistern zu müssen, und haben Sie Angst davor?

Versuchen Sie sich auch zu erinnern:
- Gab es bisher schon einmal eine längere Phase, in der Sie sich besonders niedergeschlagen, ängstlich, unruhig, freud- und lustlos gefühlt haben?
- Sind Sie deshalb schon einmal behandelt worden? Wenn ja, wie?
- Wenn Sie Kinder haben: Gab es in den ersten Monaten nach der Geburt eines Ihrer Kinder eine Zeit, in der Sie sich depressiv, niedergeschlagen, unfähig, freudlos gefühlt haben?

Wenn Sie eine oder auch mehrere dieser Fragen mit Ja beantwortet haben, sprechen Sie mit Ihrer Frauenärztin, Ihrem Psychiater oder Ihrer Psychotherapeutin darüber!

Vorbeugung

Neuere Untersuchungen haben gezeigt, daß vor allem Frauen, die vor der Schwangerschaft und Geburt schon einmal eine depressive Episode durchgemacht haben, Gefahr laufen, an einer Wochenbettdepression zu erkranken. Auch Frauen, die bei einer früheren Geburt eine Wochenbettdepression erlebt haben, unterliegen einem höheren Risiko, bei der nächsten Geburt wieder zu erkranken. Diesen Frauen empfehlen Ärztinnen und Ärzte unbedingt eine vorbeugende Behandlung. Eine medikamentöse Therapie mit Antidepressiva während der Schwangerschaft muß jedoch sorgfältig abgewogen werden und kann immer nur eine Einzelfallentscheidung sein. Dabei steht das Risiko der unbehandelten Depression gegen das Risiko einer Schädigung des Kindes durch Medikamente besonders in der Frühschwangerschaft (→ Seite 126).

Risikofaktoren für eine Wochenbettdepression:
- frühere depressive Erkrankungen
- frühere Wochenbettdepression
- depressive Erkrankungen in der Familie
- Angst und depressive Verstimmungen während der Schwangerschaft

● emotionale Belastungen in Verbindung mit der Geburt eines kranken Kindes oder eines ungewollten Kindes

● Schicksalsschläge während der Schwangerschaft oder nach der Geburt des Kindes

● fehlende soziale Unterstützung, sei es durch den Partner, die Familie oder Freunde/Freundinnen

● Schwierigkeiten mit dem Partner

● gestörte Beziehung zur eigenen Mutter.

Sehr selten: die Wochenbettpsychose

Wochenbettdepressionen können sich zu einer Wochenbettpsychose entwickeln, die jedoch selten ist (1 bis 2 Promille). Eine Wochenbettpsychose, die fälschlicherweise oft mit einer Schizophrenie verwechselt wird, ist eine akut bedrohliche Krankheit mit Verwirrtheitszuständen und Halluzinationen, die sich meist um das Kind und dessen möglichen Tod drehen. Quälend sind vor allem Wahnvorstellungen, das Kind umbringen zu müssen. Wochenbettpsychosen beginnen meist kurz nach der Geburt (in 40 Prozent der Fälle am siebten Tag) und müssen sofort behandelt werden.

Depressionen in den Wechseljahren

Klimakterium (Wechseljahre) bezeichnet den Zeitraum, in dem die Eierstöcke langsam, aber endgültig ihre Funktion verlieren, während die Menopause den Endpunkt der Zeit der Fruchtbarkeit bedeutet. Biologisch lassen sich Wechseljahre, die zwischen 5 und 25 Jahre dauern können, in drei Phasen gliedern:

● die Prämenopause etwa zwischen dem 45. bis zum 50. Lebensjahr (manchmal auch schon ab dem 40.), in der die Produktion der Hormone Testeron, Östrogen und Progesteron abnimmt und die Fruchtbarkeit nachläßt,

● die Menopause (durchschnittlich etwa bei 52 Jahren), in der die letzte (spontane) Regelblutung stattfindet und die Frau endgültig keine Kinder mehr empfangen kann, und

● die Postmenopause bis etwa zum 65. Lebensjahr.

Obwohl die Wechseljahre eine universelle Erfahrung aller Frauen sind, also eine „allgemein frauliche" Erfahrung, ist die Art und Weise dieser Erfahrung jedoch alles andere als universell.

Epidemiologische Untersuchungen, die die klimakterischen Beschwerden in verschiedenen Kulturen und Ländern verglichen, zeigten das folgende erstaunliche Ergebnis: Die Daten Kanadas und der USA entsprechen dem Bild, das man sich heute im allgemeinen vor allem auch in Mitteleuropa von den

Symptom	Japan	Kanada	USA
Kopfschmerzen	27,5%	33,8%	37,2%
Gelenkschmerzen	14,5%	31,4%	38,6%
Müdigkeit	6,0%	39,8%	38,1%
depressive Verstimmungen	10,3%	23,4%	35,9%
Schlafstörungen	11,7%	30,4%	30,6%
Hitzewallungen	12,8%	31,0%	34,8%

Die Prozentangaben beziehen sich auf die Gesamtzahl der befragten Frauen in den genannten Ländern.

Wechseljahren macht. Besonders in den Köpfen der meist männlichen Mediziner erscheinen dabei die unterschiedlichen Auswirkungen der hormonellen Veränderungen, die ja nicht wegzudiskutieren sind, eher als behandlungsbedürftige Krankheit denn als normale Begleiterscheinungen eines ganz natürlichen Prozesses. Glücklicherweise können heute immer mehr Frauen diesen Prozeß auch als einen Schritt nach vorn in einen neuen Lebensabschnitt (und nicht nach unten oder gar als Ende) erleben. Doch viele haben davor auch Angst, und tatsächlich erleben in unserem Kulturkreis rund ein Drittel aller Frauen in diesem Zeitraum eine Reihe von Beschwerden.

Uns interessieren hier vor allem die psychischen Symptome wie Stimmungsschwankungen, verstärkte Reizbarkeit, Niedergeschlagenheit und Hoffnungslosigkeit. Als depressive Verstimmungen werden sie (einer neuen Berliner Untersuchung zufolge) von etwa 30 bis 40 Prozent der Frauen in den Wechseljahren empfunden. Dazu kommen körperliche Beschwerden wie Schlafstörungen (40 Prozent), Leistungsabfall, Gedächtnisminderungen (30 bis 40 Prozent) und verstärkte Müdigkeit.

Gerade diese Symptome lassen sich auch in den Kriterien für die Diagnose einer depressiven Störung im Sinne einer typischen (major) Depression wiederfinden (→ Seite 71). Lange hat man deshalb die hormonellen Veränderungen der Wechseljahre als Ursache depressiver Erkrankungen betrachtet, wie auch die Bezeichnung „klimakterische Depression" zeigt.

Aber: Ähnlich wie mit der Depression im Zusammenhang mit der PMS verhält es sich auch mit der klimakterischen Depression. Sie geriet plötzlich auf den Prüfstand, und die Frage, ob der hormonelle Umbruch bei Frauen Depressionen verursachen kann, wurde in den letzten Jahren zum Gegenstand einer ähnlich kontroversen Diskussion wie die um das PDS.

Keiner weiß bis heute so recht,
● ob das Klimakterium tatsächlich für Frauen ein höheres Risiko birgt, an einer Depression zu erkranken, als andere biologische Umbruchphasen.

- ob die depressiven Symptome, die Frauen beklagen, tatsächlich Symptome einer Depression sind, und wenn sie es denn sind,
- wie sich die endokrinologischen Veränderungen (Endokrinologie = Lehre von den Hormonen) der Wechseljahre auf die neurobiologischen und psychosozialen Bedingungen einer Depression auswirken.

Der aktuelle Stand der Diskussion

Es kann nicht bestritten werden, daß viele Frauen zwischen 45 und 65 Jahren mehr oder weniger häufig unter depressiven Stimmungen leiden. Ebenso unbestreitbar ist die Beobachtung, daß Frauen, die schon früher ein- oder mehrmals eine depressive Phase erlebt haben, gerade jetzt häufig erneut depressiv werden, wobei vor allem ab 50 das Risiko, an einer schweren Depression zu erkranken, noch einmal rapide ansteigt (→ Seite 211).

Das heißt: Depressive Stimmungen und Depressionen sind tatsächlich ein Problem für Frauen in den Jahren zwischen 45 und 65, also in den Wechseljahren. Aber ein direkter Zusammenhang zwischen den hormonellen Veränderungen und einer depressiven Erkrankung, also im Sinne einer klimakterischen Depression, ist bis heute nicht eindeutig nachweisbar. Dagegen zeigte sich auch hier, daß

- es *die* (eine) Depression in den Wechseljahren nicht gibt.
- nicht nur *eine* Ursache für depressive Stimmungen und mögliche depressive Störungen verantwortlich gemacht werden kann.
- auch eine Depression in den Wechseljahren wie jede andere Depression als eine biopsychologische Störung verstanden werden muß.

Die „Klimakterische Depression": eine bio-psycho-soziale Störung

Wie so oft ist auch bei der (vermeintlichen) klimakterischen Depression ein ganzes Bündel von Faktoren zu berücksichtigen. Viele Frauen machen gerade jetzt reale und phantasierte Verlusterfahrungen: Die Kinder gehen aus dem Haus, die eigenen Eltern sterben, im Beruf und manchmal auch in der Ehe rücken jüngere, dynamischere und eher dem Ideal der Modezeitschriften entsprechende Frauen nach und lassen den Verlust der beruflichen und ehelichen Position oder gar des Arbeitsplatzes (oder des Ehemanns) befürchten.

Viele Frauen trauern auch um den Verlust der Fruchtbarkeit, seien es die, die Schwangerschaft und Geburt erlebt haben, oder die, die sich gegen Kinder entschieden haben. Das „nie wieder" kann niederschlagen, erinnert es doch an die eigene Endlichkeit, Grundmuster einer Verlusterfahrung überhaupt.

Viele Frauen erleben jetzt auch – oder meinen es zumindest – Situationen, die nicht gerade dazu angetan sind, das noch nie übermäßig ausgebildete Selbstwertgefühl und Selbstbewußtsein zu stärken.

Zum Beispiel: Die Energie läßt nach, und was vor kurzem noch „mit links" erledigt werden konnte, scheint plötzlich unbewältigbar.

Oder: Die Kinder sind ausgezogen, das Haus ist leer, die Möglichkeiten einer beruflichen Karriere sind erschöpft, und auch die sauberste Küche kann das Gefühl, nicht gebraucht zu werden, nicht verhindern.

Oder: Wenn das Selbstwertgefühl mit der glatten Haut, dem straffen Busen und Po, der schlanken Taille – kurz: mit ewiger weiblicher Jugend – verknüpft war, dann kann auch das eigene Spiegelbild „depressiv" machen.

Und nicht zuletzt: Auch die körperlichen Beschwerden der Wechseljahre, zum Beispiel Schlafstörungen, Müdigkeit, Kopf-, Gelenk- und Muskelschmerzen, können Frauen niedergeschlagen, mißgelaunt, hoffnungslos und gereizt machen.

Was nun?

Nicht jede Frau erlebt in den Wechseljahren depressive Stimmungsschwankungen oder erkrankt gar an einer Depression. Nach der zitierten Berliner Befragung gaben 60 Prozent keine oder nur leichte depressive Verstimmungen an. Diese Feststellung hilft jedoch den Frauen nicht, die nicht zu diesem beschwerdefreien Teil gehören. Ihre Frage bleibt: Was mache ich, wenn ich unter Niedergeschlagenheit, Gereiztheit, Hoffnungslosigkeit und Angst leide?

Frauen mit leichten depressiven Verstimmungen (die Berliner Studie spricht von 24 Prozent) hilft oft schon die Einsicht in die natürlichen Vorgänge und vor allem in die Kultur dieser Verstimmungen. Sie können sich dann mit ihrer Niedergeschlagenheit auseinandersetzen, sie vielleicht akzeptieren und möglicherweise „Trauerarbeit" leisten. Diese setzt dann die erforderliche Kreativität für die Planung und Organisation eines neuen Lebensabschnitts frei. Das „Empty Nest Syndrom" (Leeres-Nest-Syndrom) zum Beispiel, das viele Frauen befällt, wenn ihre Kinder flügge werden, ist ja die ganz verständliche Folge der Erfahrung, als fürsorgende Mutter nicht mehr gebraucht zu werden. Diese Einsicht kann traurig machen. Aber erst diese Einsicht macht frei für neue Möglichkeiten, seien sie auf beruflichem oder privatem Gebiet. Das Gefühl, gebraucht zu werden, das viele Frauen als wichtigen Bestandteil ihres Selbstwertgefühls entwickelt haben, läßt sich ja nicht nur als Mutter erleben.

Oder: Auch die vielleicht beunruhigende und deprimierende Erfahrung, nicht jünger zu werden, was sich an allen möglichen Beschwerden zeigt, muß verarbeitet werden. Erst dann sind viele Frauen in der Lage, sich und vor allem ihrem Körper etwas zu gönnen: eine vernünftige und wohlschmeckende Ernährung, ausgiebige Körperpflege, frische Luft, viel Bewegung und Sport, Entspannungsübungen und Ruhe, wenn sie sie brauchen.

Frauen jedoch, die unter mittelschweren oder gar schweren depressiven Stimmungen leiden, brauchen professionelle Hilfe. Leider werden sie allzuoft mit dem Hinweis: „Das gehört eben dazu" vertröstet, wenn nicht gar abgespeist. Auch die sicher richtige Bemerkung, daß Depressionen in den Wechseljahren sehr viel mit psychosozialen Faktoren zu tun haben, mindert nicht ihren Krankheitswert. Behandlung ist bei schweren Depressionen immer notwendig.

Ohne Diagnose geht es nicht

Ihr Arzt/Ihre Ärztin muß mit Ihnen gemeinsam abklären,

● wie Sie sich insgesamt körperlich fühlen. Denn manche Krankheiten, unter denen vor allem Frauen in der Lebensmitte leiden, können Depressionen zur Folge haben. Dazu gehören chronische Schmerzzustände ebenso wie eine Schilddrüsenunterfunktion.
Erst eine Behandlung der zugrundeliegenden Krankheit kann auch Ihre Depression heilen.

● ob Sie besonders stark unter verschiedenen körperlichen Symptomen, die mit den Wechseljahren zusammenhängen, leiden.
Nur in einem solchen Fall mag eine Hormonbegleittherapie sinnvoll sein, die Ihnen bei körperlichen Symptomen, zum Beispiel den Schlafstörungen, Erleichterung verschafft.

● ob Ihnen psychische und soziale Probleme gerade jetzt so zu schaffen machen, daß die Wechseljahre Sie depressiv machen. Fast immer können Sie in der Rückschau feststellen, daß zum Beispiel Ihr Selbstwertgefühl und -vertrauen noch nie besonders ausgeprägt war, und daß es vielleicht schon früher Situationen gab, in denen Verlust- und Trennungserfahrungen Sie aus der Bahn zu werfen drohten. Nutzen Sie die Chance einer psychologischen Beratung oder Psychotherapie.

● ob Sie früher schon einmal depressive Episoden erlebt haben und auch jetzt weniger unter typischen klimakterischen Beschwerden als unter ihrer depressiven Gestimmtheit leiden. Dann ist eine Überweisung zu einem oder Ihrem Psychiater sinnvoll. Denn erst eine psychiatrische Anamnese kann zeigen, ob Sie an einer schweren depressiven Störung im Sinne einer typischen Depression leiden, die nur zufällig während Ihrer Wechseljahre auftritt. Antidepressiva sind in diesem Fall der schweren depressiven Störung die Mittel der Wahl. Obwohl leider häufig verordnet, gibt es bisher keine Beweise, daß in diesem Fall die Hormonbegleittherapie als Behandlung sinnvoll ist. Diskutiert wird jedoch, ob eine Kombination aus „Hormonen" und Antidepressiva die Wirkung von Antidepressiva übertrifft.

Haben Sie das Gefühl, Ihre Frauenärztin/Ihr Frauenarzt nimmt Ihre depressiven Stimmungen nicht ernst, wechseln Sie Ärztin oder Arzt!

Diagnostik und Therapie

Die meisten Frauen werden in einer solchen Situation ihre Frauenärztin, ihren Frauenarzt aufsuchen. Im Idealfall haben auch Sie in ihr/ihm seit Jahren eine(n) Ansprechpartner(in) gefunden, die/der Sie schon lange, vielleicht schon vom ersten Kind an, begleitet hat. Neben der vertrauensvollen Beziehung, in der auch ein Gespräch möglich ist, muß jedoch eine sorgfältige Diagnostik gewährleistet sein. Frauen, die unter Depressionen leiden, müssen auch sicher sein können, daß ihre Ärztin/ihr Arzt, sich mit den neuesten Forschungsergebnissen der Endokrinologie und Psychiatrie auseinandersetzt. Denn gerade jetzt, da Depressionen in den Wechseljahren endlich zum Forschungsgegenstand geworden sind, schlagen sich Fortschritte wie Kontroversen immer auch in Behandlungsvorschlägen nieder.

Da es *die* Depression in den Wechseljahren nicht gibt, muß jedem Behandlungsvorschlag eine eingehende Diagnostik vorausgehen. Ob Sie Medikamente nehmen und welche, ob Ihnen psychotherapeutische Beratung oder Psychotherapie helfen kann, hängt wie bei jeder anderen Depression von Ihrem Beschwerdebild, dem Schweregrad und dem Verlauf Ihrer depressiven Störung ab (→ Seite 20, 69).

Noch einmal: Depressionen – eine Frauenkrankheit?

Was zu Anfang wie graue Theorie aussah, hat – so sehen wir jetzt – unzweifelhaft ganz praktische Bedeutung. Heute ist zumindest sicher, daß auch jede Depression der Frau eine bio-psycho-soziale Krankheit ist. Aber weitere Forschungsanstrengungen sind nötig. Wenn die Frage nach den Ursachen, weshalb Frauen häufiger depressiv werden als Männer, beantwortet wäre, könnte diese „Diskriminierung der Frau", sei sie nun sozial oder biologisch oder beides zusammen, zumindest ein wenig ausgeglichen werden. Bessere Behandlungsmethoden könnten gefunden werden. Oder – was viel wichtiger ist – weit im Vorfeld einer Erkrankung wäre vielleicht eine wirksame Vorbeugung möglich. Dann wären weniger Frauen depressiv und könnten ihr Schicksal selbst in die Hand nehmen.

Was hält mich hier eigentlich

Wen interessiert es

ob

ich

noch

da

bin

oder

nicht

„Altersdepression" – macht Altern depressiv?

Wir werden immer älter: Noch um die Jahrhundertwende hatten die Menschen in unseren Breiten eine statistische Lebenserwartung von rund 35 Jahren. Nach dem Zweiten Weltkrieg waren es schon 60 Jahre. Und Kinder, die heute geboren werden, können mit einer Lebenserwartung von 75 Jahren, Frauen sogar von 80 Jahren rechnen.

Die Chance auf ein langes Leben birgt jedoch auch Risiken: eine Vielzahl altersbedingter Beschwerden und Störungen. Dazu gehören Gefäßerkrankungen (besonders die Arteriosklerose der Herz- und Hirngefäße), Krankheiten der Atmungsorgane, Verschleißerscheinungen im Bereich der Wirbelsäule und der Gelenke, Osteoporose (Knochenschwund), rheumatische Beschwerden und nicht zuletzt die verschiedenen Krebserkrankungen. Auch die Psychiatrie kennt Alterserkrankungen, und die Depression gilt als die häufigste psychische Erkrankung im höheren Lebensalter. Doch ist eine depressive Erkrankung tatsächlich der Preis für ein langes Leben?

Gehört die Depression zum Alter?

Bis heute sind sich die Experten nicht einig, ob sich mit zunehmendem Alter die Wahrscheinlichkeit, an einer Depression zu erkranken, erhöht. Manche Statistiken scheinen es zu beweisen. Und vielen Menschen leuchtet dies auch ein. Gehören Resignation, ja Depression nicht einfach zum Altwerden? Gibt es nicht genügend nachvollziehbare Gründe dafür?

Nun – es gibt tatsächlich schwerwiegende Faktoren, die das Ausbrechen einer depressiven Störung im Alter begünstigen:

Im Alter verringern sich zum Beispiel viele Stoffwechselvorgänge, so auch die Produktion von Neurotransmittern im zentralen Nervensystem. Das heißt, auch die Botenstoffe Dopamin, Noradrenalin und Serotonin nehmen ab. Dagegen steigt der Monoaminooxidasespiegel im Gehirn – verantwortlich für den Abbau der Neurotransmitter – (→ Seite 106) an. Man kann sich für die Entstehung der Altersdepression also gut einen Mangel an Neurotransmittern oder einen Überfluß an Monoaminooxidase als Mitverursacher (→ Seite 144) vorstellen.

Ein anderer Grund für depressive Stimmungen älterer Menschen sind körperliche Erkrankungen und Schmerzzustände, und je stärker eine körperliche Erkrankung und Schmerzen ausgeprägt sind, desto schwerer sind damit verbundene depressive Stimmungen. Dazu kommt: Krankheiten bedeuten heute häufig eine Vielzahl von Medikamenten, und nicht wenige haben depressive Verstimmungen als unerwünschte Arzneimittelwirkung.

Grundsätzlich spielt zwar bei diesen beiden Risikofaktoren das Lebensalter keine herausragende Rolle: Bei jüngeren schwer oder chronisch Kranken ist die Zahl der Depressiven etwa genauso hoch wie bei älteren. Da das Alter jedoch häufiger Krankheiten und Schmerzen und damit auch die Notwendigkeit, Medikamente einzunehmen, mit sich bringt, vergrößert sich im Alter die Wahrscheinlichkeit, aus diesem Grund depressiv zu werden.

Und: Wie jede andere Depression ist auch die Depression im Alter eine bio-psycho-soziale Erkrankung. Gerade im Alter häufen sich Verlust- und Kränkungserlebnisse, Gefühle der Hilf- und Hoffnungslosigkeit, die Erfahrung, nicht mehr Frau/Herr seiner selbst oder der Situation zu sein, alles – wie wir inzwischen wissen – wesentliche psychosoziale Auslöser einer Depression.

Zum Beispiel erleben Ältere sehr viel häufiger als junge Menschen in ihrer unmittelbaren Verwandtschaft oder Bekanntschaft einen Todesfall. (85 Prozent aller Witwen und Witwer sind über 55 Jahre alt.) Aber nicht nur diese einschneidenden Verlusterlebnisse spielen eine Rolle bei der Entstehung einer Altersdepression. Dieser Lebensabschnitt bedeutet eine ganze Reihe anderer Verlusterlebnisse, um die wir nicht herumkommen:

Denken Sie nur an den Rückzug aus dem Berufsleben. Viele trifft er unvorbereitet. Sie hatten keine Zeit oder auch keinen inneren Zugang, sich darauf einzustellen. Eine sinnvolle Beschäftigung oder Aktivität, die dem jetzigen Lebensabschnitt Sinn geben könnte, scheint nicht in Sicht. Vor allem Menschen, die in ihrem Beruf aufgegangen sind, denen private Kontakte, Freunde oder überhaupt ein Leben außerhalb des beruflichen Alltags wenig bedeutet haben, verlieren mit dem Ausscheiden aus dem Beruf nicht nur die stabilisierende Strukturierung ihres Alltags. Sie verlieren Kollegen, Ansprache und Austauschmöglichkeit. Viele sind plötzlich sozial isoliert. Für die Menschen, denen beruflicher Erfolg, Achtung und Anerkennung durch Kollegen, Mitarbeiter und Vorgesetzte der Selbstachtung und dem Selbstwertgefühl dienten, kommt der Ruhestand einem Verlust der Daseinsberechtigung gleich. Auch das kann niederschlagen.

Ein anderer wichtiger Aspekt: Besonders Frauen schmerzt die Erfahrung, daß die Kinder nun ihr eigenes Leben führen, beruflich eigene Wege gehen, eine Familie gründen und dies eben oft, ohne die Lebenserfahrung der Eltern in Anspruch zu nehmen. Dieser Prozeß läuft bei vielen Frauen heute parallel mit anderen Vorgängen des Rückzugs wie zum Beispiel dem Ausscheiden aus dem Berufsleben, denn immer mehr Frauen bekommen heute aus beruflichen Gründen weitaus später Kinder als in früheren Zeiten. Nicht wenige Mütter vereinsamen mit dem Auszug der Kinder. Doch auch Männer müssen mit dem Auszug der Kinder den Verlust ihrer Vaterrolle verarbeiten. Auch sie verlieren an Bedeutung, Einfluß, an Wert, ja an Macht. Und immer erinnert das Erwachsenwerden der Kinder an das eigene Älterwerden.

Altwerden: Es ist nicht nur unsere Jugendkultur, die es schwer macht, die Abnahme der körperlichen und geistigen Flexibilität und Belastbarkeit bis hin zur Erfahrung der eigenen Hinfälligkeit zu akzeptieren. Die eigene Vergänglichkeit wird deutlich. Neue Fragen tauchen auf und müssen geklärt werden: Wie lange kann ich mich noch selbst versorgen? Wie lange kann ich meine Wohnung halten? Ist der Umzug in ein Altenheim nicht der Anfang vom Ende?

Ist dies nicht alles Grund genug zu resignieren, und damit auch Grund genug, depressiv zu werden? Besonders jüngere Menschen und leider oft auch alte Menschen sind fest von dieser Zwangsläufigkeit überzeugt. Doch Altsein und Depressivsein gehören nicht unabdingbar zusammen.

Der Verlust eines nahestehenden Menschen macht traurig. Aber macht er depressiv? Neuere Untersuchungen über den Zusammenhang von Trauer und Depression im Alter lassen den Schluß zu, daß gerade ältere Menschen oft mehr Fähigkeiten entwickeln als jüngere, den notwendigen Trauerprozeß zuzulassen, durchzustehen und abzuschließen. Sie wissen zu trauern.

Und die Berentungs- oder Pensionsdepression? Das Ausscheiden aus dem Berufsleben ist eine Schwellensituation, die wie jede Schwellensituation die Gefahr birgt, erst einmal unüberwindbar zu erscheinen. Die Notwendigkeit, neue Schwerpunkte zu setzen, erschreckt. Aber gerade die gestiegene Lebenserwartung, der gute Gesundheitszustand der meisten, die zwischen 55 und 65 Jahren aufhören zu arbeiten, läßt den Lebensabend tatsächlich als Chance erleben.

Auch das Erwachsenwerden der Kinder bedeutet keineswegs einen Verlust, der zum Auslöser einer Depression werden muß. Vielleicht mit einem leisen Anflug von Wehmut können die meisten altgewordenen Eltern die neugewonnene Freiheit genießen, sind froh, Verantwortung abgeben zu können und endlich auch einmal nur an sich denken zu dürfen.

Eine Zunahme bestimmter Risikofaktoren bedeutet also nicht den Ausbruch einer Depression, geschweige denn, diese als unausweichliches Schicksal anzunehmen und zu ertragen. Zwar hält das Alter tatsächlich einige mögliche Risikofaktoren bereit, die auch mit dem Ausbruch jeder anderen Depression in Zusammenhang gebracht werden. Und es nimmt nicht wunder, daß ältere und alte Menschen angesichts neuer psychosozialer Probleme und altersbedingter – also therapeutisch wenig zu beeinflussende – Leistungsabnahmen und Beschwerden manchmal traurig, bedrückt, beunruhigt und ängstlich sind. Doch im allgemeinen beweisen ältere Menschen eine erstaunliche Fähigkeit, mit den Problemen des Alters umzugehen, sie zu verarbeiten, ohne grundlegend und auf Dauer zu resignieren, hoffnungslos, depressiv zu werden.

Nicht Altern macht depressiv. Wenn alte Menschen depressiv werden, so ist dies nicht eine logische oder gar natürliche Folge des Alters, wie es der Begriff Altersdepression nahelegt, sondern, so wie bei jüngeren Menschen auch, eine Erkrankung, die behandelt werden kann und muß.

Geben Sie nicht auf,

- wenn Sie keine Energie mehr haben oder plötzlich so unruhig sind
- wenn Sie unter Appetitlosigkeit, Gewichtsverlust, Schlafstörungen, Verstopfung leiden
- wenn Sie plötzlich auffällig vergeßlich werden
- wenn Sie sich über lange Zeit niedergeschlagen, traurig, hoffnungslos und „zu nichts mehr nütze" fühlen
- wenn Sie sich nicht mehr freuen können über Menschen, Dinge, Aktivitäten, die Ihnen bisher Spaß gemacht haben
- wenn Sie keinen Sinn mehr darin sehen, weiterzuleben.

Denn dies ist nicht einfach das Alter, sondern Sie erleben möglicherweise die Folgen einer depressiven Erkrankung. Und wie jede depressive Erkrankung ist auch die Depression im Alter behandlungsbedürftig und behandelbar!

Es gibt Behandlungsmöglichkeiten – nehmen Sie sie in Anspruch!

Depression als Risikofaktor

Neuere Untersuchungen haben gezeigt: Wenn ältere Frauen und Männer über 65 Jahre an einer Depression erkranken, erhöht sich für sie das Risiko, einen Herzinfarkt zu erleiden, um mehr als das Zweieinhalbfache. Damit gehören Depressionen neben Rauchen, Bluthochdruck, hohen Cholesterinwerten und Zuckerkrankheit zu den größten Risikofaktoren für Herz- und Kreislauf-Erkrankungen. Andere Studien haben gezeigt, daß ältere depressive Menschen sich weniger schnell von einem Herzanfall oder einer schweren Lungenentzündung erholen, daß selbst Knochenbrüche, zum Beispiel die im Alter häufige Hüftgelenksfraktur, schlechter heilen, daß im Grunde genommen sich jeder Heilungsprozeß durch eine Depression verlangsamt. Heute vermuten Experten auch, daß eine längere Depression die Funktionstüchtigkeit unseres Immunsystems insgesamt beeinträchtigt, depressive Menschen also einem weit höheren Risiko ausgesetzt sind, körperlich zu erkranken. Eine unbehandelte Depression wirkt als Dauerstreß, der den Körper in seiner Fähigkeit schwächt, mit schädigenden äußeren und inneren Einflüssen umzugehen. Infektionskrankheiten, Autoimmunerkrankungen und bösartige Tumoren können die Folge sein.

Dazu kommt: Depressionen erhöhen – nicht nur, aber dann besonders – im Alter die Gefahr, einen Suizid zu begehen. Alte Menschen begehen 17 Prozent aller Suizide, besonders depressive Männer über 65 Jahre unterliegen diesem Risiko.

Depressionen müssen behandelt werden, und das nicht nur, um die Stimmung aufzuhellen.

Schwierigkeiten der Diagnose

Vor jeder Behandlung steht die Diagnose. Aber gerade sie ist bei Depressionen im Alter nicht einfach. Ältere Menschen, die oft weniger gewohnt sind, über Gefühle und Stimmungen zu sprechen, nennen häufig die körperlichen Symptome einer Depression. Sie klagen über Appetitverlust, Schlaflosigkeit, Probleme mit der Verdauung, vor allem Verstopfung, oder Gewichtsverlust. Die Folge sind oft eine Vielzahl von Untersuchungen durch den Hausarzt oder Internisten, ohne dem (nicht internistischen) Problem auf die Spur zu kommen.

Körperliche Symptome einer Depression, über die vor allem ältere Menschen klagen

- Schlafstörungen (Ein- und Durchschlafstörungen, frühes Erwachen)
- Schwitzen und Frieren, kalte Hände und Füße
- allgemeine körperliche Abgeschlagenheit, Mattigkeitsgefühl
- ständige Müdigkeit
- Appetitstörungen, Völlegefühl, Übelkeit, Erbrechen, Gewichtsverlust, Verstopfung, Durchfall
- Kopfschmerzen
- Druckgefühl im Hals und in der Brust
- Funktionsstörungen von Herz und Kreislauf, Atmung, Magen und Darm
- Schwindel
- Flimmern vor den Augen, Sehstörungen
- Gelenkbeschwerden
- Muskelverspannungen
- diffuse oder wandernde Schmerzen
- Blasenstörungen
- Impotenz, Frigidität, Libidoverlust
- Tagesschwankungen des Befindens

Zwei weitere Schwierigkeiten der Diagnose: Manche Krankheiten, unter denen alte Menschen leiden, zeigen Symptome, die denen einer Depression ähneln. Das heißt, unerkannte körperliche Erkrankungen können die Ursache einer Depression sein. Und: Viele alte Menschen benötigen Medikamente, durch die nicht selten unerwünschte Wirkungen wie Abgespanntheit, niedergedrückte Stimmung, Schlaf- und Appetitstörungen, Gewichtsverlust und Müdigkeit auftreten.

Ärzte sprechen von der Notwendigkeit einer sicheren Differentialdiagnose. Das heißt: Klagt ein älterer Mensch über Symptome, die denen einer Depression ähneln, muß der Arzt – nicht anders als bei jungen Menschen – ausschließen, daß diese nicht Folge einer schwerwiegenden anderen Erkrankung oder unerwünschte Wirkungen einer medikamentösen Behandlung sind, bevor er die Diagnose Depression stellen und ihre Behandlung in die Wege leiten kann.

Gedacht werden muß an

- Hirnerkrankungen (Demenz, Gefäßerkrankungen des Gehirns)
- infektiöse und entzündliche Erkrankungen
- eine mögliche Herzminderleistung (Herzinsuffizienz) oder eine chronische Atemwegserkrankung
- Störungen der Stoffwechselfunktionen (zum Beispiel eine Schilddrüsenunter- oder überfunktion, eine Leber- oder Niereninsuffizienz)
- eine mögliche Fehl- oder Mangelernährung (unter anderem ein Vitamin B 12-Mangel)
- Tumoren
- Drogenmißbrauch oder Medikamente (zum Beispiel Alkohol, eine Behandlung mit Cortison, Betablockern oder Digitalis und andere)

Wirkung und unerwünschte Wirkung

Denken Sie daran: Positive Wirkungen eines Medikaments sind ganz allgemein meist nicht ohne das Risiko unerwünschter Wirkungen zu erreichen. Aber: Unerwünschte Wirkungen können, müssen aber nicht auftreten. Wirklich schwerwiegende unerwünschte Wirkungen sind selten – nicht zuletzt aufgrund unserer relativ strengen Arzneimittelgesetze. Grundsätzlich gilt also, daß viele der im Beipackzettel genannten „Nebenwirkungen" eher selten sind. Ihr Auftreten hängt dabei auch von der individuellen Disposition des Patienten ab. Besonders anfällig für eine durch Medikamente verursachte Depression sind diejenigen, die bereits früher unter Depressionen litten, und eben auch ältere Menschen.

Empfehlung

● Wenn Sie ein Medikament einnehmen und tatsächlich erste Anzeichen einer depressiven Stimmung oder andere Symptome aus dem depressiven Spektrum feststellen, sprechen Sie mit Ihrem Arzt über mögliche Alternativen.

● Die Frage, ob eine Depression als unerwünschte Wirkung eines Medikaments anzusehen ist, läßt sich meist nur schwer beantworten. Auch dafür braucht es das eingehende ärztliche, besser noch das psychiatrische Gespräch.

● Setzen Sie nie ein verschriebenes Medikament ohne ärztliche Rücksprache ab. Immer ist ein fachkundiges Abwägen der Vor- und Nachteile einer Medikamenteneinnahme nötig.

● Wenn Sie schon früher an einer Depression litten, bedarf es einer sorgfältigen Analyse der Vorgeschichte und einer gewissenhaften Risikoabwägung.

● Wichtig ist, daß Sie bei einem Besuch beim Psychiater alle Medikamente angeben, die Sie gerade einnehmen, auch wenn diese Medikation auf den ersten Blick nichts mit der Depression zu tun zu haben scheint. Am besten nehmen Sie die Beipackzettel mit der notierten Dosierung zum Arztbesuch mit.

Die richtige Diagnose zu stellen wird auch dadurch erschwert, daß viele Symptome des depressiven Syndroms durchaus den Beschwerden des Alters ähneln. Sie werden deshalb nur allzu leicht als Folge des Älterwerdens mißverstanden. Dazu gehören depressive Schlafstörungen, Konzentrations- und Gedächtnisstörungen.

Vor allem die kognitiven Störungen, also Störungen der Konzentrationsfähigkeit, der Gedächtnisfunktionen und des Denkens, wie sie bei Depressionen im Zusammenhang mit den übrigen Symptomen vorkommen, werden von Betroffenen, Angehörigen und Hausärzten oft als altersbedinger Abbauprozeß verstanden, als beginnende senile Demenz oder erste Zeichen einer Alzheimerschen Erkrankung (→ Seite 220).

Nur selten denken Betroffene, Angehörige, aber auch Ärzte an eine depressive Erkrankung und versäumen die therapeutischen Chancen einer gezielten antidepressiven Therapie.

Eine exakte Diagnose setzt meist eine gute Zusammenarbeit verschiedener Ärzte voraus:

● Ihrer Hausärztin/Ihres Hausarztes, die/der Sie seit langem kennt, der/dem Veränderungen auffallen und die/der – hoffentlich – über Ihren augenblicklichen körperlichen Gesundheitszustand und alle Medikamente, die Sie einnehmen, Bescheid weiß

● der Internistin/des Internisten, die/der mögliche Krankheiten des Inneren (zum Beispiel Herz- und Kreislauf-Erkrankungen, Infektionen, einen Tumor, Stoffwechselstörungen) ausgeschlossen hat oder sie gegebenenfalls behandelt und

● der Psychiaterin/des Psychiaters, die/der mit den speziellen Bedingungen des Alters vertraut ist und über Ihre besondere gesundheitliche, familiäre und soziale Situation in allen Einzelheiten informiert ist.

Beim Arzt

● Lassen Sie sich gründlich körperlich untersuchen!
● Geben Sie alle Medikamente an, die Sie im Augenblick einnehmen oder bis vor kurzem eingenommen haben – ob vom Arzt verordnet oder nicht!
● Nennen Sie alle Veränderungen, die Ihnen selbst aufgefallen sind!
● Sprechen Sie über Ihre Beschwerden!
● Gehen Sie aber sicher, daß Ihr Arzt über die Besonderheiten des Alters Bescheid weiß. Viele Ärzte verkennen immer noch – wie Sie selbst bis vor kurzem vielleicht auch – Ihre Beschwerden als normale Alterserscheinung. Das sind sie aber oft nicht!
● Bestehen Sie gegebenenfalls auf einer Überweisung zu einem Psychiater, wenn möglich mit geriatrischer Zusatzausbildung, also eingehenden Kenntnissen der Altersheilkunde!

Behandlung

Grundsätzlich bestehen für die Behandlung einer Depression im Alter keine anderen Leitlinien als für die im jüngeren und mittleren Lebensalter. Das heißt: Eine effektive Therapie wird sowohl eine Behandlung mit Antidepressiva als auch eine Psychotherapie, oft aber auch eine Beratung in sozialen und familiären Belangen umfassen.

Ein guter Therapeut muß besonders für alte Menschen einen Gesamtbehandlungsplan erarbeiten, in dem er ihre soziale und familiäre Situation ebenso berücksichtigt wie den aktuellen und voraussichtlich zu erwartenden körperlichen, seelischen und geistigen Gesundheitszustand und auch die ganz persönliche Lebensgeschichte.

Medikamente im Alter

Im allgemeinen stehen alten Menschen dieselben Medikamente zur Verfügung wie jüngeren Betroffenen. Bei ihrer Verschreibung muß jedoch auf die speziellen Bedingungen des Alters Rücksicht genommen werden.

● Im höheren Alter verlangsamt sich in der Regel Aufnahme und Verarbeitung der meisten Medikamente. Dies hat zur Folge, daß häufig geringere Dosierungen der Medikamente ausreichen, um den gewünschten Effekt zu erzielen. Nicht selten genügt bei einer antidepressiven Therapie schon die Hälfte der Standarddosis.

● Ältere Menschen sind häufiger körperlich krank und nehmen oft unterschiedliche Medikamente: Für die antidepressive Behandlung bedeutet dies, daß Wechselwirkungen mit anderen Medikamenten, die beispielsweise der Internist verordnet hat, beachtet werden müssen.

● Und schließlich: Auch die unerwünschten Wirkungen der Antidepressiva können sich beim älteren Menschen stärker bemerkbar machen, gerade weil manche körperliche Funktion nicht mehr ungestört abläuft. Der Nervenarzt kann also in der Auswahl der Medikamente eingeschränkt sein.

● Wenn der Verdacht auf eine beginnende Alzheimersche Erkrankung besteht, sollten trizyklische Antidepressiva nicht verordnet werden, weil sie sich negativ auf das Denken und Erinnern auswirken können. Im Rahmen einer antidepressiven Therapie sollten dann bevorzugt neuere Mittel wie die Serotonin-Wiederaufnahmehemmer (→ Seite 113) eingesetzt werden.

Psychotherapie im Alter

Vergessen Sie ein weitverbreitetes Vorurteil aus der Vergangenheit der Psychotherapie, daß ab einem bestimmten Lebensalter psychotherapeutische Verfahren nicht mehr sinnvoll einzusetzen seien!

Richtig ist vielmehr, daß – wie bei der medikamentösen Behandlung auch – zwar die besondere Situation des älteren depressiven Menschen berücksichtigt werden muß, Psychotherapie aber, wie bei Jüngeren, ebenfalls einen wesentlichen Bestandteil der antidepressiven Behandlung ausmacht. Gerade bei Menschen, die auf ein langes Leben zurückblicken, kann es notwendig werden, ungelöste Konflikte wiederaufzunehmen und schwierige Lebensabschnitte noch einmal vorbeiziehen zu lassen.

Ältere Menschen sehen sich – angesichts einer Erkrankung – viel eher in eine Situation des Erinnerns und Bilanz-Ziehens versetzt als jüngere. Lang Vergessenes taucht plötzlich wieder auf – vielleicht in derselben Gewichtung wie früher, vielleicht aber auch verändert durch die jetzige Brille der Depression.

Ein Beispiel

Eine kürzlich pensionierte Pastorin erkrankte an einer Depression, die im Kern der Selbstvorwürfe die Vorstellung enthielt, eine Sünde begangen, also etwas getan zu haben, was der Werteordnung, die sie durch ihr bisheriges Leben begleitet hatte, elementar zuwiderlief. Zeitweise nahm diese Überzeugung auch wahnhafte Züge an. Auch in den therapeutischen Gesprächen war die Gewißheit, sündig geworden zu sein, das zentrales Thema.

Ziel der Psychotherapie war es, sie in dem „falschen" Urteil über sich selbst zu korrigieren, ihr eine positive Sicht auf ihr vergangenes und auch zukünftiges Leben zu ermöglichen. Doch erst nachdem die Depression soweit abgeklungen war, daß sich die Gespräche nicht immer nur im Kreis drehten, berichtete die Patientin, daß sie als junge Theologiestudentin eine Abtreibung hatte vornehmen lassen.

Zu Beginn der Depression war ihr dieses Thema wieder unabweislich in den Sinn gekommen.

Die sich anschließende Psychotherapie hatte damit eine Leitthematik erhalten. Die Patientin konnte sich noch einmal mit der Entstehung ihrer religiösen Bindung im Elternhaus bis in das Erwachsenenleben auseinandersetzen. Sie konnte wichtige Impulse für die weitere Gestaltung ihres Ruhestands gewinnen. War ihr bisheriges Leben nur in Aufopferung für andere verlaufen, gelang es ihr nun, sich für den jetzt beginnenden Lebensabschnitt auch unerfüllte Wünsche und Ziele einzugestehen und – wenn anfänglich auch nur zaghaft – zu erfüllen.

Die Psychotherapie älterer depressiver Patientinnen und Patienten muß sich diesen lebensgeschichtlichen Aspekten stellen. Sie verlangt vom Therapeuten die Fähigkeit, sich auf die besondere Lebenssituation älterer Menschen einzustellen. Die Betroffenen fühlen sich deshalb meist bei Therapeuten mit größerer Lebenserfahrung wohler als bei Psychotherapeuten, die am Anfang ihres Berufslebens stehen (obwohl es auch hier viele Ausnahmen gibt).

Welches Verfahren?

Auch bei älteren Patienten kommt eine Vielzahl psychotherapeutischer Verfahren zum Einsatz. Einige davon sind wissenschaftlich recht gut belegt, andere weniger (→ Seite 87). Mehrere wissenschaftliche Untersuchungen haben gezeigt, daß bei Altersdepressionen tiefenpsychologisch orientierte Verfahren und kognitiv-verhaltenstherapeutische Verfahren (→ Seite 91, 94) etwa gleich erfolgreich sind. Unverzichtbar ist auch das unterstützende ärztliche Gespräch, das jede medikamentöse Behandlung begleiten muß.

Kombination von Medikamenten und Psychotherapie

Sie ist nach derzeitigem Wissensstand über Altersdepressionen einer eingleisigen Behandlungsform vorzuziehen. Vorsicht also bei Psychotherapeuten, die Ihnen die medikamentöse Behandlung „ausreden" wollen, was leider immer wieder geschieht, aber ebenso Vorsicht, wenn Ihr behandelnder Arzt meint, auf Gespräch, Beratung und (unter Umständen) die Überweisung zu einem Psychotherapeuten verzichten zu können.

Und wenn nichts hilft?

Für ältere Menschen mit Depressionen, die auf andere Behandlungsansätze wie Medikamente und Psychotherapie nicht ansprechen, ist die Elektrokrampftherapie eine vielversprechende Möglichkeit (→ Seite 136). Viele Studien belegen besonders für ältere Menschen bei Therapieresistenz gegenüber anderen Verfahren gute Ergebnisse. Die Diskussion dieser Methode ist in Deutschland jedoch immer noch durch viele ideologische Einwände getrübt. Nicht in allen Behandlungseinrichtungen steht sie zur Verfügung.

Demenz und Alzheimer

Mit dem Begriff der depressiven Pseudodemenz (→ Seite 216) bezeichnen Ärzte ein Symptom, das wie kein anderes zu Mißverständnissen und Fehldiagnosen führt. Dies ist besonders fatal, weil eine solche Fehldiagnose den Betroffenen eine hilfreiche Behandlung vorenthält.

Deswegen erscheint es uns wichtig, in einem Ratgeber zu depressiven Störungen die Unterschiede zwischen einer Depression im Alter und einer Alzheimerschen Erkrankung darzustellen, um Betroffene vor einer falschen Diagnose – beginnende Alzheimersche Erkrankung – zu schützen. Dafür gibt es andere Behandlungsmöglichkeiten.

Das Problem „Alzheimer"

Erinnern Sie sich: Vor einigen Jahren erregte der ehemalige amerikanische Präsident Ronald Reagan großes öffentliches Aufsehen, als er sich mit einem offenen Brief an seine Mitbürger wandte. In diesem mutigen Brief teilte er allen mit, daß er am Anfang der Entwicklung einer Alzheimerschen Erkrankung stehe. Ein anderes prominentes Beispiel für diese Krankheit und ihren Verlauf ist der frühere deutsche Politiker Herbert Wehner.

Seither gibt es glücklicherweise ein großes öffentliches und auch wissenschaftliches Interesse an dieser Erkrankung. Denn ein riesiges gesellschaftliches und medizinisches Problem zeichnet sich angesichts der allgemein steigenden Lebenserwartung ab, da mit höherem Lebensalter in der Gruppe alter Menschen der Prozentsatz der Alzheimer-Kranken beständig zunimmt.

Viele ältere Menschen haben die Diskussion der vergangenen Jahre sehr aufmerksam verfolgt und begonnen, sich selbst daraufhin zu beobachten, ob bei ihnen schon Störungen, wie sie sie aus Presseveröffentlichungen kennen, vorhanden sind. Zur Sorge, wie lange die körperlichen Funktionen bei steigendem Lebensalter noch erhalten sein werden, kommt bei vielen die Angst vor dem Nachlassen der geistigen Leistungsfähigkeit hinzu.

1907 beschrieb in Breslau der Pathologe, Neurologe und Psychiater Alois Alzheimer zum ersten Mal die auffälligen Veränderungen des Hirngewebes bei Patienten, die an einer Demenz eines bestimmten Verlaufs gelitten hatten. Diese Veränderungen hatte er als Pathologe regelmäßig bei allen Patienten mit dieser Erkrankung festgestellt. Er schloß daraus, daß es sich um eine umschriebene Erkrankung handelt, die sich von anderen Formen der Demenz – so bezeichnen Ärzte einen Hirnabbauprozeß mit Hirnleistungsschwäche – unterscheiden läßt. Mittlerweile weiß man, daß diese Veränderungen der Struktur des Hirngewebes typisch sind für Hirnabbauprozesse, wie sie auch bei alten Menschen auftreten.

Wie können Angehörige und Betroffene eine Depression
von einer Alzheimerschen Erkrankung unterscheiden?

Sowohl die Depression als auch die Alzheimersche Erkrankung bleiben dem Umfeld der Betroffenen nicht verborgen. Beide Erkrankungen beeinflussen das Verhalten zu anderen Menschen erheblich: Dennoch gibt es – eine typische Ausprägung der Störung vorausgesetzt – Unterscheidungsmerkmale, die auch für den Laien brauchbar sind.

Bei der Depression wie auch bei der Alzheimerschen Erkrankung sind kognitive Störungen möglich: Störungen des Gedächtnisses und der Merkfähigkeit, Störungen der Konzentrationsfähigkeit und des Denkens. Diese Störungen können in den Anfangsstadien beider Erkrankungen sehr ähnlich sein. Wie können sie dennoch unterschieden werden?

Alzheimersche Erkrankung andere Demenzformen	Altersdepression
Der Beginn der kognitiven Störungen verläuft schleichend.	Der Beginn dieser Störungen läßt sich vom Erkrankten oder seinen Bezugspersonen oft recht präzise angeben.
Der Betroffene hat keine Einsicht in seine Beschwerden, er versucht, seine geminderte Leistungsfähigkeit zu vertuschen, eine Fassade aufzubauen. Er klagt nicht.	In der Regel ist das tatsächliche Leistungsvermögen noch größer als die Beschwerden, über die der Betroffene klagt. Er selbst nimmt die Störungen sehr viel stärker wahr, als es ihrem tatsächlichen Ausmaß entspricht. Er klagt viel über diese Beschwerden.
Anfänglich meist keine rasche Verschlechterung, das heißt, die Phase leichter Störungen kann Monate, sogar Jahre andauern.	Bei einer Depression nehmen diese Störungen rasch, das heißt innerhalb von wenigen Wochen, rapide zu.
Häufig keine nervenärztlichen Behandlungen in der Vorgeschichte.	Früher schon häufigere Behandlungen durch Psychiater oder Psychotherapeuten, zum Teil auch wegen anderer Beschwerden wie etwa Angstsymptomen.
Der Betroffene sucht eher spät nach kompetenter Hilfe, das heißt oft erst dann, wenn sich kognitive Einbußen überhaupt nicht mehr vertuschen lassen.	Der Betroffene sucht schon recht früh, meist innerhalb der ersten Wochen nach Einsetzen seiner depressiven Beschwerden, die meist nicht nur seine Denk- und Merkfähigkeit betreffen, kompetente Hilfe.
Bei Gedächtnisstörungen ist das Langzeitgedächtnis, das Gedächtnis für lang zurückliegende Begebenheiten, in aller Regel ausgespart.	Der Betroffene beklagt häufig auch Störungen des Langzeitgedächtnisses.
Die kognitiven Störungen bilden sich nicht zurück.	Die kognitiven Störungen bilden sich mit der Besserung der Depression zurück.

Übergangsformen

In einer Vielzahl der Fälle kann diesen Entscheidungshilfen gefolgt werden. Nur: Wie in anderen Lebenszusammenhängen auch, gibt es Einzelfälle, bei denen man sich mit einer Zuweisung zu einer der beiden diagnostischen Gruppen, zumindest eine Zeitlang, schwertun kann. Und es gibt manchmal auch Verlaufsformen von dementiellen Erkrankungen, die mit einer starken depressiven Verstimmung beginnen. Wichtig ist aber, daß die geschilderten Überlegungen überhaupt angestellt werden und nicht vorschnell eine Festlegung in die eine oder andere Richtung erfolgt.

Wenn die Eltern depressiv sind

Was erwachsene Kinder für ihre depressiven Eltern tun können

Es ist nicht einfach für (erwachsene) Kinder, Vater oder Mutter als depressiv und therapiebedürftig zu erkennen und noch schwieriger, die Eltern von der Notwendigkeit einer Therapie zu überzeugen.

Schwierigkeiten der Eltern

● Viele ältere depressive Menschen halten ihre Niedergeschlagenheit, Traurigkeit, Hoffnungslosigkeit für durchaus „berechtigt": Ihre Gesundheit läßt zu wünschen übrig, vielleicht sind sie verwitwet, vereinsamt, die Kinder leben ihr eigenes Leben. Was also macht das Leben lebenswert? So empfinden sie in ihrer Depression und können nicht sehen, daß die Mehrheit älterer Menschen durchaus nicht so fühlt und erlebt, daß vielmehr diese Gestimmtheit ein Symptom einer Depression ist.
● Ihre Vergeßlichkeit, ihre Konzentrationsschwäche beklagen sie als Senilität und Leistungsschwäche, als den Anfang vom Ende und zeigen gerade durch ihr Jammern über ihre nachlassenden Fähigkeiten, daß hinter ihrer Beeinträchtigung der Merkfähigkeit eher eine Depression denn eine Alzheimersche Erkrankung zu vermuten ist.
● Weniger noch als unserer Generation erscheint es der Generation unserer Eltern selbstverständlich, bei psychischen Erkrankungen professionelle Hilfe in Anspruch zu nehmen – so wie bei Gelenkschmerzen den Orthopäden oder den Krankengymnasten, bei Kreislaufproblemen den Internisten und bei Zahnschmerzen den Zahnarzt. Viele ältere Menschen erleben den Besuch beim Psychiater als einen Makel.

● Älteren Menschen überhaupt, besonders aber Eltern gegenüber ihren Kindern, fällt es oft schwer, über ihre Gefühle zu sprechen. Vor allem Gefühle, die belasten, die – so empfinden sie es – Schwäche zeigen, sind tabu. Sie sprechen über körperliche Gebrechen und Beschwerden, wie Appetitlosigkeit, Verstopfung, Gewichtsverlust, Schlaflosigkeit oder aber Vergeßlichkeit und Konzentrationsschwäche, nehmen eine Vielzahl diagnostischer Untersuchungen, Verordnungen und Medikationen für ihre vermeintlichen rein körperlichen Erkrankungen in Kauf und „larvieren" (→ Seite 78) damit ihre depressiven Gefühle.

● Eltern fühlen sich oft noch verantwortlich für ihre erwachsenen Kinder. Viele können die Position dessen, der Hilfe braucht, nicht mit ihrem Selbstbild als Eltern vereinbaren. Auch dies wird zum Grund, Symptome herunterzuspielen oder zu leugnen.

Schwierigkeiten der Kinder

● Erwachsene Kinder, die ihre Eltern altern sehen, neigen dazu – wie viele jüngere Ärzte übrigens auch – das Altern selbst für die Depression verantwortlich zu machen. Sie vergleichen den Vater von früher mit dem von heute und halten aus ihrer Sicht seine depressive Weltsicht für nur zu berechtigt. Diese Einschätzung verkennt, daß alte Menschen normalerweise nicht „depressiv" sind (→ Seite 212).

● Erwachsenen Kindern fällt es oft schwer, gegenüber den eigenen Eltern erwachsen zu sein. Und: Waren es nicht immer die Eltern, die trösteten, unterstützten, immer ein offenes Ohr hatten, Problemlösungen wußten? Jetzt die Rollen zu tauschen, zuzuhören, die Probleme der Eltern ernstzunehmen und gegebenenfalls die Zügel in die Hand zu nehmen, ist nicht leicht.

● Kinder, auch erwachsene, fühlen sich oft verantwortlich für die Stimmungslage ihrer Eltern. Depressive Eltern verursachen Schuldgefühle, die eine vernünftige Entscheidung erschweren.

● Schuldgefühle gegenüber den Eltern machen es zudem schwer, Hilfe in Anspruch zu nehmen. Aber: Professionelle Helfer aufzusuchen bedeutet nicht, die Verantwortung für die Eltern abzuschieben, sondern gerade sie zu übernehmen.

● Familiäre Bindungen erfordern Loyalität. Vielen erwachsenen Kindern erscheint es aber wie ein Bruch dieser Loyalität gegenüber den Eltern, wenn sie deren Verleugnung psychischer Probleme nicht mitmachen und zum Beispiel „hinter ihrem Rücken" dem Arzt ihre Befürchtung mitteilen. Loyalität gegenüber den Eltern bedeutet gerade, ihnen nicht unnötiges Leiden zuzumuten, sondern eine adäquate Behandlung zu ermöglichen.

Bedenken Sie: Auch viele Ärzte sind nicht gegen die üblichen Vorurteile gefeit! Und auch Ärzte verwechseln häufig – ebenso wie viele Angehörige und die Betroffenen selbst – die Symptome einer depressiven Erkrankung mit typischen Alterssymptomen. Deshalb: Wenn Sie sich um das psychische und körperliche Wohlbefinden Ihrer Mutter/Ihres Vaters, Sorgen machen und an die Möglichkeit einer Depression denken, sprechen Sie mit dem Hausarzt. Ein Grund, warum so viele Altersdepressionen unerkannt und damit unbehandelt bleiben, ist, daß Ärzte nicht danach fragen! Vermitteln Sie gegebenenfalls einen Termin beim Psychiater und überzeugen Sie sich davon, daß dieser Erfahrungen mit älteren Menschen hat.

leben leben
leben leben leben leben leben
leben leben leben
leben

leben

leben leben leben leben

wie konnte ich nur vergessen

leben wie schön das sein kann

leben

leben

Wieder gesund!

Depressionen gehen vorbei! Was gestern noch all Ihre Kräfte und Möglichkeiten zu übersteigen schien, schaffen Sie heute „mit links". Aufgaben und Pflichten, die Angst machten, können Sie heute als eine der vielen Anforderungen erkennen, die Sie schon immer gemeistert haben. Schuldgefühle und die Gewißheit, immer und in allen Situationen zu versagen, ein „Nichts" zu sein und Gedanken, die Ihnen das Leben sinnlos erscheinen ließen, sind für Sie kaum mehr nachvollziehbar. Plötzlich können Sie wieder schlafen. Der frühe Morgen hat seinen Schrecken verloren. Sie stehen auf und haben Lust, den Tag zu planen.

Selbst die anderen um Sie herum scheinen wie verwandelt zu sein. Sie sahen Nachbarn hinter Ihrem Rücken tuscheln. Freunde und Kollegen schienen Sie links liegen zu lassen oder nur aus Mitleid Interesse an Ihnen vorzugeben. Und heute? Ihr Chef hat Sie um Rat gefragt. Die Kinder sind „wohlgeraten". Der Nachbar grüßt freundlich, und die aus dem dritten Stock, die schon wieder so mürrisch aussieht, können Sie sowieso nicht leiden.

Was Betroffene wie einen Umschwung von einem Tag auf den anderen erleben, hat sich meistens seit Tagen oder Wochen angebahnt. Oft sind es Angehörige und Freunde, die feststellen: „Wie gut Du heute aussiehst!" Oder sie registrieren mit Erleichterung, daß Ihr Händedruck wieder Kraft und Energie signalisiert, Ihr Gang sich normalisiert hat, Ihre Haare und Augen wieder glänzen und Ihre Stimme ihren Klang zurückerhalten hat. Sie haben es geschafft!

Damit die Depression nicht wieder kommt ...

Sie haben viel über die Behandlungsmöglichkeiten der Depression gelesen. Vielleicht haben Sie die eine oder andere für sich nutzen können. Heute liegt dies alles hinter Ihnen.

Aber: Auch wenn die quälenden Symptome der Depression der Vergangenheit angehören – jetzt geht es darum, Rückfälle und Wiedererkrankungen zu vermeiden. Abhängig vom jeweiligen Verlaufstypus der Depression gelingt dies nicht immer, jedoch läßt sich das Risiko durch einen bewußten Umgang mit der Erkrankung mindern.

Der erste Schritt: Rückfälle vermeiden

Leider neigen viele Menschen dazu, mit dem Abklingen der Symptome nachlässig zu werden. Sie vergessen, wie gefährlich ein vorzeitiger Therapieabbruch sein kann.

Was heißt nun vorzeitig? Zwar verkürzt eine antidepressive Behandlung die Leidenszeit einer Depression erheblich. Dennoch betonen Psychiater immer wieder: Eine typische Depression dauert naturgemäß – also ohne Behandlung – vom ersten Auftreten einzelner Symptome bis zur völligen Ausheilung durchschnittlich ein Jahr. Psychiater/innen empfehlen, selbst wenn die Symptome längst abgeklungen sind, sich auf einen ähnlichen Zeitraum für die besondere Rückfallgefährdung einzustellen.

Dies gilt vor allem bei Depressionen, die eine medikamentöse Behandlung notwendig machten. Untersuchungen zeigen, daß ein vorzeitiger und abrupter Abbruch einer medikamentösen Therapie das Risiko wesentlich erhöht, schnell wieder und sogar verstärkt unter depressiven Symptomen zu leiden.

Deshalb: Auch wenn Sie sich völlig gesund fühlen, nehmen Sie Ihre Medikamente weiter – möglichst über ein halbes Jahr hinaus. Danach wird ein „ausschleichendes" Absetzen empfohlen – Ihr Arzt verordnet Ihnen zum Beispiel nur noch eine halbe Tagesdosis, später dann noch weniger und so weiter.

Aber nicht nur die medikamentöse Behandlung erfordert Disziplin bei der Fortsetzung, auch vorzeitige Psychotherapieabbrüche können Rückfälle provozieren. Das heißt: Selbst wenn Sie inzwischen die „verordneten Gespräche" als lästig, zeitraubend und unnötig erleben, bedenken Sie: Emotionale und psychische Veränderungen, Einsichten und Lernprozesse geschehen nicht von heute auf morgen. Bleiben Sie dabei. Sprechen Sie über Ihren Überdruß, die Langeweile und das Gefühl, die Therapie bringe nichts mehr. Nur gemeinsam mit Ihrem Psychotherapeuten können Sie klären, ob Ihr Wunsch, aufzuhören, das Zeichen Ihrer völligen Gesundung ist oder vielleicht ein Ausdruck der Angst, wirklich etwas ändern zu müssen.

... und vorbeugen

Wie Sie bei der Einteilung der depressiven Störungen (→ Seite 66) schon gesehen haben, gibt es Formen der Depression, die immer wieder kommen. Ärzte sprechen dann von einem rezidivierenden Verlauf. Wenn aus dem Verlauf der Depression oder der bipolaren Störung, bei der sich depressive Phasen mit manischen abwechseln (→ Seite 72), deutlich wird, daß Sie unter vielen Phasen leiden und häufig eine Behandlung benötigen, dann ist eine vorbeugende Behandlung – eine Phasenprophylaxe – unverzichtbar.

Wann ist eine vorbeugende Behandlung notwendig?

● Bei wiederkehrenden Depressionen (→ Seite 70)
● Bei wiederkehrenden manischen und depressiven Phasen
(→ Seite 72)
● Bei wiederkehrenden manischen Phasen (→ Seite 73)
● Bei schizoaffektiven Psychosen (→ Seite 79)

Wann ist sie unverzichtbar?

● Bei schweren und häufigen Krankheitsphasen im Rahmen einer
bipolaren Störung (im allgemeinen bei drei oder mehr Phasen)
● Bei wiederkehrenden manischen Störungen, oft auch schon nach
der ersten Manie
● Bei sehr häufigen Phasen einer typischen Depression (vier oder
mehr pro Jahr)
● Bei schizoaffektiven Störungen (→ Seite 79)

Zur Vorbeugung ausschließlich monopolar verlaufender wiederkehrender Depressionen sind Mittel der ersten Wahl Antidepressiva, Lithiumsalze und Carbamazepin. Es hängt von den jeweils auftretenden unerwünschten Wirkungen ab, welchem dieser Wirkstoffe der Vorzug zu geben ist. Ein weiteres Mittel ist Valproinsäure (→ Seite 235). Sie wird unter bestimmten Bedingungen zunehmend zur Vorbeugung schwerer Depressionen und manisch-depressiver Erkrankungen eingesetzt, ist aber bislang noch nicht für diese Art der Behandlung zugelassen.

Antidepressiva

Früher neigten Ärzte dazu, die tägliche Dosis der Antidepressiva im Rahmen einer vorbeugenden Behandlung zu reduzieren. Mittlerweile liegen Untersuchungsergebnisse vor, die ein Beibehalten derselben Dosierung, wie sie in der Akutbehandlung eingesetzt wurde, sinnvoll erscheinen lassen (→ Seite 112).

Lithium

Lithium ist ein Element aus der Gruppe der Alkalimetalle, das in der Natur häufig vorkommt und zwar als Salz in mineralhaltigem Wasser, in Seewasser, Pflanzen und Tiergeweben. Lithiumverbindungen werden auch in zahlreichen technischen Geräten eingesetzt, denken Sie nur an die Lithium-Akkus in Ihrer Videokamera oder in Ihrem Handy.

Schon in der Antike wurde (wie wir heute wissen) von lithiumhaltigen Heilquellen bei der Behandlung körperlicher und seelischer Störungen berichtet. In der Neuzeit wurden Lithiumsalze im Jahre 1850 wieder in die medizinische Behandlung eingeführt, und 1949 entdeckte der australische Psychiater Cade die positive Wirkung von Lithiumsalzen bei Manien.

Seit den 60er Jahren werden Lithiumsalze systematisch zur vorbeugenden Behandlung bei Manien und bipolaren Störungen eingesetzt.

Wie wirken Lithiumsalze?

Wie Lithium wirkt, ist bis heute noch nicht endgültig geklärt. Grundsätzlich setzt es die Erregbarkeit in verschiedenen Geweben, so auch im zentralen Nervensystem, herauf. Dabei sind wieder die an der Depressionsentstehung beteiligten Neurotransmittersysteme betroffen. Noch ist unklar, warum Lithium während einer vorbeugenden Behandlung mehrere Monate braucht, um diese vorbeugende Wirkung überhaupt entfalten zu können.

Welche unerwünschten Wirkungen sind zu erwarten?

Bei der Lithiumtherapie ist zwischen anfänglichen unerwünschten Wirkungen und solchen unter Dauerbehandlung zu unterscheiden.

Zu Beginn können ein leichtes Zittern, vermehrter Harndrang und gesteigertes Durstempfinden, Durchfall, Übelkeit und Völlegefühl sowie Schwäche und Müdigkeit auftreten. Unter jahrelanger Behandlung kann es verstärkt zu diesem Zittern kommen, weiterhin zu einer Gewichtszunahme, die zum Teil erheblich sein kann und bei rund 20 Prozent aller Patientinnen und Patienten beobachtet wird. Berichtet wird auch von dem Risiko einer Schilddrüsenvergrößerung (bei wenigen Patienten auch einer Unterfunktion der Schilddrüse) und einer verminderten Nierenleistung. Dabei kommt es nicht selten zu Wassereinlagerungen in den Beinen und im Gesicht. Nachlassender Schwung und sexuelle Funktionsstörungen können weitere unerwünschte Wirkungen sein, ebenso Störungen des Kohlenhydratstoffwechsels mit erhöhten Blutzuckerwerten.

Wiegt die positive Wirkung diese Risiken auf?

Die Reihe der unerwünschten Wirkungen wirkt wie eine Horrorliste. Dennoch gilt auch hier: Unerwünschte Wirkungen können auftreten, müssen jedoch nicht. Wichtig ist, daß Arzt und Patient über Wirkungen und Nebenwirkungen genau Bescheid wissen und gemeinsam die Behandlung gestalten. Die Patientin/der Patient muß wissen, daß sie/er sich regelmäßig Untersuchungen der Schilddrüse, der Nierenfunktion, des Herz-Kreislaufsystems, des Mineralstoffwechsels und der Lithiumkonzentration im Blut unterziehen muß, soll die Therapie möglichst nebenwirkungsfrei verlaufen. Vom Arzt wird verlangt, daß er bei diesen Langzeitbehandlungen immer wachsam bleibt und niemals

– auch wenn die Behandlung über Jahre ohne unerwünschte Wirkungen bleibt – von der erforderlichen Untersuchungsroutine abweicht.

Wer sollte eine Lithiumbehandlung erhalten?

Lithium ist ein Medikament mit einer engen therapeutischen Breite: Dies bedeutet, daß zwischen der wirksamen Dosis und derjenigen, die zu schweren unerwünschten Wirkungen, ja sogar zu Vergiftungserscheinungen führt, ein sehr geringer Abstand besteht. Aus diesem Grunde sind an Patienten, die eine Lithiumbehandlung erhalten sollen, sehr hohe Anforderungen hinsichtlich Einsicht in die Erkrankung, Mitarbeit und Zuverlässigkeit zu stellen. Sie ist nicht geeignet für Patientinnen und Patienten, die häufig ihre Medikamente vergessen, sprunghaft sind und nicht akzeptieren können, sich regelmäßigen Kontrolluntersuchungen zu unterziehen. Arzt und Patient müssen sich auch darüber klar sein, daß diese Behandlung unter Umständen lebenslang fortgesetzt werden muß. Es gibt Hinweise, daß durch das Absetzen von Lithium eine schwerer ausgeprägte Phase (als bisher erlebt) mitausgelöst werden und in der Folge auch die Phasenhäufigkeit zunehmen kann. Es ist ebenfalls noch nicht klar, ob Lithium bei einer erneuten Aufnahme der vorbeugenden Behandlung wieder so gut schützt wie vor dem Absetzen.

Daneben gibt es aber noch eine ganze Reihe von medizinischen Kontraindikationen für eine (Dauer)Behandlung mit Lithiumsalzen.

Wer verträgt eine Lithiumbehandlung nicht?

Medizinische Gründe gegen eine Lithiumbehandlung:
- schwere Nierenfunktionsstörungen
- schwere Herz- und Kreislauf-Erkrankungen, beispielsweise ein kürzlich erlittener Herzinfarkt
- schwere Störungen des Mineralstoffhaushalts

Vorsicht ist geboten bei:
- Bluthochdruck
- Gicht
- Arteriosklerose („Verkalkung")
- zerebralen Anfallsleiden (Krampfanfällen)
- Parkinsonscher Erkrankung („Schüttellähmung")
- Schuppenflechte
- Unterfunktion der Schilddrüse

Während der Schwangerschaft und in der Stillzeit bedarf eine Lithiumbehandlung einer besonders strengen und einzelfallbezogenen Indikationsstellung und Risikoabwägung durch den Facharzt.

Dennoch: Wie oben schon ausgeführt, erfordern häufige oder schwere Phasen bei wiederholt auftretenden depressiven oder bipolaren Störungen eine vorbeugende Behandlung. Mittel der ersten Wahl ist dabei immer noch Lithium.

Wie sind Lithiumpräparate einzunehmen?

Die Dosierung der Therapie richtet sich nach der Konzentration von Lithium im Blutserum. Angestrebt wird für die vorbeugende Behandlung ein Wert von 0,6 bis 0,8 milimol (Mol = Grammolekül, milimol = 1/1000 mol) pro Liter. Unter langsamer „einschleichender" Behandlung wird der Serumspiegel so lange kontrolliert, bis die Dosis gefunden ist, bei der keine Schwankungen mehr auftreten.

> **Wenn Sie Lithium einnehmen**
> ● Nehmen Sie Ihre Medikamente möglichst immer zur selben Uhrzeit, um zu starke Schwankungen des Serumspiegels zu vermeiden.
> ● Nehmen Sie unmittelbar vor einer Bestimmung des Serumspiegels kein Medikament. Die letzte Lithiumeinnahme sollte möglichst exakt zwölf Stunden zurückliegen.

Eine Auswahl der Präparate

Wirkstoff	Handelsname*	Einsatzgebiet	Unerwünschte Wirkungen	Dosierung
Lithiumazetat	Quilonum (D) Quilonorm (Ö)	Zur Behandlung von Manien, zur vorbeugenden Behandlung wiederkehrender Depressionen und Manien.	Magen-Darmbeschwerden, Zittern, Gewichtszunahme, Schilddrüsenunterfunktion, Beeinträchtigung der Nierenfunktion, sexuelle Funktionsstörungen (→Seite 231)	Entscheidend ist der Serumspiegel. In aller Regel 2 mal täglich 1 Tablette.
Lithiumcarbonat	Hypnorex retard (D) Leukominerase (D) Li 450 Ziethen (D) Lithium Apogepha (D) Quilonum retard (D) Quilonorm retard (Ö)	siehe oben	siehe oben	Dosierung hat nach Serumspiegelkontrolle zu erfolgen.
Lithiumsulfat	Lithium-Duriles (D)	siehe oben	siehe oben	Dosierung hat nach Serumspiegelkontrolle zu erfolgen.

* Medikamente ohne nähere Bezeichnung sind sowohl in Deutschland als auch in Österreich erhältlich. Ist das genannte Präparat nur in einem der beiden Länder lieferbar, dann vermerkt dies der entsprechende Zusatz (D) oder (Ö). In Österreich gilt für die genannten Medikamente Rezeptpflicht.

Carbamazepin

Carbamazepin ist ein Wirkstoff aus der Epilepsiebehandlung, für die er seit Jahren eingesetzt wird. Erstmals wurde in den 7oer Jahren berichtet, daß dieser Wirkstoff auch positive Wirkungen bei der Phasenprophylaxe manisch-depressiver Erkrankungen zeigt. Mittlerweile ist der Wirkstoff auch für diesen Anwendungsbereich zugelassen, weil in diversen wissenschaftlichen Studien eine gute vorbeugende Wirkung nachgewiesen werden konnte.

Wie wirkt Carbamazepin?

Auch bei diesem Wirkstoff ist die Wirkweise im Rahmen der vorbeugenden Behandlung noch nicht klar. Ähnlich wie Lithium hat die Substanz mehrere Angriffspunkte sowohl in den Nervenzellen selbst als auch an verschiedenen Rezeptorbindungsstellen. Carbamazepin scheint erregende Neurotransmitter zu blockieren und dämpfende zu verstärken.

Wer sollte Carbamazepin erhalten?

Es gibt eine Reihe von Patientinnen und Patienten, denen Lithium nicht verordnet werden kann, entweder weil sie es nicht vertragen oder weil sie auf Lithium nicht ausreichend ansprechen. In diesen Fällen ist für die vorbeugende Behandlung Carbamazepin das Mittel der Wahl.

Es mehren sich Hinweise, daß Patientinnen und Patienten mit häufigen Episoden pro Jahr (gemeint sind mehr als vier Episoden, die Wissenschaft nennt das „rapid cycling") von einer Behandlung mit diesem Mittel mehr profitieren beziehungsweise, wenn sie bereits Lithium erhalten, dann von einer Kombinationstherapie aus Lithium und Carbamazepin (man kombiniert, weil man die oben geschilderten Absetzeffekte von Lithium vermeiden will).

Welche unerwünschten Wirkungen sind zu erwarten?

Bei Behandlungsbeginn kommt es häufig zu Müdigkeit, Schwindel und Störungen der Bewegungskoordination. Auch Sehstörungen, Herzrhythmusstörungen sowie Übelkeit und Erbrechen werden von manchen Patientinnen und Patienten berichtet. Diese unerwünschten Wirkungen lassen sich aber gut vermeiden, wenn das Medikament „einschleichend" dosiert und nach und nach die Dosis gesteigert wird.

Schwerer wiegen allergische Hautveränderungen, die bei 3 bis 15 Prozent aller behandelten Patienten auftreten. Auch Störungen der Blutbildung und des Mineralstoffhaushalts werden beobachtet.

Deswegen sind auch bei einer vorbeugenden Behandlung mit Carbamazepin regelmäßige Untersuchungen des Blutbildes, der Leberwerte, des Mineralhaushalts und der Konzentration von Carbamazepin im Blut erforderlich.

Ähnlich wie Lithium wird Carbamazepin nach dem erreichten Konzentration im Blut dosiert.

Für eine ganze Reihe von Medikamenten gilt, daß ihre Einnahme zusammen mit Carbamazepin problematisch oder sogar schädlich ist. Wie bei Lithium sollten Sie alle Ärzte, bei denen Sie in Behandlung sind, darüber informieren, daß Sie Carbamazepin nehmen. Umgekehrt müssen Sie Ihrem Psychiater alle Medikamente nennen, die Sie sonst noch einnehmen.

Für wen ist Carbamazepin nicht geeignet?

Carbamazepin ist nicht geeignet für Patienten mit Herzrhythmusstörungen, schweren Leberschäden und bekannten Störungen der Blutbildung oder Knochenmarkschäden.

Carbamazepin gilt als fruchtschädigendes Medikament. Besonders in den ersten drei Monaten einer Schwangerschaft darf es nicht verordnet werden. Frauen, die Carbamazepin einnehmen, müssen effektive Verhütungsmaßnahmen ergreifen.

Eine Auswahl der Präparate

Wirkstoff	Handelsname *	Einsatzgebiet	Unerwünschte Wirkungen	Dosierung
Carbamazepin	Carbamazepin Heumann (D) Carbamazepin-neuraxpharm (D) Carbamazepin-ratiopharm (D) Finlepsin (D) Fokalepsin (D) Neurotop (Ö) Sirtal Tegretal (D) Tegretol (Ö) Timonil (D)	Keine Unterschiede zwischen den verschiedenen Präparaten.	Hinsichtlich der Nebenwirkungen (→ Seite 234), wie sie zu Beginn der Behandlung auftreten, sind Präparate in „retard-Form", bei denen der Wirkstoff verlangsamt ins Blut abgegeben wird, vorzuziehen. Sie werden von fast allen Herstellern angeboten.	Je nach individuellen Gegebenheiten sind Tagesdosierungen zwischen 400 mg bis zu 1600 mg notwendig. Ein Plasmaspiegel zwischen 6 und 12 Mikrogramm/ml wird angestrebt.

* Medikamente ohne nähere Bezeichnung sind sowohl in Deutschland als auch in Österreich erhältlich. Ist das genannte Präparat nur in einem der beiden Länder lieferbar, dann vermerkt dies der entsprechende Zusatz (D) oder (Ö). In Österreich gilt für die genannten Medikamente Rezeptpflicht.

Valproinsäure

Wie Carbamazepin ist die Valproinsäure ein seit vielen Jahren in der Epilepsiebehandlung bestens erprobter Wirkstoff. In mehreren wissenschaftlichen Untersuchungen konnte eine vorbeugende Wirkung bei manischen Störungen und in geringerem Maße auch bei bipolaren Störungen nachgewiesen werden.

Valproinsäure wirkt verstärkend auf beruhigende Neurotransmittersysteme ein; die gute Wirkung bei manischen Zuständen erklärt sich auf diese Weise. Ob Valproinsäure auch eine antidepressive Wirkung besitzt, konnte bislang nicht eindeutig gezeigt werden.

Die Behandlung mit diesem Wirkstoff steht nicht an erster Stelle der Möglichkeiten. Ihr Arzt wird sie nur in Erwägung ziehen, wenn unter Lithium oder Carbamazepinbehandlung kein ausreichender Schutz erzielt werden kann.

Psychotherapie und Vorbeugung

Leider gibt es in der Psychotherapieforschung auch zur Frage ihrer vorbeugenden Wirkung weitaus weniger und vor allem weniger methodisch strenge Langzeituntersuchungen als zur medikamentösen Prophylaxe. Und wenn es sie gibt, dann vor allem für die verhaltenstherapeutischen (→ Seite 94) und interpersonellen (→ Seite 96) Therapierichtungen.

Unmittelbar einleuchtend zeigt sich jedoch die positive Wirkung einer Psychotherapie, wenn es darum geht, mit den auslösenden Faktoren der Depression zukünftig besser zurecht zu kommen.

Nur einige Beispiele – Sie können die Reihe in Ihre ganz persönliche Erfolgsliste umformulieren:
● Sie können Ihre Meinung sagen und sogar einmal Ihrem Ärger Luft machen, ohne Angst zu haben, für immer verlassen zu werden.
● Sie können „nein" sagen, wenn Ihr Kollege Ihnen noch einen Stoß Arbeit auf den Schreibtisch packt, weil er ja soviel Dringenderes zu erledigen hat.
● Und Sie können „mit der Faust auf den Tisch hauen", wenn Ihre Kollegin/Ihr Kollege immer auf Ihre Kosten früher Feierabend macht.
● Sie können Wünsche und Bitten äußern. Und wenn Ihre Bitte abgeschlagen wird, dann geht die Welt nicht unter und vor allem nicht Ihre Selbstachtung und Ihr Selbstwertgefühl.
● Sie sind nicht mehr in den Grundfesten Ihres Selbstwertgefühls erschüttert, wenn Sie jemand auf einen Fehler aufmerksam macht.
● Sie haben gelernt, aus einer Mücke keinen Elefanten zu machen.
● Sie haben gelernt, Ihre Schlußfolgerungen an der Wirklichkeit zu messen.
● Sie beziehen Negatives nicht mehr auf sich selbst.
Sie können jetzt also realistisch mit eigenen Schwächen, Niederlagen und Mißgeschicken umgehen, von Kleinigkeiten absehen und vor allem: Sie konnten die dunkle Brille ablegen und wissen jetzt, daß Ihre schwarzen Gedanken Symptome der Depression waren.

Diese Einsichten und Lernprozesse geschehen jedoch nicht von heute auf morgen. Sie erfordern Zeit, Geduld, Erprobung und Übung!

Das Gehirn kann nicht wachsen, aber ...

Jeder kennt den Effekt körperlichen Trainings: Die trainierten Muskeln wachsen. Und tatsächlich passiert dasselbe auch mit den beanspruchten – trainierten – Zellverbänden im Gehirn. Daß dies so ist, kann sogar gemessen werden. Hirnforscher haben zum Beispiel die Region des Gehirns, in der die linke Hand repräsentiert ist, bei Geigenspielern und rechtshändigen Kontrollpersonen, die kein (Streich)Instrument spielen, vermessen. Bei Geigenspielern, die ja mit der linken Hand greifen, muß – so war die Annahme der Untersucher – eine Vergrößerung des Areals, das die Finger der linken Hand repräsentiert, nachzuweisen sein. Tatsächlich war dies so: Bei den rechtshändigen Kontrollpersonen ist der rechten Hand weit mehr Platz zugewiesen als der linken. Bei den Geigenspielern sind die Areale der rechten und der linken Hand annähernd gleich groß.

Neuronales Netzwerk, Erfahrung, Einsicht und Lernen – die Zukunftsmusik der psychotherapeutischen Grundlagenforschung

Noch einmal zur Depression als psychobiologischer Krankheit: Es ist gerade die neurobiologische Grundlagenforschung, die sich heute besonders mit der Neurobiologie der Psyche beschäftigt. Eine ihrer Fragen lautet: Wie können die Zielsetzungen der Psychotherapie tatsächlich mit den neurobiologischen Veränderungen, die im Zusammenhang mit einer depressiven Erkrankung beobachtet werden können, in Verbindung gebracht werden?

Noch ist umfangreiche Forschung nötig. Doch einige Annahmen und Ergebnisse, die heute in der Grundlagenforschung diskutiert werden, lassen sich schon formulieren: Während früher diejenigen, die sich mit der Anatomie und Biologie des Gehirns beschäftigten, dem Hirn nur geringe Veränderungsmöglichkeiten zuschrieben, weiß man inzwischen: Erfahrungen und gezieltes Lernen verändern nicht nur den „Geist" (also Denken, Fühlen, Empfinden). Sie schlagen sich auch in den Strukturen des Gehirns und sogar in den Größenverhältnissen einzelner Hirnregionen nieder. Zellverbände, die eine bestimmte Aufgabe haben, werden zum Beispiel größer, wenn diese Aufgabe größer wird.

Das Gehirn zeigte sich also gerade gegenüber Erfahrungen, Lernprozessen und Einsichten als das anpassungsfähigste Organ des Menschen. Vor allem das neuronale Netzwerk des Gehirns erweist sich als ungemein plastisch.

Kommen wir noch einmal auf unser Rattenbeispiel zurück (→ Seite 50): Die depressionsähnlichen Symptome, die Ratten mit der erlernten Hilflosigkeit in Streßsituationen zeigten, ließen sich mit denselben Medikamenten lindern, die auch bei Menschen zur Behandlung der Depression eingesetzt werden. Für uns ist in diesem Zusammenhang aber interessanter: Bestimmte neue Lernerfahrungen und Konditionierungen (vergleichbar einer Psychotherapie bei Menschen) zeigten dieselben Veränderungen und zwar nicht nur auf der Verhaltensebene, sondern auch im Gehirn: Sie verringerten die krankhaft vermehrten no-radrenergen Rezeptoren. Die Hypothese, die die Arbeitsgruppe des Zentralinstituts für seelische Gesundheit (→ Seite 54) aus dem Tierversuch entwickelte, lautet also: Bei einer Psychotherapie laufen möglicherweise dieselben Mechanismen im Gehirn ab wie bei einer medikamentösen Behandlung.

Die biologische Wirkung der Psychotherapie

Diese Erkenntnis – im übrigen nachgestellt und beobachtet auch in Computersimulationen – eröffnet neue Möglichkeiten, die antidepressive Wirkung der Psychotherapie zu erklären und zu verstehen, bedeutet doch Psychotherapie eine besondere Art der Erfahrung, der Einsicht und des Lernens – kurz: einen ganz besonderen „Input" (→ Seite 55).

Tatsächlich sind Neurobiologen heute dabei, sowohl übungsorientierte (also die eher verhaltenstherapeutisch begründeten) als auch einsichtsorientierte (also im weitesten Sinne auf die Theorie der Psychoanalyse zurückgehende) Therapieverfahren in direktem Zusammenhang mit Veränderungen neuronaler Funktionskreise zu untersuchen. Was auch sie jetzt schon sagen können: Nicht nur eine medikamentöse antidepressive Therapie greift in das neuronale Funktionieren des Gehirns ein. Auch Psychotherapie scheint direkte Auswirkungen auf die Neurotransmittertätigkeit des Gehirns zu haben. Und diese Veränderung – so die ersten Hypothesen dieser Forschung – sind dann die Voraussetzung einer prophylaktischen Wirkung der Psychotherapie.

Genug der Theorie –
Tips, damit Sie gesund bleiben

(Für Angehörige und Freunde: Erst jetzt ist es sinnvoll, Ihrer/m Partner/in, dem Elternteil, Ihrem Kind, Freund/in einen guten Rat zu geben!)

Die Depression ist vorbei. Sie sind stärker geworden und haben sich dem Alltag wieder stellen können. Bleiben Sie fit, damit er für Sie nicht wieder zu einer zu großen Belastung wird.

● Leben Sie gesund: Dazu gehören eine ausgewogene, kohlenhydratreiche Ernährung, ein regelmäßiger Schlafrhythmus und vor allem

● Bewegung. Werden Sie aktiv, gehen Sie spazieren oder noch besser: Treiben Sie Sport (Sie kennen ja jetzt die heilende und vorbeugende Wirkung körperlicher Aktivität (→ Seite 130).

● Vermeiden Sie Exzesse. Dazu gehören durchfeierte Nächte, zuviel Alkohol, Nikotin oder andere Genußgifte.

● Tabu ist die unkontrollierte Einnahme von Beruhigungs- und Schlafmitteln.

Sport als Vorbeugung

Eine breit angelegte wissenschaftliche Untersuchung konnte belegen, daß Menschen über 40, die körperlich aktiv sind, wesentlich seltener an einer Depression erkranken als körperlich inaktive Menschen, deren liebster Platz der Sessel vor dem Fernsehgerät ist. Körperliche Aktivität ist also nicht nur eine Unterstützung der antidepressiven Therapie, sondern auch eine ganz natürliche Vorbeugung vor depressiven Störungen. Also: Wer sein Verhalten von inaktiv zu aktiv ändert, beugt vor!

Gesund leben heißt auch: die Erfahrung der Krankheit nutzen!

Veränderung in kleinen Schritten

Sie wissen jetzt: Selten sind Depressionen „grundlos", also ohne Auslöser. Oft war es eine chronische Überlastungssituation, eine zu große Häufung von „Stressoren", von belastenden Lebensereignissen, die an der Auslösung beteiligt waren. Nicht selten spielten aber auch innere Einstellungen, eingeschliffene Verhaltensweisen und starre Denkmuster eine entscheidende Rolle. Belastende Lebensereignisse können wir nur zu einem geringen Teil steuern und kontrollieren. Anders ist dies mit den inneren Einstellungen und Verhaltensweisen. Hier sind durchaus Einsicht und Veränderung möglich. Vieles von dem, wozu Sie während der Depression die Hilfe Ihres Arztes, Ihres Psychotherapeuten benötigten, können Sie jetzt selbst in die Hand nehmen.

Inzwischen gibt es auch eine Vielzahl von Selbsthilfebüchern gerade für diese Veränderungen und Lernprozesse, zu denen Sie jetzt in der Lage sind (wir nennen einige im Anhang). Bedenken Sie dabei immer: Ihr Leben zu ändern geht nicht von heute auf morgen! Fangen Sie klein an – Sie werden sehen, auch kleine Schritte bringen Sie vorwärts.

Meine persönliche Checkliste: Was schadet mir? Was hilft mir, gesund zu bleiben?

Die folgende Aufgabe können wir nicht für Sie lösen.
Sie ist Ihre ganz persönliche Chance.
Klären Sie – vielleicht sogar schriftlich in zwei Spalten:

- Welche Gedanken
- welche Gefühle
- welche Ereignisse
- welche Aktivitäten machen mich depressiv?

- Welche Gedanken
- welche Gefühle
- welche Ereignisse
- welche Aktivitäten helfen mir dagegen und

- welche Gedanken
- welche Gefühle
- welche Ereignisse
- welche Aktivitäten machen mir Spaß, bereiten mir Freude, regen mich an oder beruhigen mich – machen mir einfach das Leben lebenswert!

Sie werden sehen: Tag für Tag wird die Liste auf der rechten Seite länger, weil Ihnen mehr Angenehmes, Hilfreiches, Schönes einfallen wird. Und wenn Sie nun beginnen, jeden Abend in aller Ruhe, vielleicht bei einer Tasse Tee, abzuhaken, welche Gedanken, Gefühle, Ereignisse, Aktivitäten der vergangene Tag gebracht hat, so werden Sie merken: Die Haken auf der linken Seite werden immer weniger! Die Depression gehört der Vergangenheit an.

Der Sinn der Depression ...?

Herr G., ein 45jähriger erfolgreicher Immobilienmakler, erkrankte erstmals in seinem Leben an einer typischen Depression, die recht schwer zu behandeln war und sich erst nach fünf Monaten grundlegend besserte. Während dieser Zeit war Herr G. nur beschränkt arbeitsfähig, so daß ihm einige wichtige Geschäfte entgingen. Zu Beginn der Depression – so fanden Herr G. und sein behandelnder Arzt heraus – stand als auslösender Faktor eine außerordentlich riskante und große Grundstücksspekulation, die Herrn G. durchaus an den Rand seiner Existenz hätte bringen können, wäre sie mißlungen. Glücklicherweise ging alles gut.

In der Phase der Besserung begann Herr G. sich immer bewußter zu fragen: „Soll ich so weitermachen? Muß ich andere Prioritäten setzen? Ist der wirtschaftliche Erfolg wirklich alles? Wie viele Freunde habe ich eigentlich noch?"

Ihm wurde klar, welch großen Anteil das Erlebnis der Depression sowohl für die Fragen als auch für deren Beantwortung hatte. Die Depression hatte – obwohl sie abgeklungen war und wie ein böser Traum hinter ihm lag – seinen Blick auf die Welt und ihre Zusammenhänge verändert.

In den regelmäßigen Gesprächen mit seinem Arzt konnte er es immer deutlicher formulieren: „So möchte ich eigentlich nicht weiterma-chen." Dabei wurde immer offensichtlicher, was er ändern wollte. Weni-ger arbeiten, auch wenn das ein geringeres Einkommen bedeuten würde, um Zeit und Muße für sich, seine Frau, seine Kinder und seine Freunde zu gewinnen ...

C. G. Jung, dem Begründer der analytischen Psychologie – neben der Freudschen Psychoanalyse eine weitere große tiefenpsychologische Schule – wird folgender Satz zugeschrieben: „Die Depression ist gleich einer Dame in Schwarz. Tritt sie auf, so weise sie nicht weg, sondern bitte sie als Gast zu Tisch und höre, was sie zu sagen hat." Tatsächlich erleben viele Menschen ihre Depression nicht nur als störende, quälende Krankheit. Die Erkrankung und der Prozeß ihrer Überwin-dung versetzt sie in die Lage, über sich und ihr Leben nachzudenken. Und viele können jetzt eine langfristige psychotherapeutische Begleitung für sich nutzen, um mit dieser Hilfe in ihrem Leben neue Schwerpunkte zu setzen. Warum psy-chotherapeutische Hilfe? Viele krankmachende Lebensentwürfe und -realitä-ten sind ja nicht frei gewählt. Die eigene frühe Kindheitsgeschichte mit ihren spezifischen Erfahrungen und Lernprozessen hat den Betroffenen gehindert, anders zu denken, zu fühlen, zu erleben – und zu leben (→ Seite 46). Psychothe-rapie bietet Hilfe zur Selbsthilfe: die alten Gleise zu verlassen und neue Wei-chenstellungen vorzunehmen.

... Für Herrn G. war diese Entscheidung nicht einfach. Denn nur sein beruflicher Erfolg hatte ihm bisher ein (wenn auch labiles) emotionales Gleichgewicht garantieren können. Ohne Erfolg war er sich selbst nichts wert. In einer der folgenden Psychoanalysestunden formulierte er einmal: „Wenn ich freiwillig in die zweite Reihe zurücktrete, werfe ich ja meine lebensnotwendigen Krücken weg!"
Aber die Erfahrung der Depression hatte ihm gezeigt: Dieses Risiko mußte er eingehen. Und mit Hilfe einer Psychotherapie würde er auch einmal ohne diese Krücke gehen können.

Zusammenfassung für Betroffene und Angehörige – 20 Punkte, die Sie lesen sollten

Dieses letzte Kapitel ist vor allem für augenblicklich Betroffene geschrieben. Denn wir wissen, daß eine Depression es einem Menschen unmöglich machen kann, längere Texte zu lesen. Die Unfähigkeit, sich zu konzentrieren, das vorübergehende Nachlassen der Merkfähigkeit und vor allem auch das Fehlen der Energie gehören ja gerade zu wesentlichen Symptomen seiner Krankheit. Das Lesen der vielen Seiten der vorigen Kapitel wird dann zu einer der Pflichten, die belasten.

Werfen Sie es sich also nicht vor, wenn Ihre Konzentration, Ihre Möglichkeit, einen Zusammenhang herzustellen, und Ihre Energie, durchzuhalten, nicht ausreichen. Es ist durchaus normal, daß Sie das momentan nicht können, aber auch sicher zu erwarten, daß mit dem Abklingen Ihrer Depression diese Fähigkeiten zurückkehren. Vielleicht hilft Ihnen im Augenblick eine Zusammenfassung der wichtigsten Ergebnisse, damit Sie Ihre Depression besser verstehen und überwinden können.

1. Ob Sie unter einer Depression leiden, sollten Sie anhand der folgenden Fragen selbst einmal prüfen

- Fühle ich mich seit einiger Zeit durchgängig traurig, niedergeschlagen oder hoffnungslos? .... ☐
- Empfinde ich keine Freude, kein Vergnügen mehr, habe ich an vielem oder gar allem, was mich früher interessiert hat, das Interesse verloren? ...☐
- Bin ich ständig müde, erschöpft oder fühle mich wie ausgebrannt? ....☐
- Habe ich keinen Appetit mehr? Habe ich abgenommen? ....☐
- Kann ich seit längerer Zeit schlecht schlafen? Leide ich unter Ein- und Durchschlafstörungen oder wache ich jeden Morgen sehr früh auf? ...☐
- Fühle ich mich, bewege ich mich und denke ich wie mit angezogener Handbremse oder umgekehrt wie unter Strom? ....☐
- Habe ich mein sexuelles Verlangen verloren? ....☐
- Fühle ich mich wertlos, unfähig, als Versager/in und an allem schuld? .....☐
- Habe ich in letzter Zeit auffällige Konzentrationsschwierigkeiten, kann ich mir nichts mehr merken? ....☐
- Denke ich manchmal über den Tod nach oder darüber, mir etwas anzutun? ☐

Wenn Sie mehr als vier Fragen mit ja beantwortet haben, leiden Sie mit großer Wahrscheinlichkeit an einer typischen Depression.

2. Depressionen sind Krankheiten, keine vorübergehende schlechte Laune, keine einfache Niedergeschlagenheit, keine Traurigkeit, kein kurzer „Durchhänger", weil man eben einmal nicht „gut drauf" ist. Depressionen sind umfassender, beeinträchtigen den gesamten Alltag, dauern nicht nur Stunden oder einige Tage, sind Krankheiten mit psychischen und körperlichen Symptomen und – vor allem: Sie sind durch den Willen und gute Vorsätze, durch „positives Denken", das Ihnen manche empfehlen werden, nicht zu beeinflussen.

3. Es gibt heute verschiedene Modelle, die versuchen, das Entstehen von Depressionen zu beschreiben. Man nennt Depressionen eine psychobiologische Krankheit, weil ihre Entstehung sowohl psychologisch als auch biologisch erklärt und verstanden werden muß. Das heißt: Depressionen haben nicht nur *eine* Ursache. Wichtig ist es jetzt für Sie, zu wissen, daß sowohl neurobiologische als auch psychologische Faktoren an der Entstehung Ihrer augenblicklichen Erkrankung beteiligt sind.

4. Depressionen können behandelt werden! Um so beunruhigender ist es, daß nur etwa der Hälfte aller erkrankten und behandlungsbedürftigen Menschen professionelle Hilfe zukommt. Beunruhigend deshalb, weil auf diese Weise viele Menschen mit einem Risiko leben, das vermeidbar wäre. Bei allen Formen der Depression gilt: Je früher die Behandlung einsetzt, desto wirksamer ist sie.

Die Risiken

● Unbehandelte typische Depressionen dauern durchschnittlich sechs bis zwölf Monate. Eine lange Zeit des Leidens und genügend Zeit, um das private und soziale, das familiäre und berufliche Leben eines Menschen zu zerstören.
● Eine Dysthymie – also eine langandauernde, weniger schwere Depression – dauert ohne Behandlung Jahre .
● Das Risiko von immer wiederkehrenden depressiven Episoden ist ohne Behandlung weit höher.
● Die Sterblichkeitsrate durch Suizid bei einer schweren unbehandelten Depression beträgt 10 bis 15 Prozent!

5. Der erste Schritt, professionelle Hilfe in Anspruch zu nehmen – die Voraussetzung jeder Behandlung –, ist der schwerste. Es gehört zu Ihrer Krankheit, daß Sie vielleicht gerade für diesen ersten Schritt Unterstützung brauchen.

6. Erste Anlaufstellen sind:
- ein Mensch, dem Sie vertrauen
- Ihr Hausarzt, Ihre Hausärztin
- Psychiater/in oder Nervenarzt/ärztin
- Psychotherapeut/in
- Kriseninterventionseinrichtungen oder die Ambulanz einer psychiatrischen Abteilung oder eines psychiatrischen Krankenhauses
- Beratungsstellen freier Träger, die Sie bei der Suche nach einem geeigneten Arzt oder Psychotherapeuten unterstützen.
- Wenn Sie dringend einen kundigen und einfühlsamen Ansprechpartner brauchen: Die Telefonseelsorge ist auch eine Einrichtung für Menschen in Ihrer Situation!

Wichtig! Gehen Sie auf jeden Fall zum Arzt oder Psychotherapeuten, wenn Sie
- schon mehrere Wochen ununterbrochen depressiv sind.
- Ihren Alltag nicht mehr oder nur mit größter Anstrengung meistern.
- häufig über den Tod nachdenken, keinen Sinn mehr darin sehen zu leben oder so verzweifelt sind, daß Ihnen das Schlußmachen als einziger Ausweg erscheint. Diese Gedanken sind ein Symptom einer behandelbaren Krankheit!

7. Eine genaue Diagnose ist notwendig, um die für Sie beste Behandlungsmöglichkeit zu finden. Hausärzte, besser noch Psychiater, Nervenärzte, Psychotherapeuten und klinische Psychologen sind für diese Diagnose zuständig.

8. Ihre Mitarbeit ist wichtig. Deshalb:
- Sprechen Sie offen über Ihre körperlichen und seelischen Beschwerden und Probleme. Stimmungen, Gefühle, unabweisbare Gedanken sind ebenso wichtig wie körperliche Beschwerden.
- Bereiten Sie sich auf das Gespräch vor! Versuchen Sie sich im Vorfeld des ersten Gesprächs einige Fragen zu beantworten!

Fragen, die psychische Beschwerden betreffen:

- Welche Gedanken gehen mir durch den Kopf?
- Wie fühle ich mich?
- Vergesse ich schneller als früher, und kann ich mich kaum mehr konzentrieren?
- Ist mir alles egal, kann mich nichts aufmuntern oder auch ärgern?
- Habe ich Angst, und was ängstigt mich?
- Könnte ich immer nur im Bett liegen?
- Kommen mir manchmal oder häufig Gedanken, wie schön es jetzt wäre, nur noch zu schlafen, alles hinter mich gebracht zu haben, weil mir alles gleichgültig ist oder so schrecklich, daß ich es nicht mehr ertragen kann?

Fragen, die körperliche Beschwerden betreffen:

- Fühle ich mich verspannt, neige ich zu mehr Kopf- und Bauch- schmerzen?
- Schlafe ich schlecht? Kann ich nicht einschlafen, wache ich morgens früh auf?
- Habe ich keinen Appetit mehr? Habe ich abgenommen? Oder habe ich ständig Hunger, vor allem Heißhunger auf Süßes und nehme zu? Macht die Verdauung Probleme?
- Wie steht es mit meiner Lust, mit meiner Partnerin/meinem Partner zu schlafen?

Fragen, die Schweregrad und Verlauf betreffen:

- Stehe ich morgens auf und erledige meinen Alltag einiger- maßen oder habe ich schon aufgegeben?
- Wie lange dauert diese Phase, in der ich mich gerade befinde, schon an? (Versuchen Sie, sich zu erinnern.)
- Habe ich schon einmal so etwas erlebt?
- Worunter leide ich am meisten?
- Gibt es ein Ereignis, eine Situation, einen Auslöser, der mir meinen jetzigen Zustand verständlich macht? Oder war das schon lange ähnlich und wurde eigentlich nur immer schlimmer?

9. Eine körperliche Untersuchung muß jeder weiteren Behandlung vorausgehen. Dies aus zwei Gründen: Es gibt Depressionen, die das Symptom einer anderen Erkrankung sind. In diesem Fall muß die Grunderkrankung behandelt werden und nicht die Depression. Vor einer medikamentösen Behandlung müssen bestimmte körperliche Abklärungen stattfinden.

10. Lassen Sie sich genau aufklären über Ihre Krankheit und ihre Prognose (wie die Krankheit voraussichtlich verläuft). Denn wesentlich für die Behandlung Ihrer Depression ist, daß Sie und Ihre Angehörigen ausreichend informiert sind. Auch für Depressionen gilt: Nur ein/e informierte/r Patient/in ist in der Lage, selbst den Behandlungsfortschritt der Erkrankung mitzugestalten.

11. Auf der Grundlage der Diagnose muß der Behandlungsplan erstellt werden. Zu diesem Behandlungsplan gehört die Entscheidung, ob Ihre Behandlung ambulant (Sie besuchen Ihren niedergelassenen Arzt regelmäßig in seiner Praxis) oder stationär (Sie lassen sich in eine psychiatrische Klinik, psychiatrische Abteilung oder auf eine Depressionsstation einweisen) durchgeführt werden soll.

12. Zur Erstellung des Behandlungsplans gehört auch die Entscheidung, ob und welche Psychotherapie Ihnen helfen kann und ob und welche Medikamente Sie brauchen.

> **Brauche ich Medikamente?**
>
> Wie auch immer Ihr Arzt entscheiden wird – auch Sie selbst, und zu Ihrer Unterstützung auch Ihre Angehörigen oder Freunde, sollten sich Gedanken machen. Für eine medikamentöse Behandlung spricht, wenn Sie folgende Fragen mit ja beantworten können:
> - Haben Sie schon früher ein- oder mehrmals unter einer depressiven Episode gelitten?
> - Leiden Sie stark unter Ihren Symptomen? (Diagnostiziert der Arzt eine mittlere bis schwere depressive Episode?)
> - Sind Sie suizidgefährdet?
> - Sind Sie aufgrund Ihrer depressiven Erkrankung in Ihren Alltagsaktivitäten stark eingeschränkt?
> - Haben Sie erfolglose psychotherapeutische Behandlungsversuche hinter sich?

13. Wenn Sie Medikamente verordnet bekommen, vergessen Sie nicht, Ihrem Arzt alle Medikamente zu nennen, die Sie im Augenblick einnehmen.

14. Auch eine medikamentöse Behandlung funktioniert nicht von heute auf morgen. Haben Sie Geduld!

15. Die Behandlung der Depression ruht auf zwei Säulen. Ihre Behandlung schließt deshalb, auch wenn Sie Medikamente verordnet bekommen, regelmäßige Gespräche mit der behandelnden Ärztin, dem Arzt (anfangs zweimal die Woche etwa 20 Minuten, später in größeren Abständen) oder eine längere Psychotherapie ein.

16. Es gibt viele psychotherapeutische Verfahren, die bei der Behandlung von Depressionen hilfreich sind. Die letzte Entscheidung liegt jedoch bei Ihnen. Scheuen Sie sich nicht, mehrere Erstgespräche, auch bei verschiedenen Psychotherapeuten, zu führen. Fragen Sie nach dem Behandlungskonzept und Behandlungsziel! (Diese probatorischen Sitzungen werden in Deutschland, wenn sie bei Psychotherapeuten mit Kassenzulassung stattfinden, von den Krankenkassen übernommen. Zur Lage in Österreich → Seite 103).

> ### Welche Psychotherapie?
>
> **Diese Entscheidung ist nicht leicht. Aber vielleicht hilft Ihnen die Beantwortung folgender Fragen:**
> - Leuchten mir das Behandlungskonzept und die Behandlungsziele des Psychotherapeuten ein? Kann ich sie für mich akzeptieren?
> - Habe ich den Eindruck, der Psychotherapeut ist an mir, meiner Geschichte interessiert oder behandelt er mich als „Objekt" seines Verfahrens?
> - Habe ich Vertrauen?
> - Kann ich mir vorstellen, über Wochen, Monate, bei einer Langzeitbehandlung auch über Jahre, hierher zu kommen?
> Und vor allem:
> - Bin ich nach diesem ersten Gespräch, zumindest für den Augenblick, zuversichtlicher?
> - Fühle ich mich wohl, angenommen, verstanden?
> - Stimmt die persönliche „Chemie"?

17. Für manche Unterformen der Depression sind andere Verfahren möglich und manchmal auch notwendig: Lichttherapie (→ Seite 131) für Winterdepressionen; Schlafentzug (→ Seite 133), hilfreich für Patienten mit starken Tagesschwankungen; Elektrokrampftherapie (→ Seite 136), wenn andere Therapiemethoden versagt haben. Informieren Sie sich!

18. Das Ziel jeder Behandlung ist Ihre Gesundung. Sprechen Sie mit Ihrem Arzt, Ihrem Therapeuten, wenn

● Ihnen Zweifel an der augenblicklich eingeschlagenen Behandlung kommen.

● Sie nach einigen Wochen (längstens sechs bis acht Wochen) keine Besserung oder gar eine Verschlechterung verspüren. Der aktuelle Behandlungsplan muß überprüft und gegebenenfalls geändert werden.

19. Scheuen Sie sich nicht, auch andere Ärzte und Psychotherapeuten zu Rate zu ziehen und gegebenenfalls auch zu wechseln. Es geht um Ihre Gesundheit und Ihr Leben. Aber brechen Sie keine Behandlung ohne Rücksprache mit Ihrer Ärztin/Ihrem Arzt oder Ihrem Psychotherapeuten/Ihrer Psychotherapeutin ab. Sprechen Sie, wenn möglich, noch mit einem weiteren Fachmann, einer weiteren Fachfrau über Ihren Entschluß, bevor Sie ihn in die Tat umsetzen.

20. Und wenn es Ihnen besser geht:

● Denken Sie daran: Vielen Einflüssen, die uns ins Stimmungstief stürzen können, sind wir nicht einfach ausgeliefert. Und nicht alle sind unabänderlich. Versuchen Sie herauszufinden, auf welche Sie in Ihrem Sinne Einfluß nehmen können. Und tun Sie es !

● Bleiben Sie fit durch regelmäßige – am besten tägliche – körperliche Aktivität.

● Üben Sie sich in Entspannungsverfahren (zum Beispiel Autogenes Training, Yoga und andere).

● Achten Sie auf gesunde, vollwertige Ernährung (vor allem auf eine kohlenhydratreiche Mischkost).

● Gestalten Sie Ihren Tagesablauf vernünftig (ausreichend Schlaf, keine Genußgifte, Rücksicht auf die Biouhr).

(Diese Tips können Sie auch im ersten Kapitel als Tips gegen ganz „normale" Stimmungstiefs lesen, → Seite 15.)

Betroffen ist nicht nur der Kranke selbst

Dieser Schlußteil wurde vornehmlich für Betroffene geschrieben – Betroffene sind dabei nicht nur Menschen, die selbst unter den Symptomen einer Depression leiden. Gemeint sind auch ihre Angehörigen, engen Freunde und Kollegen. Denn eine Depression verwickelt, „steckt an". Experten sprechen vom interpersonalen und interaktionellen Aspekt der Depression. Das heißt aber nicht, daß jeder Angehörige eines Depressiven dieselben Symptome entwickelt wie dieser. Viele werden überfürsorglich, kontrollierend, aber auch ärgerlich, ungehalten, wütend, manche ängstlich, hoffnungslos und hilflos oder einfach nur müde und leer – und dies weit mehr als im Kontakt mit anderen kranken Angehörigen. Die Depression prägt den Umgang zwischen dem Depressiven und seinen Angehörigen.

Die amerikanischen Psychologen Laura Epstein Rosen und Xavier Francisco Amado haben sich in ihrem Buch „When someone you love is depressed" (Wenn jemand, den du liebst, depressiv ist) genau dieses Problems angenommen. Aufgrund ihrer Erfahrung mit vielen depressiven Patienten und deren Angehörigen haben sie zum einen einen Fragenkatalog entwickelt, der Angehörigen erste Hinweise auf eine depressive Erkrankung geben kann, und zum anderen haben sie Verhaltensratschläge für Angehörige depressiv Erkrankter in der Phase der Depression fomuliert. Wir zitieren beides hier mit einigen Kürzungen und Abwandlungen:

> Leidet mein Angehöriger – meine Tochter, mein Sohn, meine Partnerin, mein Partner, meine Mutter, mein Vater, meine Freundin, mein Freund – unter einer Depression?

Fragen, die Sie sich beantworten sollten:
- Fühlen Sie sich in letzter Zeit von Ihrem Angehörigen abgelehnt, zurückgewiesen, weniger geliebt?
- Haben Sie in letzter Zeit weniger Lust, weniger Interesse, mit Ihrem Angehörigen zusammen zu sein?
- Sind Sie in letzter Zeit mehr und mehr enttäuscht, frustriert, weil Ihre Angebote, Ihren Angehörigen zu unterstützen, ihm zu helfen, zurückgewiesen werden?
- Verbringen Sie weit mehr Zeit mit Ihrem Angehörigen als früher, so daß Ihnen für andere Familienangehörige, Freunde und eigene Aktivitäten wenig Zeit bleibt?
- Fühlen Sie sich selbst „ausgepowert", niedergeschlagen, leer?
- Gibt es häufiger Streit zwischen Ihnen?
- Fühlen Sie sich angespannt, ängstlich – mehr als früher?
- Fühlen Sie sich allein gelassen, einsam?
- Trinken Sie mehr als früher oder nehmen Sie Medikamente?
- Bleibt Ihre Arbeit, Ihre Freizeit auf der Strecke?

Wenn Sie auf viele dieser Fragen mit einem Ja antworten müssen, so ist – dies die Schlußfolgerung, die Rosen und Amado ziehen – die Wahrscheinlichkeit ist groß, daß Ihr Angehöriger an einer Depression erkrankt ist.
Und dann?

Acht Ratschläge für Angehörige, um besser mit dem Problem Depression umgehen zu können:

1. Versuchen Sie, sich so gut wie möglich über die Krankheit zu informieren. Was ist eine Depression? (Kapitel 1) Wie erklärt man sich ihre Entstehung? (Kapitel 2) Welches sind die ersten Schritte, was ist für eine richtige Diagnose notwendig? (Kapitel 3) Welche Behandlungsmöglichkeiten gibt es? (Kapitel 4)

2. Seien Sie realistisch! Depressionen brauchen professionelle Behandlung – und Zeit. Sie können die Kranke oder den Kranken in dieser Zeit der Gesundung unterstützen, aber Sie können sie oder ihn nicht heilen!

3. Dennoch braucht Ihre/Ihr Angehörige/r Sie mehr denn je. Seien Sie für sie oder ihn da – trotz der Krankheit, die den Umgang mit ihr/ihm so schwierig machen kann. Bedrängen Sie sie/ihn jedoch nicht und vor allem: Vermeiden Sie Appelle an den guten Willen und Vorwürfe, aber auch Aufmunterungen, vermeintlich gute Ratschläge und Beschönigungen.

4. Versuchen Sie – soweit es geht –, Ihr gewohntes Leben weiter zu führen. Opfern Sie sich, Ihre Beziehung zu anderen, Ihre Arbeit, Ihre Freizeit nicht der Krankheit!

5. Sprechen Sie mit Ihrer/Ihrem Angehörigen offen und ehrlich. Lassen Sie sie/ihn an Ihren Gefühlen teilhaben, auch wenn sie nicht nur positiv sind. Auch negative Gefühle wie Ärger, Niedergeschlagenheit, Angst, Sorge und das Gefühl, zurückgewiesen, allein gelassen zu sein, gehören zu Ihnen und Ihrer Beziehung zu Ihrem Angehörigen. Aber machen Sie ihr/ihm deswegen keinen Vorwurf.

6. Nehmen Sie die Depression Ihrer/Ihres Angehörigen nicht persönlich. Sie oder er zieht sich nicht zurück, weil Sie nicht attraktiv, nett, geliebt ... sind.

7. Nehmen Sie Hilfe in Anspruch – sei es bei Freunden, anderen Familienmitgliedern, Kollegen oder bei professionellen Beratern in Beratungsstellen. Immer mehr Einrichtungen und Ärzte, die sich mit der Behandlung depressiv Erkrankter befassen, bieten Gruppen- und Einzelgespräche für Angehörige an. Sprechen Sie mit dem Arzt oder Psychotherapeuten Ihrer/Ihres Angehörigen. Er kann Ihnen weiterhelfen.

8. Sie sind beide betroffen – werden Sie auch gemeinsam zu Bundesgenossen gegen die Depression!

Anlaufstellen bei Fragen: An wen kann ich mich wenden?

An dieser Stelle alle regionalen Einrichtungen, Verbände, Organisationen und deren Anschriften zu nennen, ist nicht möglich. Wir haben aber die wichtigsten Adressen, über die Sie weiterführende Informationen erhalten können, für Deutschland und Österreich getrennt zusammengestellt.

Deutschland

Für die ambulante medizinische und psychotherapeutische Versorgung ist Ihre erste Anlaufstelle immer Ihre Krankenkasse oder Versicherung. Hier oder auch bei den örtlichen Gesundheitsämtern (Adressen und Telefonnummern finden Sie im Telefonbuch) erhalten Sie Auskunft und Adressenlisten der Ärzte und Psychotherapeuten, die eine Krankenkassenzulassung haben oder von Ihrer Versicherung anerkannt sind.

Die Adressen von Ärzten und Psychotherapeuten finden Sie auch in den Gelben Seiten im Telefonbuch unter den Stichwörtern
- Ärzte für Nervenheilkunde, Neurologie und Psychiatrie
- Ärzte für Psychoanalyse und Psychotherapie
- Ärzte für Psychotherapeutische Medizin

Psychologen und Psychotherapeuten finden Sie hier unter
- Psychoanalyse
- Psychologie, Psychologische Beratung
- Psychologisch-psychotherapeutische Praxen
- Psychologische Psychotherapeuten

(Immer nach Ausbildung, Weiterbildung, Fachrichtung und Mitgliedschaft in einer Fachgesellschaft fragen!)

Es gibt in verschiedenen Städten auch Selbsthilfegruppen für Menschen, die unter Depressionen leiden. Bei

NAKOS – Nationale Kontakt- und Informationsstelle zur
Anregung und Unterstützung von Selbsthilfegruppen
der Deutschen Arbeitsgemeinschaft Selbsthilfegruppen e.V.
Albrecht-Achilles-Straße 65
10709 Berlin
Tel. 030/8 91 40 19

erhalten Sie Informations- und Aufklärungsmaterial über Selbsthilfegruppen sowie Kontaktadressen von bundesweit tätigen Selbsthilfevereinigungen und von professionellen Selbsthilfekontaktstellen auf örtlicher Ebene. Anfragen werden schriftlich erbeten mit einem Rückumschlag, Größe DIN A4, der mit 3 DM frankiert sein sollte.

Weitere Kontaktstellen

AOK-Bundesverband
Kortrijker Straße 1
D-53177 Bonn
Tel. 02 28/84 32 17

Arbeiterwohlfahrt
Bundesverband e.V. -AWO-
Marie-Juchacz-Haus
Oppelner Straße 130
D-53119 Bonn
Tel. 02 28/66 85-0

Berufsverband
Deutscher Psychologen e.V. -BDP-
Bundesgeschäftsstelle
Heilsbachstraße 22
D-53123 Bonn
Tel. 02 28/98 73 10

Bundesverband der Betriebskassen
Kronprinzenstraße 6
D-45128 Essen
Tel. 02 01/1 79-01

Dachverband psychosozialer Hilfs-vereinigungen e.V. Bundesverband der Angehörigen psychisch Kranker e.V.
Thomas-Mann-Straße 49a
D-53111 Bonn
Tel. 02 28/63 26 46

Deutsche Gesellschaft für Kinder- und Jugendpsychiatrie e.V. -DGKJ-
Hans-Sachs-Straße 6
D-35039 Marburg
Tel. 0 64 21/28 62 58

Deutsche Gesellschaft für Psychiatrie, Psychotherapie und Nervenheilkunde e.V. -DGPPN-
Geschäftsstelle
Virchowstraße 174
D-45147 Essen
Tel. 02 01/7 22 72 53

Deutsche Gesellschaft für Psychoanalyse, Psychotherapie, Psychosomatik und Tiefenpsychologie e.V. -DGPT-
Geschäftsstelle
c/o RA Holger Schildt
Johannisbollwerk 20
D-20459 Hamburg
Tel. 0 40/3 19 26 19

Deutsche Gesellschaft für Verhaltenstherapie e.V. -DGVT-
Neckarhalde 55
D-72070 Tübingen
Tel. 07 07 1/94 34 11

Deutscher Caritasverband e.V. -DCV-
Karlstraße 40
Lorenz-Werthmann-Haus
D-79104 Freiburg i. Br.
Tel. 07 61/2 00-0

Deutscher Kinderschutzbund Bundesverband e.V. -DKSB-
Schiffgraben 29
D-30159 Hannover
Tel. 05 11/30 48 5-0

Deutscher Verband für Gesundheitssport und Sporttherapie e.V. -DVGS-
Vogelsanger Weg 48
D-50354 Hürth-Efferen
Tel. 0 22 33/6 50 17

Paritätischer Wohlfahrtsverband Gesamtverband e.V.
Heinrich-Hoffmann-Straße 3
D-60528 Frankfurt
Tel. 0 69/67 06-0

Österreich

Eine Liste der Ärzte mit dem Diplom für „psychosoziale, psychosomatische und psychotherapeutische Medizin" (das sogenannte Psy-Diplom) erhalten Sie bei der Österreichischen Ärztekammer beziehungsweise den jeweiligen Landesstellen.

Österreichische Ärztekammer (ÖAK)
A-1010 Wien
Weihburggasse 10–12
Tel. 01/514 06-0

Burgenland
Tel. 02682/625 21-0

Kärnten
Tel. 0463/58 56-0

Niederösterreich
Tel. 01/533 36 11-0

Oberösterreich
Tel. 0732/77 83-0

Salzburg
Tel. 0662/87 13 27-0

Steiermark
Tel. 0316/80 44-0

Tirol
Tel. 0512/520 58

Vorarlberg
Tel. 05572/219 00-0

Wien
Tel. 01/515 01-0

Für Menschen, die psychotherapeutische Behandlung wünschen, die ein seelisches Problem haben, aber nicht wissen, an welche Stelle sie sich wenden können, gibt es in allen Bundesländern Informationsstellen für Psychotherapie. Durch einen Anruf können die Ratsuchenden eine erste Orientierung bekommen, welche psychotherapeutischen Institutionen und Methoden beziehungsweise welche Therapeuten für ihr Problem am ehesten eine Lösung bieten könnten.

Psychologen
Berufsverband österreichischer Psychologinnen und Psychologen (BÖP)
A-1090 Wien
Garnisongasse 1/22
Tel. 01/407 26 72

Psychotherapeuten
Österreichischer Bundesverband für Psychotherapie (ÖBVP)
A-1010 Wien
Rosenbursenstraße 8/3/7
Tel. 01/512 70 90

Burgenland
Tel. 02682/684 71

Kärnten
Tel. 0463/50 07 56

Niederösterreich
Tel. 02235/429 65

Oberösterreich
Tel. 0732/60 98 27

Salzburg
Tel. 0662/888 92 58

Steiermark
Tel. 0316/37 25 00

Tirol
Tel. 0512/56 59 58

Vorarlberg
Tel. 05572/22 14 63

Wien
Tel. 01/512 71 02

Selbsthilfegruppen

Kärnten

SHG – Angst, Depression und Panikattacken Klagenfurt

c/o Selbsthilfe Kärnten/Dachverband
Stauderplatz 5/III/308
A-9010 Klagenfurt
Tel. 0463/50 48 71

SHG – Angst und Depressionen Spittal/Drau

Birkenweg 4
A-9813 Möllbrücke
Kontakt: Annelie Stollberg
Tel. 04769/37 36

SHG – Angst und Depressionen Villach

Weißenfelserweg 5
A-9500 Villach
Kontakt: Gertrude Weiß
Tel. 04242/235 03

SHG – Angst, Depression und psychische Belastungen im Alltag Gailtal

Grünburg 20
A-9620 Hermagor
Kontakt: Berta Voithofer
Tel. 04282/37 09

Niederösterreich

Club D&A St. Pölten

(Ordination Dr. B. Fellerer)
Birkengasse 55
A-3100 St. Pölten
Kontakt: Carla Chorinsky
Tel. Anmeld.: Club Zentrum
Tel. 01/504 46 80

Club D&A Aschbach

Gasthaus Decker
A-3361 Aschbach (bei Amstetten)
Kontakt: Maria Illich
Tel. 07476/767 63

Club D&A Himberg

Barbaraheim/Schulallee
A-2325 Himberg
Kontakt: Herbert Heintz
Tel. 02235/8 60 88/4

Club D&A Mödling

Hauptstraße 40
A-2340 Mödling
Kontakt: Michaela Stanek
Tel. Anmeld.: Club Zentrum
Tel. 01/504 46 80

Club D&A Purgstall

Gasthof Knoll
A-3251 Purgstall a.d.Erl.
Kontakt: Marianne Fallmann
Tel. 07482/459 62

Oberösterreich

SHG – Für depressive Menschen

c/o Dachverband der OÖ SHG
Martin Seidl
Figulystraße 4a
A-4020 Linz
Tel. 0732/66 34 21-0
Kontakt: Dr. Zimmerleitner/OÖ. GKK
Gruberstraße 77
A-4020 Linz
Tel. 0732/78 07-0

SHG – Für depressive Menschen

Karin Gruber
Rupert-Gugg-Straße 90
A-5280 Braunau am Inn
Tel. 07722/812 63

SHG – Für depressive Menschen

Mag. Sieglinde Gurschler
Haus der Frau
Volksgartenstraße 18
A-4020 Linz
Tel. 0732/66 34 21-0
(Dachverband der OÖ. SHG)

SHG – Für depressive Menschen
Mag. Barbara Klinger
Linzer Straße 6
A-4150 Rohrbach
Tel. 07289/68 15 68

SHG – Für depressive Menschen
Mag. Ewald Kreuzer
Siemensstraße 15
A-4400 Steyr
Tel. 07252/654 81

Salzburg
SHG – Für Depressive
c/o Salzburger Patientenforum
(Dachverband der Salzburger SHG)
Faberstraße 19–23
A-5024 Salzburg
Tel. 06 62/88 89-258

SHG – Für Depressive und Angstgestörte Zell am See/Schüttdorf
Dr. Rudolf Bauer
A-5751 Maishofen b. Zell/See 207
Tel. 065 42/685 15
Kontakt: Christine Eder
Dorfbachstraße 10
A-5723 Uttendorf/Pinzgau
Tel. 06563/846 52

SHG – Für Depressive und Angstgestörte Saalfelden
Pfarrzentrum
A-5760 Saalfelden
Kontakt: Anna Mitteregger
Tel. 065 82/711 37

Club D&A Salzburg
Josef-Brunnauer-Zentrum
Elisabethstraße 45a
A-5020 Salzburg
Kontakt: Renate Huber, Tel. 062 47/88 38
Sonja Kraus, Tel. 06 62/82 17 06

Steiermark
Club D&A Graz
Schönaugürtel 53
A-8020 Graz
Kontakt: Jutta Maier
Tel. Anmeld.: Club Zentrum
Tel. 01/504 46 80

Tirol
Tiroler Verein zur Förderung der Selbsthilfe bei Depression, Angst und seelischen Erkrankungen
c/o Sozial- u. Gesundheitsstation
Annelore Triendl
Kaiser Josef-Straße 5
A-6020 Innsbruck
Tel. 05 12/57 24 09

Vorarlberg
SHG – Menschen mit Depressionen
c/o Club Antenne
(Dachverband SHG Vorarlberg)
Moosmahdstraße 4
A-6850 Dornbirn
Tel. 055 72/263 74

Angst – Panik SHG Bregenz
Marianne Wachter
Kolumbahnstraße 3
A-6900 Bregenz
Tel. 05574/476 39

Wien
Club D & A Zentrum Wien
Carla Stanek
Schwindgasse 5/5
A-1040 Wien
Tel. 01/504 46 80

Club D & A Hietzing
Rosemarie Szöts
Jagdschloßgasse 40
A-1130 Wien
Tel. 01/803 56 86

Literatur (auch zum Weiterlesen geeignet)

Baumgardt, Ursula (1985): Kinderzeichnungen – Spiegel der Seele. Kinder zeichnen Konflikte ihrer Familie. Kreuz Verlag, Zürich.

Cassano, Giovanni B., Zoli, Serena (1996): Der Weg aus der Dunkelheit. Depression: Was sie ist und wie man sie heilen kann. Rowohlt Verlag, Reinbek bei Hamburg.

Dowling, Colette (1994): Befreite Gefühle. Neue Wege aus Depression, Angst und Unabhängigkeit. S. Fischer Verlag, Frankfurt am Main.

Eberhard, Kurt und Gudrun (1997): Typologie und Therapie der depressiven Verstimmungen. Vandenhoeck & Ruprecht, Göttingen.

Eckstaedt, Anita, Klüwer, Rolf (1982): Zeit allein heilt keine Wunden. Psychoanalytische Erstgespräche mit Kindern und Eltern. Suhrkamp Verlag, Frankfurt am Main.

Faust, Volker (1995): Depressionen. Erkennen, Verstehen, Betreuen in Stichworten. Arcis Verlag, München.

Faust, Volker (1995): Depressionsfibel. Gustav Fischer Verlag, Stuttgart.

Galvagni, Bettina (1997): Melancholia. Residenz Verlag, Salzburg/Wien.

Grawe, Klaus, Donati, Ruth, Bernauer, Friederike (1994): Psychotherapie im Wandel. Von der Konfession zur Profession. Hogrefe Verlag, Göttingen.

Greist John, Jefferson, James W. (1995): Depression. Was man darüber wissen sollte und was man dagegen tun kann. Beck'sche Verlagsbuchhandlung, München.

Hell, Daniel (1992): Welchen Sinn macht Depression? Ein integrativer Ansatz. Rowohlt Taschenbuch Verlag, Reinbek bei Hamburg.

Huber, Winfried (1992): Probleme Ängste Depressionen. Beratung und Therapie bei psychischen Störungen. Hans Huber, Bern.

Jaeggi, Eva (1995): Zu heilen die zerstoßenen Herzen. Die Hauptrichtungen der Psychotherapie und ihre Menschenbilder. Rowohlt Verlag, Reinbek bei Hamburg.

Kaufmann-Mall, Klaus, Mall, Gudrun (1996): Wege aus der Depression. Rowohlt Taschenbuch Verlag, Reinbek bei Hamburg.

Kerns, Lawrence L. unter Mitarbeit von Adrienne B. Lieberman (1997): Hilfen für depressive Kinder. Ein Ratgeber. Hans Huber, Bern.

Knopp, Marie-Luise, Napp, Klaus (1997): Reif für die Klapse? Über die Kinder- und Jugendpsychiatrie. Fischer Taschenbuch Verlag, Frankfurt am Main.

Kuiper, Piet.C. (1996): Seelenfinsternis. Die Depression eines Psychiaters. Fischer Taschenbuch Verlag, Frankfurt am Main.

Kulitza, Karl (1997): Ich hatte Depressionen. Aus der Einsamkeit zu neuer Lebensfreude. Ein Betroffener berichtet und gibt Rat. Ullstein Verlag, Berlin.

Mentzos, Stavros (1995): Depression und Manie. Psychodynamik und Therapie affektiver Störungen. Vandenhoeck & Ruprecht, Göttingen.

Merkle, Rolf (1992): Wenn das Leben zur Last wird. Ein praktischer Ratgeber zur Überwindung seelischer Tiefs und depressiver Verstimmungen. PAL Verlag, Mannheim.

Plath, Sylvia (1997): Die Tagebücher. Frankfurter Verlagsanstalt, Frankfurt am Main.

Riemann, Fritz (1961): Grundformen der Angst. Ernst Reinhardt Verlag, München.

Rosen, Laura Epstein, Amador, Xavier Francisco (1997): When someone you love is depressed. How to help your loved one without losing yourself. Simon & Schuster, New York.

Sexton, Anne (1997): Selbstportrait in Briefen. S. Fischer Verlag, Frankfurt am Main.

Spitzer, Manfred (1996): Geist im Netz. Modelle für Lernen, Denken und Handeln. Spektrum Akademischer Verlag, Heidelberg/Berlin/Oxford.

Stiemerling, Dietmar (1995): 10 Wege aus der Depression. Tiefenpsychologische Erklärungsmodelle und Behandlungskonzepte der neurotischen Depression. J. Pfeiffer, München.

Styron, William (1991): Sturz in die Nacht. Kiepenheuer & Witsch, Köln.

Sulz, Serge K.D. (1993): Depression Ratgeber. Alles, was Sie für das Verständnis und den Umgang mit Krankheit und Kranken wissen sollten. CIP-Medien, München.

Watzlawick, Paul (1983): Anleitung zum Unglücklichsein. R. Piper Verlag, München.

Wittchen, H. U. (1995): Hexal-Ratgeber Depression. Wege aus der Krankheit. S. Karger, Basel.

Bücher, die eine detaillierte Darstellung der therapeutischen Schulen bzw. Adressenverzeichnisse bringen

Stumm, Gerhard, Wirth, Beatrix (1994), Hrsg.: Psychotherapie, Schulen und Methoden. Eine Orientierungshilfe für Theorie und Praxis. 2. überarb. Auflage. Falter Verlag, Wien. (Das Buch beschreibt in Kurztexten die einzelnen therapeutischen Schulen, auch solche, die nicht in Österreich anerkannt sind. Ein Überblick für Interessierte mit Vorbildung.)

Stumm, Gerhard, Brandl-Nebehay, Andrea, Fehlinger, Friedrich (1996), Hrsg.: Handbuch für Psychotherapie und psychosoziale Einrichtungen. Falter Verlag, Wien. (Das Buch beinhaltet ein sehr ausführliches und aussagekräftiges Verzeichnis von Therapeuten und Institutionen.)

Herausgeber und Verlag
STIFTUNG WARENTEST
Lützowplatz 11-13
D-10785 Berlin
Telefon: (0 30) 26 31-0
Telefax: (0 30) 26 31-24 22
Internet: http://www.stiftung-warentest.de

Vorstand
Dr. jur. Werner Brinkmann

Weitere Mitglieder der Geschäftsleitung
Dr. Hans-Dieter Lösenbeck (Publikationen)
Prof. Dr. Carl-Heinz Moritz (Dienstleistungen,
Planung, Marketing)
Dr.-Ing. Peter Sieber (Warentests)

Mitherausgeber
Verein für Konsumenteninformation
Mariahilfer Straße 81, Postfach 440
A-1061 Wien
Telefon: (01) 588 77-0
Telefax: (01) 588 77-73
Internet: http://www.vki.or.at/vki
e-mail: konsument@vki.or.at
Geschäftsführung:
Dipl. Ing. Hannes Spitalsky, Dr. Martin Prohaska

Autoren
Dr. med. Dr. phil. Günter Niklewski, Facharzt für
Neurologie und Facharzt für Psychiatrie und
Psychotherapie – Psychoanalyse –, Nürnberg
Dr. phil. Rose Riecke-Niklewski, Analytische
Kinder- und Jugendlichen - Psychotherapeutin,
Nürnberg

Lektorat
Steffen Haselbach (Leitung),
Ingrid Burghardt-Falke
Für Österreich: Dr. Manfred Tacha,
Dr. Irene Kunze

Lektoratsassistenz
Petra Gottschalk

Fachliche Beratung
Dipl. Psych. Günter Grotheer, Berlin
Prof. Dr. phil. Eva Jaeggi, Berlin
PD Dr. Thomas Mösler, Erlangen
Prof. Dr. med. Max Schmauß, Augsburg
Für Österreich: Mag. Hans Mair (Medikamente)

Layout
Karin Siemoneit

Produktion
Kerstin Uhlig

Titel
punkt 8, Berlin
Für Österreich: Erwin Haberl

Illustrationen
TrickDesign Moeszcke, Berlin (Seite 43)
PHÖNIX · Agentur für Marketing und
Kommunikation GmbH, Köln (Seite 44, 107)

Litho
Type Design GmbH, Berlin

Druck
westermann druck GmbH, Braunschweig
gedruckt auf: 2 Plus (Firma Berberich
Papier) ein Papier von Stora Fine Paper

Vertrieb
ZENIT- PRESSVERTRIEB, Stuttgart
Einzelbestellung in Deutschland
STIFTUNG WARENTEST
Vertrieb, Postfach 81 06 60
D-70523 Stuttgart
Telefon: (01 80) 2 32 13 13, Ortstarif
Telefax: (07 11) 72 52-3 40, Normaltarif
Einzelbestellung in Österreich
Verein für Konsumenteninformation
Mariahilfer Straße 81
A-1061 Wien
Telefon: (01) 588 774
Telefax: (01) 588 77-72

263